SOBRE O ISLÃ

Ali Kamel

SOBRE O ISLÃ

A AFINIDADE ENTRE MUÇULMANOS, JUDEUS E CRISTÃOS E AS ORIGENS DO TERRORISMO

7ª Impressão

Editora Nova Fronteira S.A.
Rua Bambina, 25 – Botafogo – 22251-050
Rio de Janeiro – RJ – Brasil
Tel.: (21) 2131-1111 – Fax: (21) 2286-6755
http://www.novafronteira.com.br
e-mail: sac@novafronteira.com.br

Cip-Brasil. Catalogação-na-fonte
Sindicato Nacional dos Editores de Livros, RJ.

K23s Kamel, Ali
Sobre o Islã : a afinidade entre muçulmanos, judeus e cristãos e as origens do terrorismo / Ali Kamel. – Rio de Janeiro : Nova Fronteira, 2007.

Inclui bibliografia
ISBN 978-85-209-2005-3

1. Terrorismo – Oriente médio – História. 2. Fé e razão – Cristianismo – História das doutrinas. 3. Muçulmanos. 4. Judeus. I. Título.

CDD 297.822
CDU 297.7

Para

Hamed e Maria José,
meus avós maternos (*in memoriam*)

Kamel Suleiman e Mariam Muhamad,
meus avós paternos (*in memoriam*)

Ahmad e Zeny, meus pais

Patrícia, minha mulher,
e Alice e Sofia, minhas enteadas queridas

Sumário

Nota do autor

As citações usadas aqui dos livros do Pentateuco (a Torá dos judeus e parte do Antigo Testamento dos cristãos) e do Novo Testamento foram extraídas da *Bíblia de Jerusalém* (São Paulo, Edições Paulinas, 1989). As citações do Alcorão, na maior parte das vezes, foram extraídas da tradução de Samir el Hayek (São Paulo, Tangará, 1975). Em 17 versículos, cotejando a tradução de Hayek com outras feitas tanto para o português como para outras línguas, encontrei discrepâncias que alteravam de maneira significativa o original árabe. Nessas ocasiões, propus uma nova tradução e a submeti, para aprovação e reparos, ao xeque Jihad Hasan, nascido na Síria, com graduação na Arábia Saudita e no Brasil, que tem o português e o árabe como línguas maternas. A ele sou profundamente grato pela generosidade com que aceitou a tarefa. É preciso realçar que a participação de Hasan no livro limitou-se à assessoria lingüística: ao ajudar-me, ele não conhecia o teor do texto e não pode, em nenhuma hipótese, ser responsabilizado pelas opiniões que aqui expresso.

Como há pouca bibliografia em português sobre o Islã, para facilitar a vida do leitor interessado em se aprofundar no assunto, os nomes árabes foram mantidos no original, adotando-se para isso a transliteração usada nos livros de língua inglesa. É o caso da tribo de Maomé. Em português, ela se chama coraixita, mas adotei o termo *quraysh*, para facilitar a vida dos que se aventurarem pela pesquisa do assunto em livros estrangeiros, em sua maioria. Pelo mesmo motivo, usei, por exemplo, a palavra *kharijites* (separatistas), em vez do aportuguesado carijitas.

Há algumas exceções: Maomé, Omar, Osman etc. Mas, sempre na primeira ocorrência, o original árabe na transliteração correspondente está explicitado entre parênteses. Por exemplo: "Maomé (em árabe, Muhammad, o 'Louvado', o 'Glorificado')." O mesmo ocorreu com algumas palavras já consagradas em português, como califa, xeque, sunitas e xiitas. Também nesses casos, a transliteração do original árabe e o significado em português foram postos logo a seguir. Por exemplo: "Califa (em árabe, *khalifha*, 'sucessor')."

Escrever este livro só foi possível graças ao apoio de minha mulher, Patrícia, nos momentos em que estive diante do computador, por horas a fio, na companhia solitária de Maomé e outros grandes personagens da história do Islã. Sua leitura atenta do livro foi também uma ajuda inestimável.

Agradeço também a José Roberto Pinto de Góes, amigo e irmão de longa data, o incentivo constante e a orientação certeira ao longo de todo o trabalho. Elisabete Hart, amiga querida, com o entusiasmo de sempre, foi fundamental na tradução profissional dos textos em inglês citados no livro. Sou gratíssimo a todos os amigos que se dispuseram a ler os originais, com observações e críticas sempre pertinentes. Uma lista tão grande que não caberia neste curto espaço. A Ilze Scamparini agradeço o zelo na coleta de informações sobre o papado. Enfim, a todos que me ajudaram de algum modo, o meu muito obrigado.

Sonhos e pesadelos

No dia 9 de novembro de 2001, Osama bin Laden e outros de seu grupo visitaram um religioso muçulmano recém-chegado a Kandahar, então o centro de poder do regime Talibã. O Afeganistão já vinha sendo bombardeado pelos americanos desde 7 de outubro, 26 dias depois dos atentados de 11 de setembro. Os próprios terroristas registraram o encontro numa fita de vídeo, que os americanos encontraram em Cabul logo depois de entrarem na cidade em 13 de novembro (Kandahar só cairia no dia 7 de dezembro). A fita mostra todos numa sala sem móveis, sentados em cima de tapetes. O religioso e Bin Laden são tratados pela palavra árabe *shaykh* (xeque, em português), que, embora literalmente signifique "homem mais velho", é um título atribuído a todos aqueles que têm alguma autoridade, seja política, seja espiritual, independentemente da idade. O xeque que estava sendo visitado explica que saíra clandestinamente da Arábia Saudita e que estava muito feliz por se encontrar num lugar limpo e confortável: "Eu achei que ficaríamos em cavernas nas montanhas."

Ele então começa a elogiar Bin Laden pelos atentados às Torres Gêmeas e ao Pentágono. O clima é de confraternização, há alegria, risadas, com praticamente todos os diálogos entremeados de palavras de louvor a Deus. Dirigem muitos elogios aos "mártires" do 11 de Setembro, pedem a Deus que eles sejam abençoados e que tenham a merecida recompensa no Paraíso. O xeque está especialmente feliz por uma outra razão: "Graças a Deus, eu soube que esse lugar aqui é também seguro."

É assim mesmo: eles se rejubilam pelo martírio alheio, mas gostam de saber que o deles ainda está distante. Conversa vai, conversa vem, e tem início uma espécie de torneio para saber quem conta a história mais sobrenatural em relação aos atentados de 11 de setembro. Parece uma disputa entre colegiais. Ou entre pescadores. Mas, na verdade, é uma conversa entre assassinos.

O primeiro a falar em premonição é o xeque saudita que recebe a visita de Bin Laden:

Eu me lembro de uma visão do xeque Salih al-Shuaybi. Ele disse: "Haverá um grande estrondo e as pessoas irão às centenas ao Afeganistão." Eu perguntei a ele: "Ao Afeganistão?" Ele respondeu: "Sim." De acordo com ele, os únicos que ficarão para trás são os mentalmente incapazes ou os hipócritas. Eu me lembro de que ele dizia que centenas de pessoas iriam para o Afeganistão. Ele teve essa visão um ano atrás.

Bin Laden, de início, não se impressiona muito com o relato, até mesmo o ignora. Fala de outras coisas, pergunta qual a repercussão dos atentados na Arábia Saudita, nas mesquitas, nas ruas. E faz questão de dizer que tudo foi estudado com cuidado:

Nós calculamos antes o número de vítimas no lado do inimigo, quem seria morto, com base na posição da torre. Nós calculamos que os andares atingidos seriam três ou quatro. Eu era o mais otimista de todos. Graças à minha experiência nesse campo, eu imaginei que o fogo produzido pela gasolina do avião iria derreter o aço da estrutura do prédio, e desabariam apenas a área contra a qual o avião se chocou e os andares acima. Isso foi tudo o que esperávamos.

Como todos sabemos, as duas torres desabaram integralmente: terrorista competente, mau engenheiro. Mas Bin Laden não se preocupa com o erro de cálculo. Pouco antes de relatar como tudo tinha sido estudado, ele já tinha comemorado o efeito de propaganda proporcionado pelo atentado. E exagera:

As palavras foram entendidas por árabes e não-árabes, até mesmo pelos chineses. Superam tudo o que a mídia dizia. Alguns disseram que na Holanda, em um dos centros [islâmicos], o número de pessoas que aceitou o Islã nos dias que se seguiram às operações foi maior do que o número de pessoas que aceitou o Islã nos últimos 11 anos somados.

Logo, logo, porém, Bin Laden não resiste, entra na disputa pelo sobrenatural e começa a contar vantagem:

Abu al-Hasan al-Masri me disse um ano atrás: "Eu vi num sonho. Nós estávamos jogando futebol contra os americanos. Quando nosso time entrou em campo, nós éramos todos pilotos!" Ele me disse: "Então eu me perguntei se aquilo era um jogo de futebol ou um jogo de pilotos! Nossos jogadores eram pilotos!" Abu al-Hasan não sabia de nada sobre a operação até ouvir as notícias no rádio. Ele havia me contado que o jogo foi adiante e que nós derrotamos os americanos. O sonho foi um bom augúrio para nós.

O torneio agora começava para valer. Um homem, atrás da câmera, não se contém e entra na competição: "Abd al-Rahman al-Ghmanri me disse que teve uma visão, antes da operação: um avião se chocava contra um prédio muito alto. Ele não sabia nada sobre a operação."

Outro terrorista, sentado ao lado de Bin Laden, sente-se desafiado e rebate com um sonho ainda mais revelador:

> *[No sonho] Eu estava sentado com o xeque Bin Laden numa sala. Então, eu fui para outra sala, onde havia um aparelho de TV que estava transmitindo um grande evento. A cena mostrava uma família egípcia sentada na sala de estar. Eles explodiam de felicidade. Sabe quando tem uma partida de futebol e o seu time ganha? Pois é, era aquela mesma expressão de felicidade. Havia legendas na tela onde se lia: "Como vingança pelas crianças de Al-Aqsa, Osama bin Laden executa uma operação contra a América." Então [no sonho] eu fui ao encontro do xeque Bin Laden, que estava numa sala com cinqüenta ou sessenta pessoas. Eu tentava dizer a ele o que eu tinha visto, mas ele me fazia um gesto com suas mãos, como quem diz: "Eu sei, eu sei."*

Al-Aqsa é a mesquita que fica em Jerusalém, a terceira mais venerada do Islã, e, ao mencioná-la, o terrorista quis se referir às crianças mortas na Intifada. Bin Laden, com um leve sorriso de orgulho, dá apoio ao seu amigo, e fornece uma explicação sobre o sonho: "Ele não sabia nada sobre a operação. Nem todos sabiam. Muhammad Atta, de família egípcia, foi o responsável pelo grupo."

Bin Laden está dizendo que o sonho retratava uma família egípcia em homenagem ao futuro "mártir" Atta, egípcio, um dos 19 seqüestradores dos aviões que se chocaram contra as Torres Gêmeas.

O xeque que estava sendo visitado, diante de tantos relatos, deixa a timidez de lado e tenta ganhar o campeonato de qualquer maneira:

Um avião batendo num prédio foi uma visão que muitas pessoas tiveram. Um homem muito religioso deixou tudo [na Arábia Saudita] e veio para cá. Antes, ele me disse: "Eu tive uma visão. Eu estava num avião enorme, comprido e largo. Estava carregando o avião nos meus ombros e eu andei da estrada ao deserto por meio quilômetro. Estava arrastando o avião." Eu ouvi aquilo e rezei para que Deus o ajudasse. Outra pessoa me contou no ano passado o que tinha visto, mas eu não o entendi. Eu disse a ele: "Eu não o entendo." Ele me falou: "[No sonho] Eu vi pessoas que partiam para o jihad *e eles se davam conta de que estavam em Nova York, em Washington e Nova York." Eu perguntei: "O que é isso?" Ele me disse que o avião se chocava contra um prédio. Isso foi no ano passado! Eu não liguei muito para isso. Mas quando os eventos aconteceram, ele veio para mim e disse: "Você viu? Isso é estranho!" Eu tenho outro homem, meu Deus, ele me contou, e jurou por Deus, que sua mulher tinha visto o incidente uma semana antes. Ela viu o avião batendo contra um prédio. Isso é inacreditável, meu Deus!*

Talvez com a preocupação de afastar do xeque qualquer idéia de que as visões tenham sido motivadas por quebra de sigilo, Bin Laden rapidamente acrescenta:

> *Os irmãos que conduziram as operações, tudo o que eles sabiam é que eles fariam uma operação de martírio. Nós pedimos que cada um deles fosse para a América, mas eles não sabiam de nada sobre a operação, nem sequer uma letra. Eles foram treinados e nós não contamos a eles sobre a operação até que estivessem lá, momentos antes de eles embarcarem nos aviões.*

O campeonato não pára. Uma voz pede que Bin Laden conte também o sonho tido por outro companheiro. Eles discutem qual o nome desse companheiro (Abu Daoud? Sa'd?) até que Bin Laden diz que era o sonho de Al-Ghumaidi e que foi revelado a ele, na presença de outros, num campo de treinamento em Kandahar:

> *Ele veio perto de mim e me disse que viu, num sonho, um prédio alto na América, e, no mesmo sonho, ele viu Mukhtar [outro terrorista] ensinando a eles como lutar caratê. Nesse ponto, eu fiquei preocupado de que talvez o segredo fosse revelado se todos começassem a vê-lo nos sonhos deles.*

E, sorrindo, Bin Laden conta a recomendação que fez ao grupo: "Eu encerrei então a discussão. Eu disse que se ele tivesse outro sonho, que não contasse a ninguém, porque as pessoas iam ficar aborrecidas com ele."

Ao que parece, a ordem de Bin Laden não foi respeitada, porque outra voz na sala começa imediatamente a revelar outro sonho, tido no mesmo período:

> *Eu vi dois aviões vindo e eles causavam uma grande explosão. Tão grande que eu fiquei com medo de ver a cena. Quer dizer, eu sentia que havia alguma coisa. Então eu disse [no sonho] para o xeque Bin Laden: "Vamos embora." Mas ele me disse: "Seja paciente."*

Nesse momento, o terrorista se emociona e faz um juramento, como que para provar que falava a verdade: "Em nome de Deus, o Clemente, o Misericordioso! O xeque me disse [no sonho]: 'Seja paciente. Seja paciente, talvez outras coisas venham a acontecer.'"

Alguém quer saber se o sonho tinha sido antes do primeiro avião se chocar, e é informado de que tinha sido antes de todos os acontecimentos. O terrorista prossegue: "Então, veio a operação..."

Bin Laden o interrompe para que ele próprio dê o fecho à história: no dia da operação, estava com um grupo grande, do qual fazia parte o rapaz do sonho, quando, pelo rádio, veio a notícia do primeiro avião: "Eles festejaram muito o primeiro avião. Pensaram que aquilo seria tudo. Eu então disse a eles: 'Sejam pacientes!'"

Ao ouvir o desfecho, o xeque que está sendo visitado não resiste e diz: "Por Deus, isso é surpreendente. Por Deus, xeque!"

Bin Laden sorri orgulhoso, coça a cabeça, e continua ouvindo elogios derramados ao sucesso de sua empreitada. Ao todo, a fita tem pouco mais de vinte minutos.

Não, eles não são loucos. Eles têm um projeto político mundial bem definido e vêm seguindo meticulosamente o seu plano há mais de uma década. Para mim, um brasileiro de origem árabe, ver a religião de meu pai e de meu avô materno (que morou em nossa casa a vida inteira) ser usada para matar multidões sempre foi um choque enorme. No vídeo, os terroristas estão relaxados e falam em Deus o tempo inteiro. Na minha infância, minha família nunca foi das mais religiosas, mas nunca vi meu pai ou meu avô se sentarem à mesa sem antes dirigirem em árabe, baixinho, algumas palavras a Deus (embora jamais tenham esperado de nós, crianças, que tivéssemos a mesma atitude). Eram as mesmas palavras que ouço, agora, no vídeo. É perturbador. Por exemplo, quando Bin Laden conta que era o mais otimista em relação ao número de mortos, o xeque visitado diz: "Deus seja louvado!" O mesmo xeque afirma que, ao ouvir a notícia dos atentados em sua casa, todos gritavam: "Deus é grande, nós somos gratos a Deus, louvado seja Deus, graças a Deus." A cada sonho narrado, alguém na sala diz: "Deus seja abençoado!"

Como podem envolver Deus nisso? Que processo leva essas pessoas a criar, a partir de uma religião que se quer pacífica, um dos movimentos políticos mais violentos que o mundo já viu, uma das maiores ameaças ao nosso estilo de vida, às liberdades essenciais do ser humano? Quem são essas pessoas? O que elas pensam? O que de fato querem?

Tentar responder a essas perguntas é o objetivo deste livro. Para alcançá-lo, eu percebi que, antes, seria necessário explicar ao leitor o que é o Islã para que, depois, ele pudesse entender de que forma o terror deturpa a sua mensagem. Quando comecei a escrever o livro, dei-me conta de que eu devia evitar o caminho de mostrar mais as diferenças, de realçar o que o Islã tem de estrangeiro, de exótico, de estranho, caminho que a maior parte dos livros sobre o assunto costuma trilhar. Eu apostei em outra estratégia: dar ênfase ao que é familiar, ao que é comum, ao que é semelhante. Conversando com amigos judeus, sempre noto como é grande o desconhecimento sobre o Islã: a maior parte nem sequer tem idéia de que Moisés é um profeta respeitadíssimo, um dos precursores mais importantes de Maomé (em árabe, Muhammad, o "Louvado", o "Glorificado"). Conversando com amigos cristãos, o mesmo acontece em relação a Jesus, uma das figuras mais citadas no Alcorão, o livro sagrado dos muçulmanos. É como se o Islã habitasse um mundo totalmente alheio a nós, apesar de estar absolutamente inserido na tradição judaico-cristã e ser fruto dela. Por que três tradições que têm uma origem comum, e são tão próximas, se vêem tão distantes?

Eu acredito que minha história familiar me possibilita um olhar especial sobre as três religiões monoteístas. Como disse, meu pai, Ahmad, nasceu na Síria e é muçulmano, assim como Hamed, meu avô materno. Meu pai veio para o Brasil em 1950, fugindo da pobreza, e meu avô desembarcou aqui logo depois da Primeira Guerra Mundial, pelo mesmo motivo. Na Bahia, meu avô se casou com uma brasileira cristã, Maria José, e dessa união nasceram minha mãe Zeny e meu tio Luiz, educados no Cristianismo. Meu pai e minha mãe tiveram quatro filhos, Mamede, Leila, eu e minha irmã gêmea, Samira. Eu me casei com Patrícia, judia, de família praticante.

Quando criança, era muito comum ver minha bisavó, Maria, em nossa casa, conversando com minha mãe e minha avó e, para impaciência delas, falando muito em Nossa Senhora do Perpétuo Socorro. Ou no Menino Jesus de Praga, de quem era devota. Da mesma forma, meu avô e meu pai, como bons árabes, jamais falavam de planos futuros ou sucessos ou fracassos do presente sem se referirem, quase aos sussurros, a Deus, ora agradecendo, ora pedindo proteção. A partir do início da década de 1970, já bem idoso, meu avô passou a ouvir numa vitrola portátil o Alcorão, de manhã, de tarde e de noite. Minha avó, um pouco impaciente, não gostava muito, porque achava que a "ladainha", como ela se referia à recitação melódica do Alcorão, poderia perturbar o resto da casa. Mas não permitia que ninguém tirasse do seu quarto um quadro com a imagem de Jesus. Meu avô tinha sempre à mão uma *masbaha*, um terço de 33 contas que é mais distração do que religião: na primeira rodada, a cada conta, deve-se repetir "Deus seja louvado"; na segunda rodada, "Graças a Deus"; na terceira, "Deus é grande"; e, ao fim das três rodadas, deve-se dizer, uma única vez: "Não há nenhum deus, senão Deus, e Maomé é o Seu profeta." Pode-se repetir o processo infinitas vezes, para passar o tempo. Minha mãe, brasileira e cristã, nunca ia à missa, mas gostava de ter uma imagem de Cosme e Damião com uma lâmpada sempre acesa, talvez em gratidão pelos filhos gêmeos. E, quando voltava com meu pai de viagens freqüentes à Síria, trazia panos verdes que ela obtinha nos túmulos de imãs xiitas. Também guardava uma admiração grande por xeque Marmud, um religioso morto há alguns anos. Eu e meus irmãos estudamos em escolas católicas.

Quando casei, entrei em contato mais direto com a cultura judaica. Minha mulher, de ascendência polonesa, austríaca e húngara, é de uma família de judeus muito liberais, abertos, mas praticantes: procuram observar as principais datas

(Pessach, Rosh Hashana, Chanuca e, claro, o Yom Kippur), os pais dela, José e Dorothy, vão à sinagoga com certa freqüência e mantêm um grupo que estuda textos da religião semanalmente. Fui muito bem acolhido, e participo de todos os eventos, sempre que posso.

Esse caldeirão cultural do qual sou fruto me ajudou a ver onde as religiões se tocam e onde elas se afastam. Este livro, porém, em nenhuma hipótese é o de um devoto (de nenhuma das três religiões). Na primeira parte, para que essa perspectiva fique clara, eu abro o texto dizendo: "Era uma vez Deus." Mas, nas páginas seguintes, eu conto a saga de Deus tal como ela é narrada nos livros sagrados das três religiões: a Torá dos judeus (o Pentateuco do Antigo Testamento), os Evangelhos dos cristãos e o Alcorão dos muçulmanos, sem me importar com a "verdade histórica" de nenhum dos três. Na segunda parte, eu explico como nasceram as duas grandes divisões do Islã, os sunitas e os xiitas, e como o mapa do Oriente Médio tomou a forma que tem hoje. Na terceira parte, eu trato as questões que mais nos afligem no Ocidente: a violência no Islã, a misoginia, o apedrejamento de mulheres adúlteras e o uso do véu. Na quarta parte, com o leitor já mais familiarizado com o Islã, eu discuto o conceito de fundamentalismo, atestando que seu uso é totalmente inadequado em relação aos terroristas. Ainda nesta seção, analiso a origem do terror islâmico moderno, indicando onde e como os seus principais teóricos adulteram a mensagem alcorânica. Na quinta parte, eu me dedico a fazer uma retrospectiva da Guerra do Iraque, tentando entender o que a originou e discutindo o seu retumbante fracasso, até aqui.

Eu diria que esta foi a parte mais difícil. Em muitos momentos, fiquei tentado a abandoná-la, retirando-a do livro. Eu me perguntava: será que vale a pena discutir a questão sem preconceitos quando quase todos já têm uma opinião cristalizada sobre o assunto? Não é um exercício inútil tentar enxergar nuances de cor onde, para a maioria, existem apenas o branco e o preto? Nadar contra a maré resultará em algo diferente da total incompreensão? No fim das contas, achei que não seria honesto comigo nem com os leitores escapar desse assunto. Afinal, não peço concordância, mas quero apenas externar um ponto de vista que não é certamente majoritário. Os leitores serão testemunhas de que eu não agi de maneira leviana. Não externei opiniões sem antes estudar minuciosamente todo e qualquer relatório oficial que tenha sido divulgado. Foram páginas e páginas de leitura ao fim das quais eu pude rever algumas posições que eu considerava firmes, consolidar outras sobre as quais eu não tinha muita segurança e manter algumas que sempre acreditei como mais próximas da verdade.

Tenho certeza de que o mesmo acontecerá com os meus leitores.

Estarei satisfeito se ao final do livro eu tiver conseguido alcançar dois objetivos. O primeiro, ressaltar que as três religiões monoteístas têm mais pontos em comum do que antes o leitor imaginava. O segundo, dar ao leitor ainda mais certeza de que nenhuma delas é base para o horror do terrorismo. São objetivos modestos. O terror islâmico é um fenômeno muito complexo, que suscita muitas perguntas. Não foi minha intenção fazer um livro que respondesse a todas elas. Eu já me darei por satisfeito se tiver contribuído com subsídios para que perguntas possam ser feitas de forma mais embasada.

E uma última palavra: que os sonhos continuem sendo apenas a representação da realização dos nossos desejos.

Parte I

De Adão a Maomé

Da Criação ao Dilúvio de Noé

ERA UMA VEZ DEUS. O mesmo Deus de três religiões: o Judaísmo, o Cristianismo e o Islamismo. Ele criou o mundo, as coisas, os animais e o homem. No Alcorão, livro sagrado dos muçulmanos, Deus se refere à criação em muitas passagens. Em algumas é detalhista, em outras é muito sintético, como nesta:

> *E, com efeito, criamos os céus e a Terra e o que há entre ambos, em seis dias, e não fomos atingidos pelo cansaço. (Sura 50, 38)*

Para cristãos e judeus, nenhuma surpresa. Também no Gênesis, livro que compõe o Pentateuco (a Torá dos judeus, e parte do Antigo Testamento dos cristãos), Deus criou o mundo em seis dias. Criou Adão do barro, e, de uma de suas costelas, deu vida a Eva.

No Gênesis, primeiro há um relato mais geral:

> *Deus disse: "Façamos o homem à Nossa imagem, como Nossa semelhança, e que eles dominem sobre os*

peixes do mar, as aves do céu, os animais domésticos, todas as feras e todos os répteis que rastejam sobre a Terra." Deus criou o homem à Sua imagem, à imagem de Deus Ele o criou, homem e mulher Ele os criou. (Gênesis 1, 26-27)

Mais tarde, o texto dá mais informações sobre de que se valeu Deus na confecção do homem:

Então Iahweh Deus modelou o homem com a argila do solo, insuflou em suas narinas um hálito de vida e o homem se tornou um ser vivente. (Gênesis 2, 7)

E explica como fez Eva:

Então Iahweh Deus fez cair um torpor sobre o homem, e ele dormiu. Tomou uma de suas costelas e fez crescer carne em seu lugar. Depois, da costela que tirara do homem, Iahweh Deus modelou uma mulher e a trouxe ao homem. E então o homem exclamou: "Esta sim é osso de meus ossos e carne de minha carne! Ela será chamada 'mulher', porque foi tirada do homem!"[1] Por isso um homem deixa seu pai e sua mãe, se une à sua mulher, e eles se tornam uma só carne. Ora, os dois estavam nus, o homem e sua mulher, e não se envergonhavam. (Gênesis 2, 21-25)

Deus, no Alcorão, repete o que já disseram Dele no Gênesis, em relação à criação do homem, mas opta por descrever tudo com muito mais detalhes:

Criamos o homem de essência de barro. Em seguida, Nós o pusemos, como gota seminal, em lugar seguro.

1 Um jogo de palavras em hebraico, já que *îsh* quer dizer homem e *îsha*, mulher.

Então, convertemos a gota seminal em coágulo, transformamos o coágulo em massa e convertemos a massa em osso. Depois, revestimos os ossos de carne. Então, transformamos a matéria num ser. Bendito seja Deus, Criador por excelência! (Sura 23, 12-14)

Tanto no Gênesis quanto no Alcorão, ao homem Deus concedeu o direito de nomear todas as coisas. No Alcorão, porém, há um relato a mais: Deus ordenou que todos os anjos se prostrassem diante de Sua criatura, Adão, mas um deles, Iblis, Lúcifer, o demônio, recusou-se, alegando que o homem fora feito de barro, enquanto ele, de fogo, sendo-lhe, portanto, superior. Por ter se recusado a curvar-se diante do homem, Deus, ainda segundo o Alcorão, expulsou Lúcifer do Paraíso e o amaldiçoou. Em resposta, o demônio disse que tudo faria para tirar os homens do caminho reto.

A tradição judaico-cristã e a islâmica concordam: a Adão e Eva foi concedido viver no Paraíso, mas, em pouco tempo, deu-se o que os fiéis das três religiões bem conhecem. Há diferenças, porém. Enquanto no Gênesis a preferência é por uma linguagem mais metafórica, usando-se a serpente como aquela que desviou o primeiro casal da obediência a Deus, no Alcorão a história é narrada de uma forma mais direta, com igual resultado, no entanto. Este versículo do Alcorão é bem claro:

"E tu, Adão, habita com tua esposa o Paraíso! Desfrutai do que quiserdes e do que vos aprouver, porém, não vos aproximeis desta árvore, porque vos contareis entre os transgressores." Então Satã lhes cochichou, para revelar-lhes a sua nudez, que, até então, havia-lhes sido ocultada: "Vosso Senhor vos proibiu esta árvore para que não vos convertêsseis em dois anjos ou não vos contásseis entre os imortais." E lhes jurou: "Sou para vós um fiel conselheiro." E, com enganos, sedu-

ziu-os. Mas quando colheram o fruto da árvore, suas partes genitais se tornaram visíveis, e começaram a se cobrir com as folhas das plantas do Paraíso. Então, seu Senhor os admoestou: "Não vos havia vedado esta árvore e não vos havia dito que Satã era vosso inimigo declarado?" (Sura 7, 19-22)

Adão e Eva foram expulsos do Paraíso e, punidos, passaram a ter que ganhar o pão com o suor do rosto. Mas, no Islã, uma novidade, ao menos para os católicos: para os muçulmanos, não existe o pecado original (cuja noção clássica tomou corpo na Igreja Católica a partir de santo Agostinho), porque Deus não legaria a todos os homens a punição por um erro que apenas um deles cometeu:

Quem se encaminha o faz em benefício próprio; e quem se desvia o faz em seu prejuízo, e nenhum pecador carregará a culpa alheia. Jamais castigamos um povo sem antes ter-lhe enviado um mensageiro. (Sura 17, 15)

No Alcorão, existe a expulsão do Paraíso, mas não uma culpa que todos os humanos devem herdar até que se redimam dela (para os católicos, pelo batismo). Os homens nascem livres de pecado e, para que se aproximem de Deus, basta que aceitem a *shahãdah* e depois a vivam com verdade. E o que é a *shahãdah*, uma palavra que vem do verbo *shahida*, "observar", "testemunhar", "reconhecer como verdade"? Trata-se do primeiro pilar do Islã, a aceitação de que só há um Deus e que Maomé é o mensageiro de Deus. Em árabe, se diz: *Ashhadu anlã ilãha illã-Llã, wa ashhadu anna Muhammandan rasulu-Llãh.* ("Eu reconheço e dou testemunho de que não há outro deus, senão Deus, e eu reconheço e dou testemunho de que Maomé é o Mensageiro de Deus.")

Muitos exegetas muçulmanos dizem que, na verdade, a principal culpa pela expulsão do Paraíso recai sobre o demônio e não sobre Adão. Isso leva à distinção que os muçulmanos fazem entre duas categorias de pecado, *dhamb* e *ithm*. O primeiro é uma falta que o fiel comete, muitas vezes de forma inadvertida, e pela qual deve sofrer mais uma sanção do que uma punição. *Ithm* é um pecado mais grave, em que há clara consciência do erro e intenção de errar: merece uma punição severa. Para o Islã, Adão é um profeta, o primeiro que Deus mandou à Terra e, como tal, incapaz de cometer um *ithm* (mas suscetível de erros, de um *dhamb*). Na verdade, antes de comer do fruto da árvore do conhecimento, dizem os exegetas muçulmanos, Adão e Eva viam o mundo, todos os objetos, como decorrentes e dependentes de Deus, que é o absoluto, a única realidade, o único ser. Ao comerem o fruto, o primeiro casal passou a ver o mundo, os objetos, como se fossem realidades independentes, como se tivessem uma existência independente, e esse foi o seu principal pecado. É por esse motivo que a *shahãdah*, simbolicamente, ao fazer o homem dizer que só há um Deus e que tudo Lhe é submisso, faz o homem aceitar essa verdade, que Adão, momentaneamente (pois arrependeu-se depois), recusou, ao comer o fruto proibido.

Se a separação entre *dhamb* e *ithm* lembra a muitos a distinção que os cristãos católicos fazem entre pecados veniais e pecados mortais, é apenas mais uma prova de que as três religiões se cruzam a cada instante.

Depois de Adão e Eva, vieram Caim e Abel, os filhos dos filhos de seus filhos até Noé, que salvou a humanidade do dilúvio. História bem conhecida pelas três religiões.

No Gênesis, Deus, desgostoso de Suas criaturas, que se tornaram seres iníquos, decide varrê-las da face da Terra: todo ser vivo, homem e animal. Mas Deus encontra Noé, em quem reconhece um homem bom e justo, e a ele confidencia os seus planos:

Chegou o fim de toda carne, Eu o decidi, pois a Terra está cheia de violência por causa dos homens, e Eu os farei desaparecer da Terra. Faze uma arca de madeira resinosa. (Gênesis 6, 13-14)

E, depois de dar instruções detalhadas sobre como ela deve ser construída, segundo o Gênesis, Deus anuncia o que fará:

Quanto a mim, vou enviar o dilúvio, as águas, sobre a Terra, para exterminar de debaixo do céu toda a carne que tiver sopro de vida, tudo o que há na Terra deve perecer. Mas estabelecerei minha aliança contigo e entrarás na arca, tu e teus filhos, tua mulher e as mulheres de teus filhos contigo. De tudo o que vive, de tudo o que é carne, farás entrar na arca dois de cada espécie, um macho e uma fêmea, para os conservares em vida contigo. (Gênesis 6, 17-19)

E assim ocorreu: choveu na Terra por quarenta dias e quarenta noites até que todos os seres perecessem. Quando o dilúvio chegou ao fim, uma pomba, que de tempos em tempos era solta para verificar se havia solo seco, trouxe uma folha nova de oliveira. Uma semana depois, Noé soltou uma nova pomba, que não mais regressou. Noé então desceu da arca, recebeu a determinação para que, de novo, ele e seus descendentes povoassem toda a Terra, e ouviu de Deus uma promessa: jamais voltaria a destruir toda a humanidade:

Eu não amaldiçoarei nunca mais a Terra por causa do homem, porque os desígnios do coração do homem são maus desde a sua infância; nunca mais destruirei todos os viventes, como fiz. Enquanto durar a Terra, semeadura e colheita, frio e calor, verão e inverno, dia e noite não hão de faltar. (Gênesis 8, 21-22)

E, mais tarde, garantiu:

Eis que estabeleço Minha aliança convosco e com os vossos descendentes depois de vós, e com todos os seres animados que estão convosco: aves, animais, todas as feras, tudo o que saiu da arca convosco, todos os animais da Terra. Estabeleço Minha aliança convosco: tudo o que existe não será mais destruído pelas águas do dilúvio; não haverá mais dilúvio para devastar a Terra. (Gênesis 9, 9-11).

E como prova dessa aliança, Deus criou o arco-íris, para que toda vez que ele aparecesse por entre as nuvens, Ele se lembrasse de sua promessa.

No Islã, Noé, como Adão, é um profeta, e dos mais importantes. A ele, o Alcorão dedica um capítulo inteiro e referências em diversos outros. Chamado de "o verdadeiro mensageiro de Deus" e de "o servo agradecido de Deus", ele, no entanto, não legou nenhum livro à humanidade. Sua importância advém do fato de que, com ele, Deus fez uma aliança, como mais tarde faria apenas com Abraão, Moisés, Jesus e Maomé. Sua missão sagrada foi advertir os homens de sua época a retornarem ao culto do Deus único, ensinado e respeitado por Adão e seus primeiros descendentes:

Em verdade, enviamos Noé a seu povo, dizendo-lhe: admoesta a teu povo, antes que lhes açoite um severo castigo! Noé disse: "Ó meu povo, em verdade sou um fidedigno admoestador para vós. Adorai a Deus, temei-O e obedecei-me." (Sura 71, 1-3)

Reparem que, no Alcorão, Deus não está decidido a pôr fim à humanidade, mas, diante do descaminho dos homens, manda-lhes um profeta para relembrar-lhes de que Ele é o Deus único.

Não deveis adorar mais que a Deus, porque temo por vós o castigo do dia aziago. (Sura 11, 26)

Noé, no entanto, fracassa em sua missão. Os homens não acreditam nele, dizem que ele é tão humano quanto todos, que não é nenhum anjo, que, na verdade, é um mentiroso. Algumas ofensas que o próprio Maomé ouviria novamente muitos anos depois. A todos os seus ofensores, Noé responde sempre que não era anjo e que não espera de ninguém, senão de Deus, recompensa por sua crença.

No capítulo dedicado inteiramente a Noé, é ele quem pede a Deus, irritado, punição aos incrédulos:

E Noé disse: "Ó Senhor meu, não deixes sobre a Terra nenhum dos incrédulos. Porque se os deixares, extraviarão Teus servos: e só procriarão os ímpios e ingratos." (Sura 71, 26-27)

Deus, então, acalma Noé, dizendo que ele não conseguirá fazer crer aqueles que não crêem. E recomenda, então, a construção da arca:

E constrói a arca sob Nossa vigilância e segundo Nossa revelação e não Nos peça em favor dos iníquos, porque serão afogados. (Sura 11, 37)

Noé faz o que Deus manda: constrói a arca e nela embarca um casal de todo ser vivente, além dos homens que eram de fato crentes. O Alcorão não é claro sobre quantos embarcaram, mas a tradição islâmica posterior diz que foram quarenta homens e quarenta mulheres. Entre eles, não estavam nem a mulher de Noé nem um de seus filhos, pecadores. O filho recusou-se a embarcar, alegando que estaria protegido no alto de uma montanha: afogou-se. No Gênesis, todos os três filhos de Noé (assim como sua mulher) embarcam, mas, depois, em terra seca, um dos filhos é amaldiçoado pelo próprio Noé, por tê-lo visto nu, embriagado, e nada fazer (enquanto os outros dois, ao saber que ele estava naquele estado, pegaram um manto e, andando de costas para não vê-lo, cobriram o seu corpo). Sobre a mulher de Noé, a tradição islâmica diz que ela foi condenada por considerar o marido louco, possuído por demônios, mas, no Alcorão, há apenas uma rápida referência a ela:

> *Deus dá como exemplos aos incrédulos a mulher de Noé e a mulher de Lot: ambas eram casadas com dois virtuosos servos Nossos e ambas os traíram. E o fato de serem casadas com eles de nada valeu diante de Deus. E foi-lhes dito: "Entrai no fogo, juntamente com os réprobos." (Sura 66, 10)*

Segundo a tradição islâmica, na arca o anjo Gabriel fez também embarcar a urna com os despojos de Adão, e foi ela quem separou os homens das mulheres.

Apesar das diferenças entre as narrativas do Gênesis, de judeus e cristãos, e do Alcorão, dos muçulmanos, Noé é um ponto de contato extremamente importante: ele pode ser visto, nas três crenças, como aquele que, com Deus, refunda a humanidade.

A aliança com Abraão

MAS É ABRAÃO, SEM DÚVIDA, o encontro fundamental das três tradições, o centro que dá sustentação a tudo o que vem depois no Judaísmo, no Cristianismo e no Islamismo. Porque, com Abraão, Deus não somente renova a sua aliança com a humanidade em geral, mas o faz de forma direta, estabelecendo com a descendência dele o pacto que vigora até os nossos dias. Através da descendência de seu filho Isaac, para judeus e cristãos, e através da descendência de seu filho Ismael, para os muçulmanos, Abraão é o patriarca fundador das três religiões monoteístas. Vale a pena acompanhar passo a passo essa aventura, ver onde os caminhos são comuns e onde se bifurcam. No final, a conclusão só poderá ser uma única: quando o personagem é Abraão, há mais comunhão entre as três religiões do que desacordos.

Na tradição do Judaísmo e do Cristianismo, antes do chamado de Deus, Abraão se chamava Abrão e era casado com Sarai. Nascido em Ur, uma cidade do atual Iraque, sua ascendência remonta a Noé. Um dia, segundo o Gênesis, Deus aparece para Abrão e diz:

Sai da tua terra, da tua parentela e da casa de teu pai, para a terra que te mostrarei. Eu farei de ti um grande povo, Eu te abençoarei, engrandecerei teu nome; sê uma benção! Abençoarei os que te abençoarem, amaldiçoarei aqueles que te amaldiçoarem. Por ti serão benditos todos os clãs da Terra. (Gênesis 12, 1-3)

Abrão, aos 75 anos, seguiu a vontade de Deus e, com sua mulher Sarai e seu sobrinho Ló, viajou para a terra de Canaã. Passou por muitos percalços, sempre sem entender por que dele surgirá um grande povo, ele que, até aquele instante, e apesar das reiteradas garantias de Deus de que sua descendência seria imensa, não conseguira ter filhos com sua mulher Sarai. Dez anos depois da partida, vendo que não conseguia dar um herdeiro a Abrão, Sarai permitiu que ele se deitasse com sua escrava egípcia chamada Agar, que engravidou dele e lhe deu um filho, Ismael.

Quando Ismael tinha 13 anos, quando as esperanças já eram poucas, Deus finalmente avisou Abrão que ele teria um filho com Sarai:

Eis a Minha aliança contigo: serás pai de uma multidão de nações. E não mais te chamarás Abrão, mas teu nome será Abraão, pois Eu te faço pai de uma multidão de nações. Eu te tornarei extremamente fecundo, de ti farei nações, e reis sairão de ti. (Gênesis 17, 4-6)

Mais adiante, Deus prossegue, sempre segundo o relato do Gênesis:

A tua mulher Sarai, não mais a chamarás de Sarai, mas seu nome é Sara. Eu a abençoarei, e dela te darei um filho, Eu a abençoarei, ela se tornará nações, e dela sairão reis de povos. (Gênesis 17, 15-16)

Abraão já tinha 99 anos e Sara, 90. Abraão caiu com o rosto na terra e se pôs a rir, perguntando-se como nasceria um filho a um homem e a uma mulher daquela idade. Pouco depois, ao repetir a promessa a Abraão, Deus surpreendeu Sara ouvindo a conversa, escondida, rindo, dizendo para si mesma:

> *Agora que estou velha, e velho está o meu senhor, terei ainda prazer? (Gênesis 18, 12)*

O Gênesis continua a história, num diálogo entre Deus e Abraão:

> *Por que se ri Sara, dizendo: "Será verdade que vou dar à luz, agora que sou velha?" Acaso existe algo de tão maravilhoso para Iahweh? Na mesma estação, no próximo ano, voltarei a ti, e Sara terá um filho. (Gênesis 18, 13-14)*

O Gênesis conta que Sara, por ter medo, mentiu:

> *Eu não ri. (Gênesis 18, 15)*

Mas Deus replica:

> *Sim, tu riste. (idem)*

Gosto imensamente dessa narrativa. Mostra-nos que mesmo aqueles a quem se atribui uma fé inabalável duvidam. Chegam a rir. E mostra também que Deus percebe que a dúvida diante de fatos tão inimagináveis é perfeitamente compreensível, e perdoa. É ainda mais contrastante num enredo de tantas ordens, de tantos pedidos de reafirmação de fé.

Como o pedido para que houvesse um sinal físico da aliança que ali se formava. No momento em que Deus disse a Abraão que ele teria um filho de Sara, ordenou que o sinal de

Sua aliança com o povo que deles adviria fosse a circuncisão, o corte do prepúcio de todos os homens, no oitavo dia de nascimento. Abraão não pensou duas vezes: naquele mesmo dia, como prova de sua fé, circuncidou-se e o mesmo fizeram todos os de sua tribo: seu filho Ismael, com 13 anos, todos os seus parentes, todos os seus escravos. Quando Isaac nasceu, na estação prometida por Deus, foi circuncidado no oitavo dia, como havia sido estabelecido.

A circuncisão passou a ser praticada pelos judeus, como símbolo da aliança com Deus (sempre no oitavo dia). Jesus se circuncidou, assim como todos os seus seguidores à época. Os cristãos interromperam o costume, desde que a prática foi abolida pelo Concílio de Jerusalém, em 49 d.C. Os muçulmanos a praticam, embora, curiosamente, não haja sequer uma única menção a ela no Alcorão. Ela simplesmente faz parte da tradição islâmica e os exegetas muçulmanos atribuem a prática ao que Deus pediu a Abraão. A idade em que deve ser feita varia muito, de país a país: em alguns lugares, é praticada entre os 7 e os 12 anos (e há uma festa bonita em que o garoto recebe muitos presentes); em outras, até o sétimo dia depois do nascimento. Quando um adulto se converte ao Islã, espera-se que ele se circuncide, mas se a idéia provocar sofrimento psicológico intenso no novo fiel, pode ser deixada de lado.

A circuncisão, porém, não seria a única prova por que Abraão deveria passar. Desde a gravidez de Agar, Sara tornara-se muito ciumenta, e o nascimento de Isaac agravou ainda mais a situação, deixando o ambiente insuportável. Os desentendimentos entre Sara e Agar eram constantes. Segundo está no Gênesis, Sara ordenou que Abraão expulsasse Ismael e Agar, o que muito desagradou a Abraão. Deus, no entanto, veio consolá-lo:

Não te lastimes por causa da criança e de tua serva: tudo o que Sara te pedir, concede-o, porque é por Isaac que uma descendência perpetuará o teu nome, mas do filho da serva Eu farei também uma grande nação, pois ele é de tua raça. (Gênesis 21, 12-13)

Abraão levantou-se cedo, juntou pão e água, deu tudo a Agar e a mandou embora, ela e o filho Ismael. Eles andaram sem destino pelo deserto, e quando a comida e a água acabaram, Agar se desesperou, temendo pela vida da criança. Chorando, ela ouviu o anjo do Senhor dizendo:

"Não temas, pois Deus ouviu os gritos da criança, do lugar onde Ele está. Ergue-te! Levanta a criança, segura-a firmemente, porque eu farei dela uma grande nação." Deus abriu os olhos de Agar e ela enxergou um poço. Foi encher o odre e deu de beber ao menino. Deus esteve com ele; ele cresceu e residiu no deserto, e tornou-se um flecheiro. Ele morou no deserto de Fará e sua mãe lhe escolheu uma mulher da terra do Egito. (Gênesis 21, 17-20)

Depois da expulsão de Ismael, Deus pôs Abraão à prova ainda mais uma vez, numa das passagens mais conhecidas das Sagradas Escrituras. Deus disse a Abraão, segundo o Gênesis:

Toma teu filho, teu único, que amas, Isaac, e vai à terra de Moriá, e lá o oferecerás em holocausto sobre uma montanha que eu te indicarei. (Gênesis 22, 2)

Abraão fez tudo como ordenado, preparou tudo, levou o garoto pela mão, mas, no momento do sacrifício, ouviu o anjo do Senhor dizendo:

Não estendas a mão contra o menino! Não lhe faça nenhum mal! Agora sei que temes a Deus: tu não me recusaste teu filho, teu único. (Gênesis 22, 12)

Isto é enfim o que narra o Gênesis de judeus e cristãos. A tradição muçulmana, por seu turno, conta uma história semelhante, com diferenças aqui e ali, algumas fundamentais, como veremos adiante. No Alcorão, há um foco grande na infância de Abraão, ausente dos livros sagrados oficiais de judeus e cristãos (mas presente em livros judaicos não-canônicos, como o Livro dos Jubileus, do século II a.C., e o Apocalipse de Abraão, do século I d.C.). A história mais marcante é a que narra o desafio do menino Abraão contra os politeístas. Segundo o Alcorão, quando ainda criança, Abraão perguntou a seu pai e aos companheiros deles quem eram aquelas estátuas diante das quais tanto se demoravam. Ao ouvir que assim procediam porque era uma tradição antiga, porque se acostumaram a ver seus pais e os pais de seus pais a adorá-las, Abraão disse:

> *Vós ambos, vós e vossos pais, estais em erro evidente. (Sura 21, 54)*

Irritados, perguntaram a Abraão se ele zombava deles, mas a resposta foi um testemunho sobre o Deus único:

> *O vosso Senhor é o Senhor dos Céus e da Terra que Ele criou e eu sou testemunha disso. (Sura 21, 56)*

Depois disso, prossegue a narrativa do Alcorão, quando não havia ninguém por perto, o menino Abraão destruiu todos os ídolos, com exceção do maior deles, a quem pretendia acusar pela destruição. Quando todos viram os ídolos quebrados, instalou-se a confusão, e mandaram chamar o garoto Abraão, a quem muitos apontavam como sendo o suspeito. Queriam que ele confessasse. Mas Abraão não o fez. Como imaginara, pôs a culpa no maior dos ídolos, desafiador:

> *Foi o maior deles que fez isso. Interroguem-nos, se é que podem falar. (Sura 21, 63)*

Ao ouvirem isso, seus acusadores abaixaram a cabeça e reconheceram que os ídolos não podiam falar. Abraão, então, debochou deles:

Adorareis, em vez de Deus, a quem em nada vos pode beneficiar ou prejudicar? Vergonha para vocês e seus ídolos. Não raciocinam com a cabeça? (Sura 21, 66-67)

Enfurecidos, e sabendo que Abraão era o culpado pela destruição, os idólatras mandaram queimar Abraão, atirando-o numa fogueira. Deus o salvou, como conta no Alcorão:

Porém, ordenamos: Ó fogo, sê frescor e poupa Abraão. (Sura 21, 69)

Abraão sobreviveu ao fogo, que não lhe queimou a pele, para espanto de todos. A ênfase nessa fase heróica da infância de Abraão parece ter o objetivo de reforçar a visão de que ele, desde o início, foi aquele que cultuou o Deus único, o principal pilar do Islã, expresso na *shahādah*, que o fiel deve repetir sempre. Isso fica claro quando Deus diz no Alcorão:

Abraão jamais foi judeu ou cristão; foi, outrossim, monoteísta, submisso, e nunca se contou entre os idólatras. (Sura 3, 67)

Ou seja, Abraão foi sempre um muçulmano, que em árabe quer dizer, literalmente, aquele que se submete, voluntariamente, à vontade de Deus. Islã quer dizer "submissão", mas sempre voluntária.

Revendo a história de Abraão, tanto na tradição judaico-cristã quanto na islâmica, de fato, Abraão é o maior exemplo daquele que se submete voluntária e totalmente às vontades de Deus.

No que concerte ao relato sobre o nascimento de Ismael e de Isaac, não há grandes discordâncias entre a tradição islâmica e a judaico-cristã. Mas a história muda um pouco em relação à expulsão de Agar e Ismael. E, fundamentalmente, vai muito além dela.

Para começar, para os muçulmanos não foi Sara quem determinou a Abraão que expulsasse Agar e Ismael, mas a saída de ambos foi uma determinação de Deus, cujo propósito final, saberemos depois, seria o próprio advento do Islã tal como o conhecemos hoje. Obedecendo a Deus, Abraão juntou num saco certa quantidade de tâmaras e água, e levou Agar e Ismael para um local distante. Não o deserto de Fará, como quer o Gênesis, mas a localidade onde hoje se encontra Meca, na ocasião um vale sem vegetação ou água, totalmente deserto, entre duas rochas. No caminho, Agar sempre perguntava a Abraão por que ele estava procedendo daquela maneira, mas ele nunca respondia. Quando chegaram ao local determinado, e Abraão os abandonou, Agar perguntou se a atitude dele era decorrente de uma ordem de Deus. Quando Abraão, finalmente, disse que sim, Agar se resignou, afirmando que Aquele que dera aquela ordem não haveria de abandoná-la nem ao filho. Agar era também submissa a Deus, muçulmana, portanto.

Os dias foram passando e logo as tâmaras e a água chegaram ao fim. Temendo a morte do filho, Agar subiu em um dos montes, hoje conhecido como As-Safa, para tentar avistar, do alto, comida ou água. Sem êxito, escalou o outro monte, Al-Marawah, para tentar o mesmo, novamente sem sucesso. Fez isso sete vezes. Desesperada com o choro de Ismael, faminto e com sede, Agar ouviu vozes, e, mesmo sem conseguir entender o que diziam, gritou que necessitava de ajuda, fosse de quem fosse. A voz do anjo perguntou quem era ela, e ouviu como resposta que ela era Agar, mãe do filho de Abraão. O anjo perguntou, então, a quem ele, Abraão, a confiara naquele deserto. Agar respondeu que ela fora posta aos cuidados de Deus. O anjo disse então que ela estava sob a proteção de Deus, o Clemente, o Misericordioso.

Naquele instante, Agar avistou Ismael, empurrando com os pés a areia. E, maravilhada, viu jorrar água por entre as pernas do menino. Correu até ele, dizendo que era preciso juntar a areia para formar uma fonte. Ela repetia "juntar, juntar", que em árabe é *zam zam*, e, por este motivo, a fonte que ali se formou passou a ser conhecida como Zam Zam (que existe até hoje). A água acabou por atrair os pássaros, que foram avistados por uma tribo de beduínos árabes, os *jurhum*, que se encaminhavam para o norte. Ao ver os pássaros, concluíram que ali havia água. Ao encontrarem Agar e Ismael, pediram permissão para ali acampar e foram atendidos, dando origem à cidade de Meca.

A tradição islâmica conta, porém, que Abraão, sendo bom pai, jamais teria abandonado Ismael à própria sorte. No Alcorão, Deus relembra que Abraão Lhe pediu que ambos fossem protegidos e acolhidos por gente bondosa, como de fato os *jurhum* fizeram:

> *Ó Senhor nosso, estabeleci parte de minha descendência em um vale inculto perto de Tua Sagrada Casa para que, ó Senhor nosso, observem a oração; faze com que os corações de alguns homens os apreciem. E agracia-os com os frutos, a fim de que Te agradeçam. (Sura 14, 37)*

A Casa Sagrada a que se referia Abraão é a Kaaba, na Mesquita de Meca, o centro da peregrinação que todo muçulmano tem de fazer uma vez na vida, se tiver condições para tal. Como bom pai, conta a tradição islâmica, Abraão nunca abandonou Ismael e, dessa forma, sempre o visitava, educando-o na crença do Deus único. Um dia, numa dessas visitas, Deus pediu que Abraão e Ismael reconstruíssem um antigo templo erguido por Adão, e assim foi feito (segundo a tradição, durante o dilúvio, os fundamentos do templo subiram ao Paraíso no exato ponto em que se encontravam e de lá retornaram quando a Terra secou). Quando o templo estava novamente de pé, Deus ordenou que Abraão avisasse o mundo inteiro que dali em diante passaria a ser obrigação de todo crente pelo menos uma vez na vida fazer a peregrinação àquele lugar. Abraão argumentou que ninguém o ouviria, mas Deus insistiu: Sua ordem tinha de ser cumprida. Quando Abraão abriu a sua boca, de sua garganta ecoou um som tão alto que suas palavras foram ouvidas nos quatro cantos do mundo. E assim começou a peregrinação a Meca. Segundo o Alcorão, no próprio momento da reconstrução da Kaaba, Abraão pediu que Deus, em retribuição, mandasse à Terra um mensageiro para que espalhasse a sabedoria:

> *Ó Senhor nosso, permite que nos submetamos a Ti e que surja de nossa descendência uma nação submetida à Tua vontade. Ensina-nos nossos ritos e absolve-nos, pois Tu és Remissório, Misericordiosíssimo. Ó Senhor nosso, faze surgir, dentre eles, um Apóstolo que lhes transmita Tuas leis e lhes ensine o Livro, a sabedoria, e os purifique, pois Tu és Poderoso, Prudentíssimo. (Sura 2, 128-129)*

Em uma outra visita, Abraão teria tido um sonho, no qual Deus ordenava que Ismael fosse oferecido em holocausto. E, aqui, a grande divergência entre as tradições judaico-cristã e a islâmica: tudo o que o Gênesis diz ter acontecido com Isaac, os muçulmanos afirmam ter acontecido na verdade com Ismael. A ação é a mesma, muda apenas o filho e o local onde teria acontecido. Para os muçulmanos, Ismael foi levado para um lugar perto de Meca, cujo nome hoje é Mina. Ali seria o sacrifício. O demônio tentou fazer Abraão desistir do seu propósito, fazendo aumentar em seu coração o amor paternal, mas Abraão apedrejou o demônio três vezes. Na hora exata do sacrifício, o anjo apareceu e substituiu Ismael pelo carneiro.

Hoje, na peregrinação a Meca, muitos dos rituais têm origem nessas tradições. A subida aos montes As-Safa e Al-Marawah relembra o desespero de Agar. Em Mina, o apedrejamento dos totens de pedra (*jamarahs*), que representam o demônio, relembra a atitude de Abraão no sacrifício de Ismael. E, pelo mesmo motivo, os peregrinos matam um carneiro durante os rituais.

Abraão é, assim, uma figura central nas três religiões, e, com todo o direito, pode levar o título de pai das três religiões monoteístas. Tudo o que veio depois, no Judaísmo, no Cristianismo e no Islamismo, tem sua origem nele.

José, o filho amado de Jacó

OS ANOS FORAM PASSANDO e a palavra de Deus foi sempre se fazendo presente pela boca dos profetas, que se sucederam. De Isaac nasceu Jacó, de Jacó nasceu José.

E a história de José, no Islã, é considerada uma das mais belas pelos muçulmanos. No Alcorão, há toda uma sura dedicada a ele, e a narrativa, embora parecida, não é exatamente igual à do Gênesis, de judeus e cristãos.

Relembrando o Gênesis: José era o filho mais amado por Jacó, por ser o fruto de sua velhice, e essa preferência explícita levava os outros filhos a um ciúme desmedido. Passaram a odiar José e a tratá-lo mal. Aos 17 anos, José teve um sonho: estava no campo com seus irmãos atando feixes, quando o feixe dele se levantou e foi rodeado pelos de seus irmãos que, em seguida, prostraram-se diante dele. Ao ouvirem o sonho, os irmãos se enfureceram com o que consideraram a prepotência de José, que, porém, tem outro sonho. O Sol, a Lua e 11 estrelas se prostravam diante dele. Dessa vez, até seu pai o repreendeu, porque não admitiu que José imaginasse o pai, a mãe e os irmãos prostrados diante dele.

O Gênesis conta que o ciúme dos irmãos cresceu a tal ponto que, numa oportunidade, enquanto estavam pastoreando no campo, decidiram matá-lo. Um deles, Rubem, conseguiu evitar o assassinato, convencendo os demais a jogá-lo num poço vazio. Sua intenção era retirá-lo de lá mais tarde, salvando-o. Mas Judá, outro dos irmãos, teve outra idéia: vendê-lo como escravo a uma caravana de ismaelitas que passava perto. José acabou vendido a Putifar, o eunuco do faraó do Egito. Seus irmãos pegaram a túnica de José, sujaram-na com o sangue de um animal, e disseram ao pai que ele fora morto por uma fera. Jacó ficou inconsolável.

No Egito, protegido por Deus, José teve muito sucesso, porque Deus, olhando por ele, olhou também por seu dono, que enriqueceu e deu a ele amplos poderes. José, segundo o Gênesis, foi um homem lindo, e essa beleza o levou a despertar a cobiça da mulher de seu dono. José, sempre leal, recusou-se sempre a se deitar com ela. Um dia, porém, ela tentou agarrá-lo à força, mas ele fugiu, deixando nas mãos dela sua camisa. A mulher contou então para o marido uma história diferente: José teria tentado se deitar com ela à força e, ao encontrar resistência, fugira, sem tempo de levar a roupa.

José foi preso e, na cadeia, conseguiu, com a ajuda de Deus, desvendar o sonho de dois funcionários do faraó, que ali estavam sendo punidos: José previu que o copeiro seria libertado em três dias, mas que o padeiro morreria na forca. Tudo aconteceu como o previsto e, dois anos mais tarde, quando o faraó sonhou com sete vacas gordas e sete vacas magras, sete espigas de milho viçosas e sete espigas de milho mirradas, o copeiro se lembrou de José, e o faraó mandou chamá-lo.

José disse que os sonhos eram uma mensagem de Deus: o Egito teria sete anos de abundância, seguidos de sete anos de fome, e, por isso, o país precisava se preparar. O faraó fez de José o homem mais poderoso do país, encarregado de aparelhá-lo para os anos de miséria. Quando a fome chegou, o Egito, que guardara mantimentos, conseguiu atravessar a crise sem muitas dificuldades. Jacó, ouvindo dizer que o Egito tinha mantimentos para vender, mandou que seus filhos fossem até lá para comprar comida. José os recebeu pessoalmente, mas os irmãos não o reconheceram. Como no sonho de anos antes, eles se prostram diante de José, implorando comida. Depois de uma série de estratagemas, José se revelou, perdoou os irmãos e mandou buscar toda a família para viver com ele no Egito. Jacó exultou quando descobriu que seu filho querido vivia e passou a morar com toda a família no Egito, mas pediu que fosse enterrado junto com os pais, quando morresse.

No Alcorão, a história permanece fundamentalmente a mesma, mas a ênfase é aquela que caracteriza os ensinamentos islâmicos: a crença no Deus único. No Egito, quando a mulher de seu amo o tenta para que ele se deite com ela, ele quase sucumbe, mas resiste, graças à crença em Deus:

> *Ela tentou seduzi-lo, e ele teria cedido a isso se não tivesse visto um sinal do seu Senhor. Assim procedemos para afastar dele o mal e a obscenidade, porque é um dos Nossos sinceros servos. (Sura 12, 24)*

No Alcorão, José conseguiu provar a sua inocência: como sua túnica estava rasgada atrás, isso seria a prova de que a mulher tentou agarrá-lo quando ele fugia dela. O patrão, na versão alcorânica um governador no Egito, perdoou-o e recriminou a mulher, que passou a ser objeto de fofocas por toda a corte. Para se justificar, a mulher convidou então as amigas para um almoço durante o qual mandou chamar José, para que elas pudessem ver que ele era tão bonito, mas tão bonito, que se tornava irresistível:

> *Mas quando ela se inteirou de tais falatórios, convidou-as à sua casa e lhes preparou assentos, ocasião em que deu uma faca a cada uma delas; então disse a José: "Apresenta-te ante elas!" E quando o viram, extasiaram-se à visão dele, chegando mesmo a ferirem as próprias mãos com as facas que seguravam. Disseram: "Valha-nos Deus! Este não é um ser humano. Não é senão um anjo nobre!" (Sura 12, 31)*

No Alcorão, mesmo tendo provado a sua inocência, José foi preso e, na prisão, teve ocasião de desvendar os dois sonhos, com previsões ligeiramente diferentes das narradas no Gênesis (o segundo servo do faraó é crucificado, em vez de ser enforcado). O mais importante, porém, é que, antes de decifrar o sonho, José prega a unicidade de Deus:

> *[José] Respondeu-lhes: "Antes da chegada de qualquer alimento destinado a vós, informar-vos-ei sobre tal interpretação. Isto é algo que me ensinou meu Senhor, porque renunciei ao credo daqueles que não crêem em Deus e negam a vida futura. E professo o credo de meu bisavô, do meu avô e do meu pai: Abraão, Isaac e Jacó, porque não nos é admitido associarmos ninguém a Deus. Tal é a graça de Deus para conosco, assim como para com os humanos; porém, a maioria das pessoas não Lhe agradece. Ó meus companheiros de prisão, que é preferível: divindades dispersas ou um Deus único, o Dominador?" (Sura 12, 37-39)*

José segue no Alcorão a mesma epopéia narrada no Gênesis, com sutilezas aqui e ali, e, ao final da sura dedicada a ele, no último versículo, Deus comemora a coincidência e declara:

Em suas histórias há um exemplo para os sensatos. É inconcebível que [o Alcorão] seja um Livro inventado, pois é a corroboração dos Livros anteriores a ele, a elucidação de todas as coisas, guia e misericórdia para os crentes! (Sura 12, 111)

Moisés, o profeta da Lei

ESTA É A CHAVE para entender como o Islã vê a si próprio: aquele que repõe a verdade subtraída das Escrituras reveladas antes dele. É o motivo também pelo qual Moisés, o profeta que guiou os judeus rumo à libertação do cativeiro no Egito, a quem Deus confiou a Sua lei, é figura de proa no Islã. Moisés é descrito no Alcorão como um predecessor de Maomé, um modelo de homem, um profeta a quem Deus também deu um livro sagrado.

Sua história é praticamente a que está contada no Êxodo, o segundo livro do Pentateuco, com algumas modificações. No Alcorão, não é a filha do faraó, mas a sua mulher quem encontra Moisés no rio. O Alcorão não fala em dez pragas que recaem sobre o Egito, mas sim em nove milagres, que a tradição islâmica posterior assim enumera: o cajado que vira cobra, a mão de Moisés que se apresenta branca como se tivesse lepra e em seguida se cura, os gafanhotos, a inundação, os piolhos, as rãs, o sangue, a escuridão, e o mar se abrindo. No Êxodo, o cajado e a mão branca são os sinais dados por Deus a Moisés, no início de sua carreira profética, como prova de sua missão sagrada. Em seguida, há as dez pragas e, somente então, a abertura do mar. Na tradição islâmica, tudo vem embaralhado. O Moisés alcorânico, diferentemente do Moisés do Êxodo, também se arrepende de ter matado um egípcio no início de sua jornada, atribuindo o ato ao demônio:

E entrou [Moisés] na cidade em um momento de descuido por parte de seus moradores e encontrou nela dois homens brigando; um era de sua casta, e o outro da de seus adversários. Seu companheiro pediu-lhe ajuda para que pudesse sobrepujar o adversário; Moisés espancou este e o matou. Arrependido, disse: "Isto é obra de Satã, porque é um inimigo declarado, além de sedutor." Disse ainda: "Ó Senhor meu, certamente me condenei! Perdoa-me, pois!" Deus o perdoou, porque é Indulgente, Misericordiosíssimo! (Sura 28, 15-16)

Dois outros pontos divergem do Êxodo. Os magos do faraó acabam por se converter ao Deus único e são mortos por isso. E o próprio faraó, no momento em que o mar está a se fechar sobre ele e seus soldados, clama a Deus por perdão e diz ter se convertido à fé de Moisés. Todo o resto é bem parecido, inclusive o fato de que é o irmão de Moisés, Aaron, que recebe a missão de falar ao povo, porque Moisés tinha dificuldade com a oratória.

Mais importante do que essas semelhanças e diferenças é o fato de que o Alcorão aceita plenamente como revelados por Deus os ensinamentos de Moisés, e os valida para Maomé:

Depois de termos aniquilado as primeiras gerações, concedemos a Moisés o Livro como discernimento, guia e misericórdia para os humanos, a fim de que refletissem. Porém tu (ó Maomé) não estavas do lado ocidental (do monte Sinai), quando decretamos a Moisés os mandamentos, nem tampouco te contavas entre os pre-

sentes. Depois de Moisés, criamos novas gerações que viveram muito tempo. Tu não viveste entre os madianitas, para recitar-lhes Nossos versículos; porém, Nós te enviamos e te inteiramos de suas notícias. Tampouco estiveste no sopé do monte Sinai, quando chamamos Moisés; porém inteiramos-te disso em virtude da misericórdia de teu Senhor, para que admoestes um povo que, antes de ti, jamais teve admoestador algum; quiçá, assim reflitam. (Sura 28, 43-46)

Isso fica ainda mais claro em outro trecho do Alcorão:

Prescreveu-vos a mesma religião que havia instituído a Noé — a qual te revelamos, a qual havíamos recomendado a Abraão, a Moisés e Jesus, dizendo-lhes: "Observai a religião e não discrepeis acerca disso." (Sura 42, 13)

Não é à toa que o Islã herdou os preceitos da Lei Mosaica, assim como parte das proibições alimentares presentes em outros livros do Pentateuco: entre outras coisas, os muçulmanos também não podem comer carne de porco, assim como os judeus. Os cristãos consideram, porém, que estas proibições caducaram com o dito de Jesus:

Não é o que entra pela boca que torna o homem impuro, mas o que sai da boca, isto sim o torna impuro. (Mateus 15, 11)

Mais tarde, na mesma passagem, Jesus foi ainda mais claro:

Não entendeis que tudo o que entra pela boca vai para o ventre e daí para a fossa? Mas o que sai da boca procede do coração e é isto que torna o homem impuro. Com efeito, é do coração que procedem más intenções, assassínios, adultérios, prostituições, roubos, falsos testemunhos e difamações. (Mateus 15, 17-19)

Se é assim, se os alimentos foram liberados, por que os muçulmanos mantiveram a proibição de comer porco? O motivo também é uma atitude de Jesus, entendida pelo Islã como a confirmação da proibição. Mateus conta que Jesus estava caminhando quando dois endemoninhados se puseram no seu caminho. Os dois disseram a Jesus:

> *"Que queres de nós, Filho de Deus? Vieste aqui para nos atormentar antes do tempo?" Ora, a certa distância deles, havia uma manada de porcos que pastavam. Os demônios lhe imploravam, dizendo: "Se nos expulsas, manda-nos para a manada de porcos." Jesus lhes disse: "Ide." Eles, saindo, foram para os porcos e logo toda a manada se precipitou no mar, do alto de um precipício, e pereceu nas águas. (Mateus 8, 29-32)*

Tal acontecimento, segundo os muçulmanos, manteve a carne de porco banida da dieta.

Já os cristãos não seguem as restrições alimentares da Lei Mosaica, nem mesmo a proibição de comer porco. A razão disso é não somente o que disse Jesus acerca do que é puro e impuro (Mateus 15, 11-19), mas, principalmente, uma visão que Pedro teve, muitos anos após a Paixão de Cristo. Nos Atos dos Apóstolos, conta-se que o centurião romano Cornélio, temente a Deus, teve uma visão em Cesaréia, onde residia: o anjo do Senhor ordenou que ele mandasse buscar Pedro na cidade de Jope (em hebraico, Yafo, na ponta da atual Tel-Aviv), para que pudesse ouvi-lo. Cornélio cumpriu a ordem. Em Jope, Pedro teve fome e, enquanto lhe preparavam uma refeição, o apóstolo teve uma visão:

> *Viu o céu aberto e um objeto que descia, semelhante a um grande lençol, baixado à Terra pelas quatro pontas. Dentro, havia todos os quadrúpedes e répteis da Terra, e aves do céu. Uma voz lhe falou: "Levanta-te, Pedro, imola e come!" Pedro, porém, replicou: "De modo algum, Senhor, pois jamais comi coisa alguma profana e impura!" De novo, pela segunda vez, a voz lhe falou: "Ao que Deus purificou, não chames tu de profano." Sucedeu isso por três vezes, e logo o objeto foi recolhido ao céu. (Atos dos Apóstolos 10, 11-16)*

Os homens de Cornélio bateram à porta, e o anjo do Senhor mandou que Pedro os seguisse. Em Cesaréia, Pedro entrou na casa de Cornélio, pregou e comeu com ele, quando o Espírito Santo baixou sobre todos. A primeira interpretação que os cristãos dão a essa passagem é que Pedro foi convidado a libertar-se dos escrúpulos no tocante à pureza legal, como Jesus próprio já o fizera antes, em vida. A segunda interpretação é que a mensagem de Cristo é voltada não somente para os judeus, mas para os gentios também. É universal.

Jesus, um milagre de Deus

TRÊS RELIGIÕES, MUITOS PROFETAS, um só Deus. Entre os profetas, como indica o último trecho do Alcorão que mencionei, encontra-se Jesus, fato que a maior parte dos cristãos ignora. Se apenas levássemos em conta a maneira como o Alcorão se refere a Jesus, já teríamos uma idéia do respeito com que é tratado: "Jesus, o filho de Maria", "o Messias", "a Palavra de Deus", "a Palavra da Verdade", "um Espírito de Deus", "o Mensageiro de Deus", "o Servo de Deus", "o Profeta de Deus", "Ilustre nesse mundo e no próximo". Tirando Maomé, talvez ninguém mais no Alcorão inspire tanto respeito. E por quê?

Porque o Alcorão reconhece a natureza miraculosa de Jesus: para os muçulmanos ele, de fato, nasceu de uma virgem, por intervenção direta do Divino e, por isso, é um milagre de Deus. Na sura 19, cujo título é Maria, está descrita a história de como Jesus veio ao mundo. Deus conta que o anjo Gabriel, transformado na figura perfeita de um homem, foi ao encontro de Maria dizendo-se um mensageiro de Deus e lhe anunciou: ela daria à luz um filho imaculado. Maria rebateu:

Como poderei ter um filho sendo que nenhum homem me tocou e jamais deixei de ser casta? (Sura 19, 20)

O anjo lhe respondeu:

Assim será, porque teu Senhor disse: Isso Me é fácil! E faremos disso um milagre para os homens, e será uma prova de Nossa misericórdia. E foi uma ordem inexorável. (Sura 19, 21)

Quando Jesus nasceu, Maria se retirou para um lugar afastado, e se desesperou, constrangida pelas dores do parto e pela solidão, desejando ter, antes, morrido. Mas logo ouviu uma voz que lhe disse para se acalmar, porque Deus tinha feito correr um riacho aos pés dela. A tamareira onde ela estava recostada deixou cair frutos maduros que a alimentaram. Quando Maria voltou ao seu povo, foi recriminada, porque pensaram que ela deixara de ser casta, tendo um filho ilegítimo. Maria pediu então que seus críticos interrogassem o próprio bebê, para espanto dos que a ouviam:

Como falaremos a uma criança que ainda está no berço? (Sura 19, 29)

Jesus, bebê, então lhes disse:

Sou o servo de Deus, o Qual me concederá o Livro e me designará profeta. Far-me-á benfeitor, onde quer que eu esteja, e me encomendará a oração e a paga do zakat *[a esmola, um dos pilares do Islamismo] enquanto eu viver. E me fará piedoso para com minha mãe, e jamais permitirá que eu seja arrogante ou rebelde. A paz está comigo, desde o dia em que nasci; estará comi-*

go no dia em que eu morrer, bem como no dia em que eu for ressuscitado. (Sura 19, 30-33)

Apesar disso, para os muçulmanos Jesus não é filho de Deus, e a explicação que Deus dá no Alcorão é simples:

É inadmissível que Deus tenha tido um filho. Glorificado seja! Quando decide uma coisa, basta-Lhe dizer: Seja, e é. (Sura 19, 35)

Em outras palavras, Deus quis que Maria tivesse um filho sem a intervenção do homem, e assim ocorreu. Da mesma forma como quando Deus criou Adão, a quem Jesus é comparado: ninguém diz que Adão é filho de Deus:

O exemplo de Jesus, ante Deus, é idêntico ao de Adão, que Ele criou do pó, então lhe disse: Seja, e foi. (Sura 3, 59)

Segundo o Alcorão, Jesus fez muitos milagres: deu vida a uma escultura de um pássaro feita de barro, fez um cego enxergar, curou um leproso e ressuscitou um morto, uma lista parecida com a que os cristãos conhecem. A missão de Jesus, segundo o Alcorão, foi trazer aos homens os Evangelhos e confirmar a Lei Mosaica que o precedeu. Mas, para os muçulmanos, Jesus está acima dos profetas que o antecederam:

Desses mensageiros, preferimos uns a outros. Entre eles, há aqueles a quem Deus falou; e a alguns deles Ele elevou escalões, e concedemos a Jesus, filho de Maria, as evidências, e amparamo-lo com o Espírito Santo. (Sura 2, 253)

A própria natureza miraculosa de Jesus o põe num nível elevadíssimo: fora Maomé, não há figura mais respeitada no Alcorão.

Diz-se no Islã que Jesus, ao nascer, diferentemente de todos os outros homens, não foi tocado pelo demônio, o que fez dele um homem sem pecado e sem tendência ao pecado, uma qualidade que ele dividiria apenas com a sua mãe, Maria.

Jesus é tão especial que o Islã não aceita a sua crucificação: tudo não teria passado de uma ilusão, já que Jesus teria subido aos céus em seu corpo físico. Seus algozes teriam sido iludidos, viram uma crucificação que nunca houve. Jesus, portanto, não morreu, mais um milagre que Deus concedeu a ele.

Nos últimos dias, o Mahdi (palavra árabe que quer dizer o "Orientado"), um governante muçulmano, reinará no mundo inteiro e trará muita paz e prosperidade (as divergências sobre a natureza do Mahdi para sunitas e xiitas serão exploradas adiante). Mas o reinado dele durará pouco, pois logo será derrotado pelo Anticristo. Este será o sinal que trará Jesus de volta. Ele chegará à Terra por uma das torres da Mesquita Omíada, em Damasco, na Síria, que o papa João Paulo II visitou (a mesma que guarda num túmulo a cabeça de são João Batista). Em seu retorno, Jesus derrotará o Anticristo. Soa familiar, não? A diferença é que, para os muçulmanos, Jesus governará a Terra como um rei justo por 45 anos, período durante o qual o leão conviverá com a gazela e as crianças poderão, sem perigo, brincar com serpentes. Ele se casará, terá filhos e finalmente morrerá, como todos os homens. Será enterrado na Mesquita de Medina, onde está a sepultura de Maomé. Ficará num túmulo entre as covas de Abu Bacre, o primeiro califa (em árabe, *khalifha*, "sucessor"), e Omar (em árabe, Umar ibn al-Khattãb), o segundo. O retorno de Jesus será um dos sinais que precederão o Dia do Juízo Final, quando os mortos ressuscitarão e, como os vivos, serão julgados, merecendo a vida eterna ou a eterna danação. Essa narrativa não está dita claramente no Alcorão, mas está bem assentada pela Suna (a tradição), os atos e ditos de Maomé, registrados por uma longa cadeia de testemunhos (as *hadiths*).

Maomé, o último mensageiro de Deus

ADÃO, NOÉ, ABRAÃO, JACÓ, José, Moisés, Jesus, todos eles formaram uma longa cadeia de profetas que, segundo acreditam os muçulmanos, foi encerrada pelo último deles, Maomé, o profeta do Islã.

Nascido por volta do ano de 570, na cidade de Meca, Maomé vem de uma família cuja genealogia o faz descendente direto de Ismael, e, portanto, de Abraão e Noé: o clã Hashim (hoje conhecido como Hashemita), um dos mais prestigiados da tribo dos *quraysh*, que em árabe quer dizer "tubarão pequeno". Meca era então um importante centro comercial, fundamental, porque se situava na encruzilhada das rotas de comércio internacional que ligavam a África à Ásia e o Golfo Pérsico à Europa, mas não tinha força política nenhuma se comparada aos dois grandes impérios de então, o Império Bizantino (ou Império Romano do Oriente, que tinha Constantinopla como sua capital) e o dos sassânidas (o Império Persa). Na verdade, as diversas tribos árabes eram pequenos estados vassalos de um ou outro império, e muitas vezes brigavam entre si. Em termos numéricos, os árabes da Península Arábica de então somavam apenas alguns poucos milhares

Maomé perdeu o pai, Abdulah bin Abdu L'Muttalib, ainda quando estava no ventre da mãe, Aminah. Quando nasceu, conta a tradição, sua mãe mandou um recado urgente para o sogro Abdu L'Muttalib, então ninguém menos do que o guardião da Kaaba. A mensagem do nascimento do neto encontrou L'Muttalib dentro do santuário, com seus outros filhos. Ele se levantou e correu ao encontro de Aminah. Quando viu a criança, ergueu-a nos braços e, com ela, voltou para a Kaaba, para dar graças a Deus. E, ali, lhe deu o nome de Muhammad, Maomé em português, que em árabe quer dizer o "Louvado" (do verbo árabe *hãmada*, louvar, elogiar, glorificar).

Como era costume entre as classes mais nobres de Meca, Aminah entregou o filho para que uma escrava o amamentasse. Suhaiba, porém, ficou pouco tempo com o menino e, em poucos dias, transferiu a tarefa para Halimah, uma mulher da tribo Banu As'd, que vivia no deserto. Maomé passou dois anos com ela. Um dia, o filho de Halimah correu até ela dizendo que, enquanto brincava com Maomé, dois homens vestidos de branco o derrubaram e abriram o peito do garoto. Assustada, ela, ao correr até Maomé, viu-o intacto, de pé, mas contando a mesma história. Segundo a hagiografia de Maomé, os dois homens seriam anjos, um deles Gabriel, que abriram o peito de Maomé para lavar-lhe os pecados. O primeiro versículo da sura 94 seria uma referência a isso:

Acaso não abrimos o teu peito? (Sura 94, 1)

Aos seis anos, Maomé perdeu a mãe, quando ambos voltavam de uma viagem a Yatrib, atual Medina. A criança passou então a viver aos cuidados do avô, L'Muttalib, que, no entanto, também morreria dois anos depois. Apesar de ser de uma família importante, a situação financeira dos Hashim não era confortável. No Alcorão, duas passagens fazem menção a isso. A primeira, quando os inimigos de Maomé dizem que teriam aceitado a mensagem se ela tivesse sido revelada a alguém mais nobre:

> *Mas, quando a verdade lhes chegou, disseram: "Este é um feito de mistificador, e por certo que o negamos!" E disseram mais: "Na verdade, por que não foi revelado este Alcorão a um homem célebre de uma das duas cidades [Meca e Taif]?" (Sura 43, 30-31)*

A segunda passagem do Alcorão que mostra que Maomé teria tido uma infância pobre é esta:

> *Porventura, não te [Maomé] encontrou órfão e te amparou? Não te encontrou extraviado e te encaminhou? Não te encontrou necessitado e te enriqueceu? (Sura 93, 6-8)*

Morto o avô, Maomé passou a ser cuidado por seu tio paterno, Abu Talib. Meca, naquele tempo, já não era monoteísta como no tempo de Abraão e Ismael: a Kaaba abrigava três centenas de deuses, um para cada dia do ano lunar. Apesar disso, conta a tradição, Maomé sempre acreditou em um só Deus (*Alá* é a palavra árabe para Deus, assim como *God* é Deus em inglês). Era, desde o berço, um menino íntegro e honesto, muito amado e admirado pelo seu caráter. Aos 12 anos, Maomé fez ao lado do tio a sua primeira caravana à Síria, onde foi vender e comprar mercadorias. No caminho, encontrou um monge cristão que, impressionado com o caráter do menino, teria visto nele sinais de que se tornaria um profeta.

Aos 25 anos, Maomé, por indicação do tio, passou a trabalhar para Khadija, uma viúva, rica comerciante de Meca. Seu trabalho foi tão bem-feito e ele foi tão honesto, que Khadija se apaixonou por ele e propôs casamento. Khadija tinha então quarenta anos, e deu a Maomé seis filhos, dois garotos (mortos na infância) e quatro meninas: Zainab, Ruqayya, Umm Qulsum e Fatima (apenas Fatima e Zainab sobreviveram ao pai). O prestígio de Maomé cresceu muito em Meca, e, por sua justeza de caráter, passou a ser chamado de "*Al-Amim*", o "Fiel", o "Leal". Um dos episódios mais contados de sua vida se passa quando ele tem 35 anos. A Kaaba tinha sido restaurada, pedra por pedra, e também aumentada na altura. Todas as tribos de Meca colaboraram no trabalho e, quando chegou a hora de decidir quem colocaria no lugar a rocha negra, que a tradição diz ter vindo direto do Paraíso, uma grande disputa eclodiu. Quando a querela estava no auge, alguém sugeriu que o primeiro homem que aparecesse decidiria a questão. Quem apareceu foi Maomé e sua sugestão foi considerada sábia por todos: a pedra negra seria posta num grande lençol e um representante de cada tribo ergueria o lençol. Assim, todos estariam erguendo a pedra.

Casado, feliz e fiel a Khadija, Maomé acolheu em sua casa seu primo Ali, filho de Abu Talib, que o abrigara quando criança. Ali tinha então seis anos de idade e estaria destinado a desempenhar um importante papel no futuro do Islã.

Por volta dos quarenta anos, Maomé se tornava cada vez mais reflexivo, retirando-se para longos períodos de meditação na caverna de Hira, nos arredores de Meca. Ele juntava alguma comida, água e agasalhos e permanecia lá alguns dias, findos os quais voltava para casa. Num desses retiros, Maomé teve uma visão. O arcanjo Gabriel apareceu-lhe e ordenou que ele lesse o que estava escrito diante dele. A luz era tão intensa que Maomé desmaiou. Ao acordar, disse ao anjo que era analfabeto e que, por isso, não poderia ler. O anjo então lhe apertou fisicamente o corpo e voltou a ordenar que ele lesse, obtendo, porém, a mesma resposta. Isso aconteceu quatro vezes, até que Maomé repetisse as palavras que estão nos primeiros cinco versículos da sura 96:

Lê em nome de teu Senhor que [tudo] criou. Criou o homem de um coágulo. Lê que teu Senhor é generoso, que ensinou o uso do cálamo [para a escrita], ensinou ao homem o que este não sabia. (Sura 96, 1-5)

O evento perturbou-o imensamente. Ele voltou para casa e contou o que tinha lhe ocorrido para Khadija, e disse a ela que temia ter tido uma visão diabólica ou então que estivesse ficando louco. Khadija o acalmou e em nenhum momento duvidou de que se tratava de uma mensagem divina. Depois da primeira aparição, algum tempo transcorreu até que outras viessem. Durante esse período, Maomé foi tomado por muita angústia, até que novas revelações aconteceram, o que o deixou mais seguro. Durante três anos, somente um pequeno grupo à sua volta sabia das revelações. Os primeiros a se converter ao Islã foram sua mulher, Khadija, seu primo e protegido Ali, Zaid, um escravo que ele alforriara anos antes e adotara como filho. Fora de sua família, o primeiro a se converter foi Abu Bacre (em árabe, Abu Bakr), um amigo de longa data. Depois, vieram outros poucos. Após o curto período em que pregou apenas para esse pequeno grupo, Maomé recebeu de Deus o sinal para pregar publicamente. Foi quando, estando enrolado em seu manto e deitado em cima de um tapete, ouviu o anjo Gabriel ordenar:

Ó tu, enrolado ao manto, levanta-te e prega! (Sura 74, 1-2)

Foram dias difíceis. Meca não aceitou a sua pregação contra os ídolos, contra o politeísmo e a favor da submissão voluntária a um Deus único. A cidade vivia de seus deuses, porque era um importante centro de peregrinação. Perseguido cada vez mais pelos homens de Meca, Maomé temeu pela segurança de seus seguidores que não tinham a proteção de nenhuma família importante na cidade. Assim, recomendou a 16 deles que fugissem para a Abissínia, onde um rei cristão tinha fama de tolerante, seguidos, pouco tempo depois, por uma nova leva. Foram bem recebidos e tolerados e lá permaneceram, contam as tradições, por cerca de 15 anos, até que pudessem voltar (a Abissínia de então seria um reino em parte do que é hoje a Etiópia).

No décimo ano de sua missão, Maomé perdeu Khadija, a quem foi fiel durante 25 anos. Pouco depois, Maomé foi a Taif, uma cidade perto de Meca, tentar convencer seus habitantes a aderir ao Islã e dar-lhe proteção, mas saiu de lá corrido, fugindo de pedras. A sorte começou a mudar quando um grupo de cidadãos da cidade de Yatrib (atual Medina) o procurou em Meca e se converteu ao Islã. No ano seguinte, 12 cidadãos de Yatrib propuseram um pacto de aliança com Maomé, que, então, mandou para a cidade representantes seus pregarem o Islã. O sucesso foi grande, as adesões aconteceram em boas proporções. No ano seguinte, setenta cidadãos de Yatrib propuseram a Maomé um pacto de aliança definitivo: eles prometeram defender o Islã, dando a própria vida, se isso fosse necessário.

Foi nessa época que teve lugar um dos eventos da vida de Maomé em que os muçulmanos mais acreditam, e louvam, a *Mi'raj*, ou a Ascensão, uma viagem que o profeta fez ao Paraíso, levado pelo anjo Gabriel. Alguns exegetas muçulmanos interpretam essa viagem como um sonho sagrado, mas a maioria acredita que ela teve mesmo uma existência concreta. No Alcorão, existem menções indiretas a esta viagem e pelo menos uma referência direta:

> *Glorificado seja Quem, durante a noite, transportou Seu servo, tirando-o da Sagrada Mesquita (em Meca) e levando-o à Mesquita de Al-Aqsa (em Jerusalém), cujo âmbito bendizemos, para mostrar-lhe alguns dos milagres. Sabei que Deus é Oniouvinte, Onividente. (Sura 17, 1)*

Há muitos relatos da viagem corroborados pela Suna do profeta e pelos registros das *hadiths*. Há diferenças entre eles, mas um dos mais aceitos teria sido contado pelo próprio Maomé, segundo seus companheiros. Enquanto dormia (conforme alguns relatos, na Kaaba, conforme outros, em sua própria casa), o anjo Gabriel voltou a abrir-lhe o peito, como fizera quando Maomé era uma criança, e o lavou novamente com fé e ciência, tornando-o livre de impurezas. Depois disso, um cavalo branco alado apareceu e o anjo e Maomé montaram nele, rumando de Meca para Jerusalém, de onde subiram aos sete estágios do Paraíso, um a um. No primeiro Paraíso, Gabriel bateu à porta e ouviu a pergunta: "Quem está aí?" Gabriel disse que era ele, o arcanjo, e ouviu nova pergunta: "E quem é seu companheiro?" Gabriel disse que era Maomé, e ouviu nova pergunta: "Ele é um profeta?" Ao responder que sim, a porta se abriu para Gabriel e Maomé, e o anjo disse ao profeta: "Este é o seu pai, Adão! Saúda-o!" Maomé fez a sua saudação e ouviu de Adão: "Você é bem-vindo, ó bom filho e bom profeta." Maomé e Gabriel foram passando para os demais estágios do Paraíso, sempre ouvindo, diante de cada porta, as mesmas perguntas que Adão já tinha feito. No segundo Paraíso, estavam Jesus e João. Novamente Gabriel mandou que Maomé os saudasse e ouviu como resposta: "Bem-vindo, bom irmão e bom profeta", mesma saudação que Maomé viria a ouvir de José, no terceiro Paraíso, de Enoch, no quarto Paraíso, de Aaron, no quinto Paraíso, e de Moisés, no sexto. Ao seguir para o sétimo Paraíso, Maomé, ao perceber que Moisés chorava, perguntou: "Por que chora?" E Moisés respondeu, referindo-se a Maomé: "Porque um profeta foi mandado depois de mim e mais gente do povo dele do que do meu entrará no Paraíso." No sétimo Paraíso, depois das perguntas de praxe, Maomé encontrou Abraão, que Gabriel anunciou como seu pai. "Bem-vindo, bom filho e bom profeta", disse Abraão. A seguir, Maomé foi levado a uma árvore e viu quatro rios, dois aparentes e dois invisíveis. Ao perguntar que rios eram aqueles, ouviu de Gabriel: "Os dois invisíveis são do Paraíso, os outros dois são o Nilo e o Eufrates." Pouco adiante, Maomé avistou a *Baitu L'Ma'mur*, ou a Casa Desabitada, Morada do Criador. Ali recebeu um vaso de vinho, um de mel e um de leite, e escolheu a última bebida, atitude que lhe rendeu elogios do anjo. Por fim, ouviu a voz de Deus, que o mandou de volta com a ordem de instruir seus seguidores a rezar cinqüenta vezes ao dia. Ao começar seu caminho de volta, Moisés perguntou-lhe o que lhe fora ordenado, e Maomé respondeu: "Orar cinqüenta vezes ao dia." Moisés então lhe disse que o seu povo seria incapaz de cumprir o mandamento. "Eu tentei com o meu povo e não consegui. Volte ao Senhor e lhe peça que alivie o seu povo dessa obrigação." Maomé aceitou o conselho, voltou a Deus, que o liberou de dez orações. Mas, ao passar por Moisés, Maomé ouviu novamente o conselho de Moisés: "Volte lá e peça nova redução. Eu tentei com meu povo e não consegui." Isso se repetiu outras tantas vezes, até que Maomé voltou e disse: "Meu Senhor manda que meu povo ore cinco vezes ao dia." Moisés tornou a insistir que o fardo seria grande, mas Maomé se recusou a voltar, alegando ter vergonha de perturbar Deus novamente. "Estou satisfeito e resignado." E assim, segundo a tradição, ficou estabelecido um dos pilares do Islamismo: as cinco orações diárias.

Em 622, pouco depois da Ascensão, também conhecida como "Viagem Noturna", perseguido em sua cidade natal, Maomé e todos os seus seguidores refugiaram-se em Yatrib, depois do pacto firmado com os setenta cidadãos daquela cidade. Lá, cada família de *muhãjirun* (emigrante) de Meca deveria ser acolhida na casa de um *ansar* (ajudante) de Yatrib. Depois da morte do profeta, no tempo do terceiro califa, Osman (em árabe, 'Uthmãn ibn 'Affãn), Yatrib passou a ser conhecida como Medina al Nabil, ou Cidade do Profeta (e, hoje, ela é conhecida apenas como Medina). Na mesma época, o calendário muçulmano teve seu marco zero aí, em 622, ano da Hégira, em árabe *Hi'jra* (emigração), assim como o calendário cristão parte do nascimento de Cristo.

Em Medina, Maomé, além de guia espiritual, tornou-se logo chefe de Estado. Depois da morte de Khadija, Maomé se casou outras dez vezes, uma delas com uma mulher judia, que se converteu ao Islã. Tinha também duas concubinas, uma cristã e a outra judia. Alguns casamentos foram por afinidade pessoal, outros para proteger viúvas de companheiros e alguns em decorrência de alianças políticas. Um muçulmano pode ter até quatro mulheres, mas deve ser equânime, do ponto de vista afetivo, sexual e financeiro, em relação a todas para não cair em pecado. É isso o que estabelece o Alcorão:

> *Podereis desposar duas, três ou quatro das que vos aprouver entre outras mulheres. Mas, se temerdes não poder ser eqüitativos para com estas, casai, então, com uma só, ou conformai-vos com o que está ao alcance de vossas mãos. Isso é o mais adequado para evitar que cometais injustiças. (Sura 4, 3)*

Se o Alcorão diz que só se pode casar quatro vezes, por que Maomé tinha mais mulheres? Porque assim lhe concedeu o Alcorão:

> *Ó Profeta, em verdade, tornar-te-emos legais as esposas que tenhas dotado, assim como as cativas que Deus tenha feito cair em tuas mãos, as filhas de teus tios e tias paternas, as filhas de teus tios e tias maternas que migraram contigo, bem como toda mulher crente que se insinue a ti, por gosto, e uma vez que queiras desposá-las; este é um privilégio exclusivo teu, vedado aos demais crentes. Bem sabemos o que lhes impusemos [aos demais] em relação às suas esposas, e às suas cativas, a fim de que não haja inconveniente algum para ti. Atenta para o fato de que Deus é Indulgente, Misericordiosíssimo. (Sura 33, 50)*

Não foi o único privilégio que Deus deu a Maomé neste campo:

Não serás recriminado se procurares uma, em detrimento de outra, ou se procurares esta em tempo não predito. Esse proceder será sensato para que se consolem, não se aflijam e se satisfaçam com o que tiveres concedido a todas, pois Deus sabe o que encerram vossos corações: sabei que Deus é Tolerante, Sapientíssimo. (Sura 33, 51)

Ou seja, a Maomé Deus liberou do dever, imposto aos demais fiéis, de satisfazer, equanimemente, suas esposas do ponto de vista afetivo, sexual e financeiro. Mas, justo, na mesma sura, liberou as esposas que se sentissem insatisfeitas com essa prerrogativa do profeta a pedirem o divórcio:

Ó Profeta, dize a tuas esposas: "Se ambicionardes a vida terrena e suas ostentações, vinde! Dar-vos-ei vosso dote de liberdade e me divorciarei de vós decorosamente." (Sura 33, 28)

Contam as tradições que, de suas mulheres da época dessa revelação, apenas uma se separou dele.

Aos poucos, a vida em Medina se transformava e a cidade ganhava novos ares. No segundo ano após a Hégira, Maomé conseguiu uma grande vitória. Com apenas 303 homens, 70 camelos e 2 cavalos, ele derrotou um exército muito bem equipado de mil homens de Meca, e, para tanto, acreditam os muçulmanos, foi ajudado por uma legião de anjos mandados por Deus. Pouco mais de um ano depois, porém, três mil homens de Meca, contra um exército muçulmano de mil soldados, conseguiram impor uma dura derrota a Maomé, em Uhud. Os mortos, a maior parte composta por *ansares*, foram enterrados no campo de batalha, por ordem de Maomé. A derrota, atribuída ao fato de que os muçulmanos se deixaram vencer pela cobiça, mais interessados no butim de guerra do que em defender a religião de Deus, deixou marcas em Medina: praticamente toda família tinha um morto por quem chorar.

Isso abriu espaço para uma forte oposição interna a Maomé: seus integrantes são chamados pelo Alcorão de hipócritas, porque, fingindo apoiar o profeta, nutriam desejos de se livrar dele. No quinto ano da Hégira, os idólatras de Meca reuniram dez mil e sitiaram Medina por quase um mês. Maomé tinha bem menos soldados, cerca de três mil, mas, mesmo assim, conseguiu evitar que a cidade fosse atacada: seguindo os conselhos de um persa, fez construir uma trincheira em volta de toda a cidade, uma trincheira funda e ampla, um recurso militar até então desconhecido dos exércitos árabes. Diante da trincheira, e sem saber o que aquilo significava, os homens de Meca, apesar de mais numerosos, não atacaram (houve apenas escaramuças esporádicas, com dois ou três mortos de cada lado). Ao fim, uma providencial tempestade de areia incrivelmente forte destruiu todas as tendas do inimigo que, apavorado, levantou o cerco e debandou.

Todos esses acontecimentos fizeram do período que separa o ano terceiro do ano quinto da Hégira tempos de muita tensão para Maomé, que, contudo, acabou superando com maestria. Após outras batalhas, com tribos vizinhas de judeus inclusive, Maomé se fortaleceu suficientemente para conseguir negociar tratados de paz com os homens de Meca. No décimo ano da Hégira, ele já era forte o suficiente para entrar vitorioso em Meca, sem resistência, e convertê-la ao culto do Deus único. Os ídolos da Kaaba foram destroçados. Mais uma vez, o gesto de Abraão, de séculos atrás, se repetia.

Foram 23 anos durante os quais o anjo Gabriel revelou a Maomé os versículos do Alcorão, o livro sagrado dos muçulmanos, que se pretende uma releitura das Escrituras Sagradas, do Gênesis ao Apocalipse. Literalmente, Alcorão quer dizer “A Leitura” (em português, deve-se dizer Alcorão, e não o Corão, porque a palavra entrou em nossa língua daquela primeira forma, assim como outros três mil vocábulos, como, por exemplo, almofada, alfaiate, álcool, alfinete etc.). A tradição islâmica conta que Maomé um dia disse o seguinte:

> *Não haverá nenhum profeta depois de mim. A minha relação com a longa cadeia de profetas pode ser compreendida como a parábola dum palácio: o palácio estava maravilhosamente construído. Tudo estava completo, exceto o espaço para um tijolo. Eu ocupei esse lugar e agora o castelo ficou completo.*

Ao tempo do profeta, porém, os versículos e 114 capítulos (em árabe, *suras*, que quer dizer "série", "fila", "fileira") do Alcorão não estavam reunidos em livro. Contam que Abu Bacre, o primeiro califa, após uma batalha em que morreram muitos muçulmanos que sabiam o Alcorão de cor, temeu que o seu conteúdo se perdesse, e determinou que Zaid ibn Sabit recolhesse todas as partes do Alcorão que se encontravam dispersas, escritas em pedras, folhas de tamareiras, papiros, couro de camelo, ossos de animais, para que elas não se perdessem. Depois de muita indecisão ("seria certo fazer algo que o próprio profeta não fez?"), Zaid recolheu todo o material, e o entregou a Abu Bacre. Quando este morreu, tudo foi parar nas mãos de Omar, o segundo califa e, depois, nas mãos de Osman, o terceiro califa. Este então tomou a decisão de reunir todo o material no livro, trabalho que ficou por conta de Zaid e outros companheiros. Os muçulmanos acreditam que o Alcorão tem hoje a mesma forma que tinha ao tempo do profeta e que se encontra inalterado desde então. O texto do Alcorão, admitem os próprios muçulmanos, não respeita uma ordem cronológica, não começa com a primeira revelação nem termina com a última. Elas se entrelaçam, numa seqüência recitada em vida por Maomé e inspirada por Deus. Certas tradições dizem que o Alcorão foi escrito por Deus de uma só vez, mas revelado a Maomé aos poucos, diretamente do Paraíso pelo anjo Gabriel. O texto é altamente metafórico e, diferentemente do Pentateuco de judeus e cristãos, não conta uma história com início, meio e fim. Trata-se, na verdade, de uma exortação para que os homens retornem ao bom caminho e ao que antes fora revelado aos antigos profetas, a saber, a Torá e os Evangelhos. É, assim, um livro referencial, no qual se lê a toda hora: "Ó crentes, lembrem-se de quando...", e alguma passagem do Pentateuco ou dos Evangelhos ou mesmo da vida de Maomé é citada, comentada, explicada, reescrita. O Alcorão, portanto, respeita e admira os livros anteriores, mas pretende revê-los. É como se Deus tivesse feito uma tentativa desesperada de se fazer entender pela última vez.

Os cinco pilares do Islamismo, as cinco obrigações dos fiéis, a base da crença muçulmana, são os seguintes: acreditar em um só Deus e em Maomé como o último profeta (*shahãdah*); orar cinco vezes ao dia, voltado para Meca (*salat*); dar esmola visando à caridade (*zakat*); jejuar durante o mês do Ramadã, do nascer do dia até o cair da noite (*saum* ou *siyam*); e fazer a peregrinação a Meca pelo menos uma vez na vida, para aqueles que têm condições físicas e financeiras (*hajj*).

Maomé nunca controlou o fluxo das revelações divinas. Disse apenas que, em cada revelação, eram-lhe ditados de cinco a seis versículos, às vezes mais, às vezes menos. Em algumas tradições, conta-se que o profeta só sabia que os versos até ali revelados tinham fechado um capítulo, uma sura, quando recebia a ordem de repetir: "*Bismillah al-rahman al rahim*", palavras que significam "Em nome de Deus, o Clemente, o Misericordioso". Maomé recebeu a sua última revelação nove dias antes de morrer, no dia 8 de junho de 632 d.C. O anjo Gabriel mandava Maomé, todo ano, recitar o conteúdo inteiro do Alcorão, revelado até aquele instante. Poucos anos antes de morrer, o anjo mandou que ele recitasse duas vezes, o que teria feito Maomé perceber que seu fim estava próximo. Aos 62 anos, Maomé caiu doente, e os relatos sobre a sua morte variam muito se narrados por sunitas ou por xiitas, as duas principais correntes do Islã, o que será explorado detidamente, mais tarde, no decorrer deste livro. O certo é que Maomé, ao longo de sua vida, nunca escondeu que era um homem como outro qualquer e, dizem as tradições, gostava de lembrar aos fiéis o que dele dizia o Alcorão, em duas passagens:

> *Maomé não é mais que um Mensageiro a quem outros precederam. Porventura, se morresse ou fosse morto, voltaríeis à incredulidade? (Sura 3, 144)*

> *É bem verdade que tu [Maomé] morrerás e eles morrerão. (Sura 39, 30)*

A verdade é que se Maomé morreu, como todos os homens, a obra da qual foi o mensageiro não somente sobreviveu a ele como tomou um impulso cujo vigor todos reconhecem. Em pouquíssimos anos, o Império Islâmico se estendia de sua Arábia natal ao sul da Espanha, numa expansão poucas vezes vista antes. Hoje, seus fiéis em todo o mundo são protagonistas da história, e, apesar de uma origem comum, são vistos pelo Ocidente como estranhos, como estrangeiros, como exóticos.

Judeus, cristãos e muçulmanos

Se, como quis demonstrar aqui, o Islã é tão próximo da tradição judaico-cristã, o que o faz tão distante? Vejo duas respostas, uma simples, outra simplíssima.

A simplíssima: ao ignorar o que venha a ser o Islã, talvez pela barreira da língua, talvez por falta de interesse, multidões no mundo consideram o Islã tão exótico para as tradições do Ocidente como o Hinduísmo, o Taoísmo ou o Confucionismo. Talvez até mais exótico. A coisa se agrava porque a maior parte dos livros sobre o Islã, como parece natural, destaca mais o que é diferente do que aquilo que é semelhante. Destaca mais as idiossincrasias da religião do que a origem comum. E o mal-entendido se perpetua. Conhecer e se inteirar das semelhanças talvez seja um fator de aproximação.

Agora a resposta simples: um fator de distanciamento, para aqueles que conhecem o Islã, talvez seja a natureza mesma do que o Islã considera ser a sua missão no mundo. Afinal, ao se impor como missão restaurar, para aqueles que voluntariamente a aceitem, a verdade, restabelecer, para aqueles que voluntariamente o aceitem, o que teria sido deturpado nos livros sagrados anteriormente revelados, o Islã se distancia dos que acreditam que não houve deturpação alguma. O que passa a existir é uma luta entre verdades, e luta entre verdades é sempre uma luta entre surdos, entre partes que não se entendem.

Em muitas passagens, o Alcorão é duríssimo com judeus e cristãos, e isso afasta, não aproxima. Deus, no Alcorão, Se zanga quando estes repelem as novas revelações e se apegam ao que consideram ser a pura verdade:

> *Ó israelitas, recordai-vos das mercês com que vos agraciei, cumprindo o Meu compromisso; cumpri o vosso, temendo-Me somente. E crede no que vos revelo, e que corrobora o que vós conheceis; não sejais os primeiros a negá-lo, nem vendais Minhas leis a vil preço; temei a Mim somente. E não confundais a verdade com a falsidade, nem a oculteis, sabendo-a. (Sura 2, 40-42)*

O Alcorão também exorta os cristãos a se desfazerem do dogma que estabelece a essência de sua crença, o coração de sua fé, o que, evidentemente, repele e afasta:

> *Dizem: "Deus teve um filho!" Glorificado seja Deus; Ele é Opulento; Seu é tudo quanto há nos céus e na Terra! Que provas tendes referentes a isso (que dizeis)? Direis acerca de Deus o que ignorais? Dize-lhes: Aqueles que inventam mentiras acerca de Deus não prosperarão! (Sura 10, 68-69)*

E, numa das passagens mais duras do Alcorão, Deus diz, referindo-se a cristãos e judeus:

> *Dize-lhe [referindo-se a Maomé]: "Ó adeptos do Livro, pretendeis vingar-vos de nós somente porque cremos em*

Deus, em tudo quanto nos é revelado e em tudo quanto houvera sido revelado antes? A maioria de vós é depravada." Dize: "Poderia anunciar-vos um caso pior que o deles ante os olhos de Deus? Aqueles a quem Deus amaldiçoou, execrou e converteu em símios, suínos e adoradores do sedutor encontram-se em ultrajante situação, e mais desviados da verdadeira senda." (Sura 5, 59-60)

Ao comentar esses e outros muitos versículos, exegetas do Islamismo dizem que eles expressam uma desaprovação a cristãos e judeus concretos, contemporâneos de Maomé, e não aos cristãos e judeus em geral. Durante sua vida, Maomé subjugou muitas comunidades judaicas, talvez a principal e mais rica delas, Khaibar, que resistiu bravamente até ser derrotada por um exército de 1.600 homens. Foi durante essa batalha que Maomé se casou com Safiyah, a mulher de Kinãnah, chefe de Khaibar (ela se converteu ao Islã). Foi também após sua vitória nesta batalha que ele sofreu uma tentativa de envenenamento: a judia Zainab, viúva do guerreiro Marhab, morto por Ali num duelo final e que selou a sorte da batalha, cozinhou um cabrito e o banhou com um veneno mortal. Maomé comeu apenas um pequeno bocado, mas descobriu logo a armadilha. Zainab foi condenada à morte. É inegável, porém, que os trechos do Alcorão, com críticas a judeus e cristãos, sempre repetidos, somados às "correções" que o Alcorão pretende fazer em relação a dogmas fundamentais do Judaísmo e do Cristianismo levam, e levaram ao longo dos anos, muitos a acreditar que há um ódio no Islã contra judeus e cristãos. Nada menos verdadeiro.

O que para mim chama atenção no Islã é que ao mesmo tempo que repele judeus e cristãos, ele acolhe o Judaísmo e o Cristianismo. Para muitos uma contradição do texto alcorânico, para mim é o que em religião poderíamos chamar de Mistério. Por que a repulsa chama mais atenção do que o acolhimento é algo que podemos debitar à nossa natureza humana.

O Alcorão atesta, com todas as letras, que cristãos e judeus, sinceros e crentes, serão igualmente salvos.

Quer sejam crentes, judeus, sabeus, cristãos, masdeístas ou idólatras, certamente Deus falará entre todos eles no Dia da Ressurreição, porque Deus é Testemunha de todas as coisas. (Sura 22, 17)

Este versículo opõe muçulmanos, judeus, cristãos, sabeus e masdeístas aos idólatras, àqueles que adoram deuses que não Deus e que, por essa razão, estarão condenados para todo o sempre. Se a este versículo acrescentarmos outro, ficará um pouco mais evidente que a visão que o Alcorão tem dos judeus e cristãos não é de intolerância.

Os crentes, os judeus, os cristãos e os sabeus, enfim, todos os que crêem em Deus, no Dia do Juízo Final, e praticam o bem, receberão sua recompensa do Senhor e não serão presas do temor, nem se atribularão. (Sura 2, 62)

Evidentemente, não há dúvida de que, para o Alcorão, os verdadeiros crentes são os muçulmanos, aqueles que receberam a última mensagem, e a aceitaram. Mas cristãos e judeus, os chamados "povos dos Livros", pelo menos aqueles que, aos olhos de Deus, mantiveram-se como bons fiéis, não têm o que temer:

Mas se os adeptos do Livro tivessem acreditado e temido, tê-los-íamos absolvido dos pecados, tê-los-íamos introduzido nos jardins do prazer. E se tivessem sido observantes da Torá, do Evangelho, e de tudo quanto lhes fora revelado por seu senhor, teriam sido agraciados com as bênçãos dos céus e da Terra. Entre eles há alguns moderados; e quão detestável é o que fazem muitos deles! (Sura 5, 65-66)

Poucas linhas antes, Deus já tinha dito:

Revelamos a Torá, que encerra Direção e Luz, com a qual os profetas consagrados a Deus julgam os judeus, bem como os rabinos e os escribas, aos quais estavam recomendadas a observância e a custódia do Livro de Deus. Não temais, pois, os homens, temei a Mim e não vendais Minhas leis a vil preço. Aqueles que não julgarem conforme o que Deus tem revelado serão incrédulos. (Sura 5, 44)

O mesmo é dito sobre os cristãos:

E depois dos outros profetas enviamos Jesus, filho de Maria, corroborando a Torá que o precedeu; e lhe concedemos o Evangelho que encerra Direção e Luz, o qual confirma a Torá, e é guia e exortação para os tementes. Que os adeptos do Evangelho julguem segundo o que Deus nele revelou, porque aqueles que não julgam conforme o que Deus revelou serão depravados. (Sura 5, 46-47)

No Alcorão, Deus diz que as três religiões vivem lado a lado porque assim Ele quer:

Temos-te revelado [a Maomé] o Livro confirmante, que é salvaguarda de seus anteriores. Julga-os, pois, conforme o que Deus revelou e não transijas, seguindo as suas concupiscências, desviando-te da verdade que te chegou. A cada um de vós temos ditado uma lei e uma norma; e se Deus quisesse, teria feito de vós uma só nação; porém, fez-vos como sois para que vos julgueis mutuamente mediante aquilo com que vos agraciou. Emulai-vos, pois, na benevolência, porque vosso retorno será a Deus, o Qual vos revelará a causa de vossas divergências. (Sura 5, 48)

Não tenho muitas dúvidas de que, no Islã, ao longo da maior parte de sua história, a ênfase na repulsa a judeus e cristãos sempre foi bem menos intensa do que a ênfase no acolhimento. Exemplo disso é o que se seguiu à conquista islâmica da Terra Santa, que tanto temor causou na época aos reis católicos da Europa. No que ficou conhecido como o "Acordo de Omar", assinado entre o segundo califa, Omar, e o chefe religioso dos cristãos de Jerusalém, os conquistadores garantiram que, para cristãos e judeus, haveria total liberdade de culto em seus lugares santos. Esse acordo foi respeitado por quatrocentos anos, até que os turcos seldjúcidas, islamizados, e os novos senhores da região começassem a molestar e a roubar peregrinos cristãos, o que deu origem às cruzadas no século XI. Mesmo as cruzadas, porém, tiveram pouco efeito na convivência entre judeus, muçulmanos e cristãos no califado de Córdoba, por exemplo, quando os crentes das três religiões viveram harmoniosamente, lado a lado, por mais de oitocentos anos. Quando os reis católicos da Espanha conseguiram expulsar os muçulmanos definitivamente da Península Ibérica, os judeus de lá foram buscar proteção em Istambul, na Turquia, sede do Império Otomano. E lá foram acolhidos. O Império Otomano, por sua vez, nos seis séculos de sua existência, estabeleceu que judeus e cristãos moradores em seus domínios teriam direito a cortes próprias para dirimir conflitos ligados à família e à religião. Não é à toa também que muçulmanos podem se casar com cristãs e judias, sem que elas precisem se converter (a mulher cristã de Yasser Arafat indo à igreja aos domingos é apenas um exemplo de grande visibilidade entre tantos outros). Se o Islã permite que seus fiéis vivam toda a sua vida, e procriem, com fiéis de outras religiões, como não falar em acolhimento?

O problema é que há períodos em que correntes minoritárias, mas talvez as mais estridentes, reinterpretam a missão histórica do Islã de tal forma que mudam a sua face: em vez de se impor a tarefa de restabelecer, para quem queira aceitá-la, a verdade deturpada, como quer o Alcorão, esse Islã passa a querer restabelecê-la, à força, para todo o mundo. Esta é a subversão completa da mensagem alcorânica, porque, para o Islã, não existe, em nenhuma hipótese, conversão forçada. Islã, como disse, é uma palavra árabe que significa submissão, mas ela tem a mesma raiz da palavra paz. Infelizmente, hoje, vivemos um desses períodos sombrios em que essas minorias sobressaem.

Era uma vez Deus. O mesmo Deus de três religiões. Insistir sempre nisso, como tentei fazer aqui, é o melhor remédio para encurtar esse período.

Parte II

Sunitas e xiitas

Uma morte, duas versões

AGORA QUE DESCREVEMOS um pouco o Islã de Maomé para trás, vamos tentar mostrá-lo de Maomé para a frente.

A morte do profeta definiu totalmente os rumos que a religião tomaria: ela foi a responsável pela origem quase instantânea da divisão entre sunitas e xiitas. A tal ponto isso é verdade, que é extremamente didático contar como a morte de Maomé se deu, primeiro num relato de acordo com as tradições sunitas e, depois, num relato segundo as tradições xiitas. São como água e óleo.

O relato sunita,[1] com o colorido de suas próprias palavras, começa num sábado de junho de 632, pouco depois da última peregrinação feita aos lugares santos, quando Maomé, que já vinha sofrendo de pequenos achaques, caiu gravemente doente. O profeta atribuiu os seus males à tristeza pela morte de seu filho de dois anos, Ibraim, e aos efeitos que ainda se faziam sentir do veneno que ele ingerira na tentativa de assassinato de Zainab, imediatamente após a conquista da

1 Como narrado por William Muir em seu livro *Life of Mahomet*. Ver bibliografia.

comunidade judia de Khaibar. Ele já estava definitivamente sob os cuidados de Ayishah, sua esposa mais querida, filha do amigo fraterno Abu Bacre, que viria a ser o seu sucessor, o primeiro dos quatro califas que os sunitas chamam de os "corretamente orientados". Maomé se casara com Ayishah quando ela ainda tinha seis anos de idade, mas o casamento, claro, só se consumou quando ela atingiu a maturidade. Transferir-se para os aposentos de Ayishah foi um desejo de Maomé com o qual todas as outras esposas do profeta concordaram. Naquele sábado, sua febre estava tão alta que chegava a queimar a mão de quem tocasse a sua pele. Ele tinha muitas dores, estava exausto, gemia e tossia muito. Seu estado era tão grave que uma de suas esposas, Umma Salmma, gritou de desespero e foi repreendida por Maomé: "Quieta! Só os infiéis gritam assim."

Durante a noite, Maomé disse a Ayishah que os sofrimentos eram expiação para os pecados e que quanto mais forte fosse a fé de um fiel mais forte também seria o seu sofrimento, porque, quanto mais sofresse, mais limpo de pecados deixaria a Terra.

Omar, que viria a ser o segundo califa, chegou perto de Maomé, na manhã seguinte, pôs a mão em sua testa e a tirou rapidamente, dizendo: "Ó profeta, como está alta a sua febre."

Maomé concordou com ele, mas disse: "Durante a noite, em louvor a Deus, eu repeti setenta suras do Alcorão e, entre elas, as mais longas."

Omar disse que os pecados de Maomé já estavam todos redimidos e que ele deveria, portanto, descansar, mas o profeta respondeu: "Não! Por que razão eu não deveria me comportar como um servo fiel de Deus?"

No domingo, Maomé piorou ainda mais. Reclamou de muitas dores até cair num estado de inconsciência. Acordou bem mais tarde e, vendo Omar, pediu que ele lhe trouxesse papel e tinta porque gostaria de ditar algumas palavras que evitariam que seus seguidores "se perdessem para sempre".

Omar acreditou que fosse delírio e perguntou a todos: "Não é o Alcorão suficiente para todos nós?"

Uma discussão teve lugar, as mulheres queriam levar papel e tinta, mas outros resolveram perguntar novamente o que ele tinha pedido. Maomé disse então: "Deixem-me a sós, eu melhorei."

Maomé chamou Ayishah e pediu que ela distribuísse entre os pobres algumas moedas de ouro que ele lhe dera para guardar. Depois que o seu desejo foi cumprido, ele disse que estava, então, em paz. A noite foi muito sofrida, mas Maomé amanheceu melhor na segunda-feira. As notícias da piora do estado do profeta, porém, já tinham se espalhado, o que fez lotar a mesquita (os aposentos de Maomé eram dentro da mesquita). Abu Bacre liderou com devoção as preces matinais, no lugar usualmente ocupado por Maomé. Todos já estavam fazendo o segundo *rakaát* (o movimento de curvar-se em louvor a Deus), quando as cortinas dos aposentos de Ayishah se abriram e Maomé em pessoa apareceu. Ele olhou a multidão com um sorriso nos lábios, um sorriso de satisfação: ver a multidão rezando deu a ele o conforto de que ele tinha cumprido a sua missão. Maomé caminhou lentamente até onde estava Abu Bacre, que, muito concentrado em suas orações, só percebeu a presença do profeta pela comoção que sentia estar vindo dos fiéis reunidos.

Ao ver o profeta, recuou do púlpito para se juntar aos demais e ceder o lugar a Maomé, mas este ordenou que ele continuasse liderando as orações. Ao fim, Abu Bacre conversou com Maomé e, vendo que ele estava bem melhor, deu graças ao Senhor e pediu permissão para que se ausentasse da mesquita por algum tempo, com o objetivo de visitar sua mulher. O profeta o liberou, continuou sentado onde estava e fez um pequeno, mas emocionado, sermão para os fiéis, que continuavam reunidos. Afirmou que tudo o que ele dissera era lícito e tudo o que ele proibira tinha sido por inspiração de Deus.

Em seguida, Maomé entrou novamente nos aposentos de Ayishah. Estava exausto. Deitou-se na cama, e logo Ayishah ofereceu-lhe o colo. Pediu um pouco de água para molhar a face e rezou: "Ó Senhor, eu Lhe suplico que me assista no momento de minha morte!"

Depois, por três vezes repetiu, chamando pelo arcanjo: "Gabriel, venha para perto de mim!"

Ayishah começou então a recitar as orações que o próprio Maomé recitava quando estava diante de um enfermo. A certa altura, percebendo que ele estava muito fraco, começou a esfregar-lhe o pulso, mas Maomé pediu que ela parasse, porque aquilo não o ajudaria. E o profeta começou a sussurrar, em intervalos: "Ó Senhor, me conceda o perdão! Eternidade no Paraíso! Perdão! Eternidade no Paraíso! Perdão!"

Em poucos minutos, para desespero de Ayishah, o profeta do Islã estava morto. A notícia logo se espalhou, e a mesquita foi tomada por uma multidão: "Como pode o nosso profeta estar morto, ele que seria a nossa testemunha no Dia do Juízo Final?"

Omar então mentiu: "Nosso profeta não está morto. Como Moisés, ele foi ter com o Senhor, mas após quarenta dias estará novamente conosco, e quem disser o contrário é um traidor do Islã!"

Naquele mesmo momento, Abu Bacre entrou nos aposentos de Ayishah e, vendo que o profeta estava de fato morto, desolado, voltou-se para a multidão e proclamou:

> *Ó muçulmanos, se vocês adoravam Maomé, saibam que ele está morto. Mas se vocês adoram a Deus, saibam que Ele vive e nunca morrerá. Vocês se esqueceram dos versículos do Alcorão que nos diziam que o profeta era apenas um mensageiro, como outros o foram?*

Omar admitiu o seu erro, as multidões se acalmaram e se dispersaram. O corpo do profeta foi lavado e perfumado e enterrado, segundo o seu pedido, no lugar onde morreu.

Nada mais diferente do que o relato xiita,[2] que, com a sua adjetivação típica, começa também depois da última peregrinação pelos lugares sagrados. Três dias depois de voltar, a doença do profeta se agravou bastante, com febre muito alta. Ele pôs uma faixa em sua cabeça e, amparando-se em seu queridíssimo Ali, caminhou até a mesquita e subiu ao púlpito, de onde falou aos fiéis, dizendo que o tempo em que se separaria deles estava próximo, enfatizando que ninguém chegaria ao Paraíso sem boas ações e sem obedecer a Deus. E, ao final, disse: "Ó Senhor, eu entreguei a Sua mensagem!"

Então ele saiu da mesquita e procurou abrigo na casa de Umma Salmma, uma de suas esposas, onde ficou por dois ou três dias. Mas Ayishah, a amaldiçoada, conseguiu, com estratagemas, induzir o profeta a ir para a casa dela, onde a doença se agravou ainda mais. Na hora das orações matinais, os fiéis foram chamados à mesquita, mas o profeta estava tão mal que não pôde ouvir. Ayishah mandou avisar o seu pai Abu Bacre, para que ele tomasse o lugar do profeta, liderando as orações. Hafsah, outra esposa do profeta, fez o mesmo em relação a Omar, seu pai. As duas começaram a discutir, diante do profeta, quem teria a primazia, supondo que ele não as poderia ouvir, mas, de repente, Maomé gritou: "Parem com essa conversa. Vocês se parecem com aquelas mulheres que tentaram pôr José em perdição!"

O profeta descobriu então que Omar e Abu Bacre descumpriram as suas ordens e não partiram numa expedição militar, ficando em Medina com ambições de sucedê-lo. Amparado por Ali, com extrema dificuldade, Maomé foi à mesquita, onde se encontrou com aquela praga, Abu Bacre, liderando as orações. Com um sinal, ele ordenou que Abu Bacre deixasse o púlpito e iniciou novamente as orações, não se importando com o fato de que elas já tivessem começado. Ao final, repreendeu Abu Bacre e Omar, e ordenou que eles partissem

2 Como narrado no livro *The Life and Religion of Mohammed, as Contained in the Sheeah Traditions of the Hyat Ul Kuloob*, de James L. Merrick. Ver bibliografia.

na missão que lhes fora destinada, e rogou praga a quem o desobedecesse.

O esforço da obrigação foi tanto que o profeta exauriu-se ainda mais, levando os presentes às lágrimas. Pouco depois, já deitado, o profeta abriu os olhos e pediu papel e tinta, pois queria deixar por escrito recomendações que evitariam que todos caíssem em perdição. Embora a cena seja objeto de dúvida, muitos foram testemunhas de que, quando um dos presentes foi cumprir a ordem, Omar teria dito: "Volte, não vê que ele está delirando? A doença tomou conta dele, e o Alcorão é suficiente para nós!"

Embora nem todos concordem com essa versão, todos admitem que os presentes disseram para o profeta: "Devemos mesmo trazer o que o senhor pediu?"

Diante da pergunta, o profeta disse que não seria mais necessário, mas ameaçou com a pena de morte aquele que não tratasse bem a sua família ou se voltasse contra ela, referindo-se sem dúvida a Ali e Fatima, e a seus netos Hasan e Hussein.

A doença do profeta piorou, e, enquanto descansava com a cabeça recostada no ombro de Ali, ordenou que fossem levados à sua presença muitos itens de sua propriedade: turbantes, peças de roupa, a túnica que usava no dia de sua viagem ao Paraíso, animais domésticos, tudo enfim, e entregou-os a Ali, dizendo: "Ó Ali, fique com esses meus bens, enquanto ainda estou vivo, para que ninguém discuta com você sobre a posse deles depois que eu me for!"

Ali, com muita emoção, levantou-se e levou para sua casa tudo o que recebeu do profeta. Ao voltar, Maomé se levantou e deu a ele o seu anel, dizendo a todos os presentes: "Ó muçulmanos, Ali é meu irmão, meu sucessor, meu califa. Ele pagará meus débitos e cancelará meus acordos. Não se oponham a ele, não o invejem!"

Em seguida, o profeta mandou chamar os seus dois netos, Hasan e Hussein. Quando eles chegaram, beijou-os, cheirou-os e, quando Ali tentou afastá-los para que não perturbassem o avô, Maomé disse: "Deixe que eu os beije e que eles me beijem, porque depois que eu me for, muitas calamidades cairão sobre eles. Mas que Deus amaldiçoe todos aqueles que lhes causarem danos e injustiças. Ó Deus, eu os confio ao Senhor e a Ali."

O profeta então dispensou todos os presentes e ficou apenas rodeado da família mais próxima. Ali continuou assistindo Maomé noite após noite, somente o deixando em caso de extrema necessidade. Numa dessas ocasiões, o profeta pediu: "Chamem meu irmão e amigo!"

Ayishah e Hafsah chamaram seus pais, Abu Bacre e Omar, mas quando eles chegaram o profeta cobriu o rosto, indicando que, na verdade, chamara Ali. Quando Ali chegou, o profeta o abraçou e sussurrou ao seu ouvido mil capítulos de conhecimento, cada um se abrindo para mil outros. Maomé manteve Ali em sua cama, com seus braços enlaçando-o até o momento em que seu espírito deixou o corpo.

A sucessão de Maomé, início da discórdia

NÃO PODE HAVER dois relatos mais diferentes. Num deles, Abu Bacre e Omar são fiéis companheiros e Ayishah a esposa amada e devotada. No segundo relato, os três são traidores pérfidos, Ayishah é uma amaldiçoada, e Abu Bacre, uma praga. Por sua vez, Ali é o bem-amado do profeta. Qual a razão dessas divergências? O que está em jogo quando se fala em sunitas e xiitas?

Essencialmente, a sucessão do profeta.

Quem deveria ser o legítimo sucessor de Maomé? No espaço de 28 anos após a morte do profeta, a divisão entre sunitas e xiitas estava consolidada. E o Islã, irremediavelmente dividido. Conta uma tradição, aceita pelos dois lados, que um dia Maomé teria profetizado: "Vai acontecer ao meu povo o mesmo que aconteceu ao povo de Israel, que foi dividido em 72 seitas. Meu povo será dividido em 73. Cada uma delas irá para o inferno, exceto uma: a religião que é professada por mim e por meus companheiros."

Segundo os sunitas, o profeta jamais indicou quem seria o seu sucessor, o seu califa; de acordo com os xiitas, Maomé teria deixado claro que seu primo Ali, a quem tinha dado sua filha Fatima como esposa, deveria ser o seu sucessor. Tradições aceitas pelos dois lados dão conta de que Maomé, por diversas vezes, demonstrou seu imenso amor e admiração por Ali, a quem considerava um bravo guerreiro, um juiz justo, o mais caridoso dos homens, o mais generoso, o mais sábio.

"Eu sou a cidade do conhecimento, e Ali é o portão dessa cidade", disse Maomé certa vez.

Para os xiitas, isso era a prova de que o profeta indicara Ali para sucedê-lo (a palavra xiita vem exatamente de *shi'at'Ali*, que quer dizer "os partidários de Ali"); para os sunitas, os ditos do profeta expressavam tão-somente a admiração pelo homem Ali (o nome sunita vem de *suna*, "caminho", significando a tradição, tudo aquilo que o profeta fez e disse; assim, sunitas seriam "o povo do caminho, o povo da tradição").

Os xiitas, por seu turno, insistem em não ser apenas admiração o que Maomé sentia por Ali e evocam outras tantas tradições para provar que Ali tinha desde cedo sido indicado o sucessor de Maomé: desde o primeiro momento em que o profeta começou a sua pregação pública, numa reunião em que estavam presentes todos de seu clã. Al-Tabari, um dos cronistas da vida do profeta mais respeitados por xiitas e sunitas, conta que, na ocasião, depois de dizer que a mensagem que ele trazia era o que de melhor poderia haver, por se tratar da palavra de Deus, Maomé perguntou quem, entre eles, iria apoiá-lo e se tornar o seu irmão e o seu sucessor. Todos silenciaram, menos Ali, que disse: "Eu, ó profeta de Deus, serei seu auxiliar!"

Maomé então abraçou Ali e disse: "Este é meu irmão, meu apoio e meu sucessor entre todos vocês. Portanto, ouça-o e obedeça-o."

Ali tinha apenas 13 anos, o que motivou muitos dos presentes a debochar do dito do profeta, mas os xiitas vêem o episódio como um claro sinal de que Ali deveria ser o sucessor do profeta. Os sunitas acreditam que o profeta estava apenas sendo cordial com a inocência e o entusiasmo de um garoto.

Os xiitas lembram também que Ali se ofereceu para dormir na cama do profeta, numa noite pouco antes da partida para Medina, quando todos temiam que Maomé fosse vítima de um atentado. Em Medina, dizem os xiitas, Maomé ordenou que todos deveriam ter um companheiro como irmão: Abu Bacre e Omar se tornaram irmãos, assim como Talha e Zubair, outros dois companheiros antigos do profeta. Ali teria chegado chorando ao profeta e dito que ele se esquecera de nomear um irmão para ele. O profeta teria dito então, segundo uma coletânea de ditos do profeta aceita por sunitas como autêntica: "Você é meu irmão neste mundo e no outro."

Houve outras tantas ocasiões em que Maomé, segundo xiitas e sunitas, teria demonstrado um carinho especial por Ali, mas enquanto os xiitas sempre viram nisso um sinal de que a sucessão esteve sempre decidida, os sunitas insistem em que tudo não passava de um amor paternal como outro qualquer.

Morto o profeta, as duas correntes têm relatos parecidos sobre o que teria ocorrido, mas com interpretações totalmente diferentes. Vamos a elas.

Enquanto Ali e sua mulher Fatima estavam preparando o seu corpo para o sepultamento, a cidade fervilhava em agitação. De um lado, Abu Bacre, Omar e outros tantos *muhãjirun* (emigrantes de Meca) discutiam o futuro. De outro, os *ansares* (auxiliares, naturais de Medina) se reuniam para tentar fazer o califa. Quando Abu Bacre tomou conhecimento da reunião dos *ansares*, correu ao encontro deles, para tentar evitar o pior. Uma discussão muito grande se iniciou. Os *ansares* diziam que tinham o direito de fazer o califa, porque foram os primeiros a acolherem os muçulmanos, mas Abu Bacre respondeu que, pela lógica, o direito deveria recair sobre os *muhãjirun*, porque foram os primeiros a se converter ao Islã. Abu Bacre, que foi o primeiro homem fora da família do profeta a aceitar o Islã, propôs que os *ansares* tivessem o direito de escolher entre dois *muhãjirun*: Omar e Abu Ubayda, outro velho companheiro do profeta. Mas Omar se recusou terminantemente, dizendo que jamais ocuparia um lugar que sempre fora dele, de Abu Bacre, e então levantou a mão do amigo, dizendo que ele deveria ser o califa. Os *ansares*, que estavam divididos entre duas tribos, acabaram seguindo o gesto e elegeram Abu Bacre como o primeiro califa.

Os partidários de Ali, quando souberam da notícia, levaram um choque, mas ele, primo e genro do profeta, não fez qualquer reivindicação. A dissidência estava, porém, instalada. Os xiitas jamais aceitaram os argumentos que elegeram Abu Bacre. Se o califa deveria ser escolhido entre os que primeiro se converteram ao Islã, como disse Abu Bacre, o escolhido não poderia ser outro senão Ali, o primeiro homem na Terra a aceitar como verdade a mensagem recebida por Maomé.

Abu Bacre governou apenas por dois anos. Algumas tradições dizem que Abu Bacre morreu de causas naturais, mas outras atestam que ele morreu envenenado. Antes de morrer, apontou como seu sucessor Omar, que governou por dez anos, tendo obtido um grande sucesso no movimento expansionista islâmico. Numa das versões, seu assassino, o escravo Abu Lu'lu'a, trabalhava para o governador de Basra, cidade do atual Iraque, e procurou Omar para reclamar de algumas injustiças a que seu patrão o submetia, sem que o califa prestasse atenção a ele. Em outras narrativas, o escravo Abu Lu'lu'a era estrangeiro, de origem cristã e, como tal, obrigado a pagar um tributo ao Estado. Certo dia, ele procurou Omar para dizer que estava pagando mais imposto do que deveria, mas o califa não lhe deu razão. Nas duas versões, como vingança, o escravo esfaqueou Omar, quando este se encaminhava para liderar as orações matinais. No leito de morte, Omar constituiu um grupo de seis pessoas, entre elas Ali, para decidir quem seria o califa após a sua morte.

Contam que o califado fora oferecido a Ali, desde que ele se comprometesse a manter todas as decisões de seus predecessores, mas, como este não aceitou tais condições, o indicado acabou sendo Osman. Ele reunia algumas qualidades:

como Abu Bacre e Omar, fora sogro do profeta (sua filha Ruqayya era uma das viúvas de Maomé), era um dos primeiros convertidos ao Islã, pertencia também à tribo *quraysh*, embora do clã Umayyads (omíadas), que, historicamente, sempre fora rival do clã do profeta, os Hashim (Hashemitas). Doze anos mais tarde, Osman também seria assassinado, depois que algumas rebeliões eclodiram nas províncias, principalmente no Egito. Rebeldes se dirigiram a Medina, conseguiram fazer com que Osman revisse algumas de suas decisões mas, depois, sentindo-se traídos, fizeram um cerco de dias à casa do califa, até que finalmente a invadiram e ele foi assassinado.

A essa altura, o califado fundado por Maomé já era um grande império, que se estendia por toda a Arábia, Síria, norte da África. Tão logo a notícia de que Osman tinha sido assassinado se espalhou, uma multidão acorreu até Ali, aclamando-o finalmente como califa. A exceção foi o governador da Síria, Muawiya, sobrinho de Osman, que não aceitou Ali, acusando-o de não ter se esforçado para evitar a rebelião contra o tio e, depois, como califa, punir os seus assassinos.

A habilidade política não era o forte de Ali, mais atento às questões da religião, o que, pouco a pouco, foi criando contra ele um ambiente hostil. Tão logo assumiu, ele se pôs a endireitar tudo o que considerava que os seus predecessores tinham feito de errado, condenando, em governadores indicados por Osman, os excessos de luxo, o uso do álcool, a desatenção ao povo. Trocou a sede do governo de Medina, na Arábia, para Kufa, no atual Iraque. Logo no início de seu califado, Ali teve de enfrentar, em Basra, uma campanha contra ele, dirigida por Ayishah, a viúva de Maomé, e por três antigos companheiros do profeta, que se sentiram preteridos na sua eleição. Daí o ódio que os xiitas nutrem por Ayishah, chamando-a sempre de a "amaldiçoada". O exército de Ali se saiu vitorioso, e os três adversários foram mortos; Ayishah foi poupada por seus laços com Maomé.

A inabilidade política de Ali, porém, permitiu ao governador da Síria reunir aliados e travar uma batalha contra ele, mais dura do que a liderada por Ayishah. A batalha foi travada em Kufa e foi longa, penosa, sofrida e dura para ambos os lados, mas resultou indefinida por muito tempo. Ao fim de certo período, Ali teve de aceitar submeter o conflito a uma arbitragem, sem que, no entanto, ele tivesse conseguido impor um representante hábil o suficiente para fazê-lo vitorioso. Ao aceitar a arbitragem, Ali viu surgir uma forte dissidência no seu exército, que passou a ser conhecida como os *kharijites* (separatistas, em português). "Só Deus pode julgar" era o lema deles, que não aceitavam a arbitragem. Ali tinha toda sorte de problemas: a arbitragem não lhe favorecia, Muawiya se fortalecia e os *kharijites* lhe impunham batalhas cruentas. Naqueles momentos de incerteza, Ali sofreu um atentado praticado por um dos *kharijites*, morrendo dois dias depois. Segundo conta a tradição, foi enterrado em Najfa, onde se construiu uma mesquita, que leva o seu nome, no interior da qual está o seu túmulo.

A divisão consolidada

COM A MORTE DE ALI, a divisão entre sunitas e xiitas consolidou-se. Os sunitas, maioria desde aquela época, acreditam que a Revelação acabou com a morte de Maomé. O que resta a fazer é viver como o Alcorão manda, seguir a Suna (tudo o que o Profeta fez e disse) e esperar o final dos tempos. Para eles, o califa é apenas chefe do poder temporal, mas deve fazer a comunidade viver como mandam os ensinamentos religiosos. Mesmo entre eles, há matizes e subgrupos. São quatro as escolas teológicas sunitas, que diferem fundamentalmente em detalhes de rito e código legal: Hanafi, Hanbali, Mãlaki, Shaãfi'í, sem falar na "reforma" ultra-radical wahhabista do século XVIII — o wahhabismo é uma seita hoje majoritária na Arábia Saudita. Os sunitas chamam os quatro primeiros califas, portanto inclusive Ali, de aqueles "corretamente orientados por Deus". Horrorizam-se, então, com os termos que os xiitas dirigem aos três primeiros. Depois do quarto califa, a eleição deixou de ser por consenso e passou a ser hereditária. Mas os próprios sunitas têm Ali em extrema consideração, admiram-lhe a inteligência, a capacidade de julgar, a fé inabalável no Islã, a dedicação ao profeta, mas não vêem nele um ser especial, como querem os xiitas.

Para os xiitas, a Revelação de fato acabou com a morte de Maomé, mas há nela significados ocultos a que só um imã tem acesso (literalmente, imã é "aquele que vai à frente", guia espiritual, representante e prova de Deus na Terra). Para eles, é impossível que a Terra fique sem um imã (hoje, essa designação é usada também, apenas honorificamente, por alguns líderes religiosos). O primeiro imã foi Adão. Noé, Abraão, Moisés, Jesus, Maomé, todos estes foram ao mesmo tempo profetas e imãs, mas isso não quer dizer que não tenha havido outros imãs. Ja'far As Sadek, que viria a ser o sexto imã xiita, teria dito: "Se na Terra algum dia sobrarem apenas dois homens, um deles será um imã."

Portanto, para os xiitas, não houve uma época sequer da humanidade sem a presença na Terra de um imã, mesmo que, hoje, nós não saibamos quem eles tenham sido. Não é correto dizer que os xiitas não acreditam na Suna do profeta. Embora seja verdade que eles não aceitam integralmente os seis livros de tradição dos sunitas, eles mesmos têm cinco livros de sua própria lavra.

Depois da morte de Maomé, seriam imãs os da família do profeta, apenas na descendência de Ali e Fatima. Assim, Ali foi o primeiro imã depois de Maomé. Seu filho, Hasan, o segundo imã, mas este, reconhecendo que não poderia derrotar Muawiya, fez um acordo com ele e abdicou em seu favor (Muawiya, do mesmo clã de Osman, os Umayyads, foi o primeiro do califado omíada, que duraria até 750). Dizem os xiitas que havia uma cláusula determinando que o califado voltaria às mãos de Hasan quando Muawiya morresse, mas este nunca respeitou isso e sempre apontou seu filho Yazid como seu futuro sucessor. Hasan morreu cedo e, até que Muawiya morresse, Hussein não pleiteou o califado para respeitar o acordo que o irmão firmara. No entanto, tão logo Muawiya morreu, Hussein passou a ter uma atuação firme e decisiva para a história dos xiitas, que o consideram o seu terceiro imã.

Em Kufa, no atual Iraque, os partidários de Ali clamaram pela ida de Hussein à cidade, para que este liderasse uma rebelião contra Yazid e repusesse o califado nas mãos da família do profeta. Hussein se pôs a caminho, com toda a família e um pequeno grupo de 72 homens armados, porque esperava contar com o apoio da população de Kufa. Yazid, porém, tratou de desfechar uma repressão prévia de grande monta em Kufa, e o esperado apoio popular a Hussein evaporou-se. Avisado, Hussein insistiu em seguir seu rumo, mas foi barrado por um exército de mil homens. De extrema bondade, Hussein, percebendo que os adversários estavam sem água, deu de beber a eles. Depois, cercado, ouviu o ultimato que Yazid finalmente mandou ao seu comandante: atacar imediatamente. O neto do profeta reuniu seus homens e pediu que todos se retirassem: ele enfrentaria sozinho o exército de Yazid. Não houve desertores, contudo. Numa área onde depois surgiria a cidade de Karbala, todos foram massacrados e decapitados. A cabeça de Hussein foi levada ao governador de Kufa numa bandeja. Diante dos prisioneiros (as mulheres e crianças, porque todos os homens foram mortos), o governador enfiou o seu bastão entre os lábios de Hussein e escarneceu dos sobreviventes, entre eles Zaynab, irmã do mártir, e Ali, filho menor dele, que viria a ser o quarto imã. Ao ver a cena dantesca, um dos presentes disse: "Remova o seu bastão desses lábios, porque muitas vezes eu vi os lábios do profeta tocando-os."

Os cativos foram levados para Damasco e apresentados a Yazid, que planejou matá-los. Temendo uma revolta, porém, acabou libertando-os e os mandou de volta a Medina.

Embora Ali, o primeiro imã, seja a figura central do xiismo, Hussein é considerado como tendo, no mínimo, importância igual. Dizem os xiitas que ao aceitar o martírio contra os descaminhos de Yazid, Hussein usou o seu próprio sacrifício para provocar uma revolução na consciência dos muçulmanos: dar a própria vida pelo caminho reto, pelos verdadeiros valores e ensinamentos de Deus. O martírio de Hussein se deu no feriado da "Ashura", no décimo dia do mês Muharram, a data em que os muçulmanos comemoram a criação de Adão ("Ashura" quer dizer literalmente "décimo", uma referência ao décimo dia daquele mês). Os sunitas até hoje comemoram neste dia a criação de Adão, mas os xiitas, onde há liberdade, revivem na "Ashura" o sacrifício de Hussein.

De várias formas. As famílias se reúnem em casa, oferecem chá, refrescos e doces e ouvem de religiosos a história do martírio da forma mais emocionante que puderem. Há também aqueles que fazem isso nas mesquitas. E há cortejos que revivem o funeral de Hussein. Neles, um grupo de homens se flagela, enquanto os demais apenas simulam o flagelo. No Irã, os xiitas fazem também a teatralização do martírio de Hussein, com atores, em espetáculos ao ar livre. Parece estranho, e é, como tudo, para quem não está acostumado. Nas Filipinas, todos os anos, homens e mulheres se crucificam literalmente, com pregos nas mãos e tudo, durante toda a Sexta-Feira Santa. Isso acontece também no Peru. Mas, evidentemente, autoflagelo é algo que não vemos na Semana Santa. Os cristãos, no entanto, conseguem entender bem o que é reviver um mistério: a cerimônia do lava-pés na quinta-feira, o beijar os pés do Senhor morto na sexta, o drama da Paixão com a crucificação de Cristo revivido por atores, na Lapa, em Nova Jerusalém, em João Pessoa ou em milhares de cidades no mundo. O cristão devoto sabe a força mística que esses rituais têm. Todos os anos é assim.

Depois da morte de Hussein, os imãs foram se sucedendo, um após o outro. Isso deu margem a uma sucessão de seitas, surgidas cada vez que um imã morria: ora um sucessor não era aceito, ora alguém se rebelava e se dizia ele próprio o imã. Assim, há seitas que só reconhecem os cinco primeiros imãs, outras reconhecem apenas os sete primeiros.

A mais poderosa corrente xiita é maioria no Irã e no Iraque e também está presente em muitos países, como na Arábia Saudita. Eles são conhecidos como os xiitas dos 12 imãs, o último deles um imã oculto, vivo até hoje. Quando o décimo primeiro morreu, no século X, seu único filho era um menino de quatro anos. Por medida de segurança, ele só falava aos fiéis por intermédio de porta-vozes que, antes de morrer, nomeavam o novo porta-voz: foram quatro, até que o último anunciou que morreria e que, depois dele, não haveria mais porta-vozes e que o imã mandara informar que permaneceria vivo até o final dos tempos, embora oculto (uma crença tão forte quanto a de que Jesus nasceu de uma virgem, morreu e ressuscitou dos mortos). Para os xiitas, o imã oculto é o Mahdi (o Orientado), que reaparecerá no final dos tempos (os sunitas também acreditam num Mahdi, mas não no imã oculto: o Mahdi dos sunitas nascerá em data bem próxima aos últimos dias). Os xiitas acreditam que o imã oculto reaparecerá, junto com aliados seus, e travará uma luta contra as forças do mal, que serão derrotadas. Ele governará a Terra por alguns anos, e, depois, retornarão Jesus, Maomé, Ali, todos os imãs e profetas e finalmente Deus, para o Dia do Juízo Final. Nas tradições xiitas, na Viagem Noturna de Maomé ao Paraíso, além de ter estado na presença de todos os profetas do passado, ele também viu, reunidos, os 12 imãs, que ainda iriam nascer, já que, no Paraíso, não há passado, presente ou futuro, mas apenas a eternidade.

É tão forte a crença no imã oculto que, no Irã, durante anos, todos os governantes, inclusive o xá, pagavam aluguéis simbólicos aos líderes religiosos pelos palácios que usavam, porque todas as propriedades pertencem, de fato, ao Mahdi. O presidente do Irã, Marmoud Ahmadinejad, eleito em 2005, é um xiita fervoroso, que faz parte de uma corrente que acredita no iminente aparecimento do Mahdi. Como o imã oculto só aparecerá no final dos tempos, essa crença de Ahmadinejad, aliada à sua política de dotar o Irã com armas nucleares, deve ser motivo de grande preocupação. No dia 16 de novembro de 2005, num discurso em Teerã, Ahmadinejad declarou:

"Minha missão é pavimentar o caminho para a reaparição gloriosa do imã Mahdi, que Deus possa apressá-la."

Em setembro de 2006, em seu discurso durante a Assembléia Geral da ONU, pouca gente notou o que Ahmadinejad disse nos dois últimos parágrafos, mas quem conhece o xiismo dos 12 imãs entendeu o recado:

> *Eu enfaticamente declaro que o mundo hoje, mais do que antes, anseia por pessoas justas e retas, com amor para toda a humanidade. Acima de tudo, anseia pelo ser humano correto e perfeito, o salvador verdadeiro que foi prometido a todos os povos e que estabelecerá a justiça, a paz e a irmandade no planeta.*

E prosseguiu:

> *Ó Deus Onipotente, todos os homens e mulheres são Suas criaturas e o Senhor determinou que fossem guiados e salvos. Conceda à humanidade que tem sede de justiça o ser humano perfeito prometido a todos nós pelo Senhor. E nos faça estar entre os seus seguidores e entre aqueles que lutam por seu retorno e sua causa.*

Mais tarde, já em Teerã, Ahmadinejad permitiu que fosse filmado numa conversa trivial com o aiatolá Javadi-Amoli, em que ele diz ter vivido uma experiência paranormal durante o discurso na ONU:

> *No último dia, quando eu estava discursando, um do nosso grupo me disse que quando eu comecei dizendo "Bismillah Maomé" [uma saudação], ele viu uma luz verde em torno de mim, e eu estava posto dentro dessa aura. Eu mesmo senti isso. Eu senti que de repente a atmosfera mudou e, durante aqueles 27 ou 28 minutos, todos os líderes do mundo sequer piscavam. Quando*

eu digo que eles não mexiam sequer a sobrancelha, eu não estou exagerando. Eles estavam olhando como se a mão de alguém estivesse segurando-os lá, e tivesse acabado de abrir os seus olhos. Graças a Deus.

Por fim, em dezembro de 2006, quando saudava um grupo de cristãos pelo Ano-Novo, Ahmadinejad previu a volta de Jesus, dizendo:

> *Tudo o que quero dizer é que a era da dureza e das ameaças chegará a um fim e, se Deus quiser, Jesus retornará para o mundo juntamente com a emergência do descendente do santo profeta do Islã, o imã Mahdi, e eles varrerão cada milímetro de opressão, dor e agonia da face da Terra.*

A crença no imã oculto não é, portanto, uma crença meramente formal ou pouco arraigada na população. Ela é fortíssima: o presidente do Irã, que, ressalte-se, pela primeira vez em anos não é sequer um aiatolá, é um dos mais fervorosos crentes nesse retorno.

Naturalmente, a fé dos xiitas sempre despertou a ira dos sunitas, que os acusam de politeístas, porque cultuam santos e mártires (alguns sunitas chegam a dizer que os xiitas divinizaram a figura de Ali). Sunitas ultra-ortodoxos, por exemplo, minoritários, consideram que estão impuros e, portanto, precisam se lavar novamente para as orações se antes apertaram as mãos de um xiita. Em países de maioria sunita, como o Afeganistão, xiitas são considerados párias. Apesar disso, seria errado supor que o maior misticismo dos xiitas os faz mais propensos ao radicalismo. Hoje, a maior ameaça terrorista vem justamente de um ramo ultra-ortodoxo dos sunitas: mesmo sem apelar a santos ou imãs ocultos, são eles que acreditam ser um mandamento divino impor o Islã ao mundo, usando a força, se necessário. E é isso o que têm tentado fazer.

Da Arábia ao mundo islâmico de hoje

Nas férias de 2002, minha mulher e eu estávamos viajando de Amã, na Jordânia, para Damasco, na Síria, e o motorista não parava de definir o caráter nacional dos países da região. Fazia-o com gosto. Dos iraquianos, dizia que, antes da guerra, costumavam ser bem-humorados, felizes, sempre prontos a contar uma piada. Dos kuwaitianos, dizia que eram fechados, atrasados e severos com as mulheres, mas com elites muito extrovertidas e gastadoras quando no exterior. A definição mais elogiosa, naturalmente, era para os jordanianos, um povo trabalhador, solidário, religioso, mas sem exageros. E a definição mais cruel foi reservada para os sauditas.

"São uns prepotentes", dizia o motorista. "Eram uns beduínos sem dinheiro, mas, com o petróleo, passaram a se sentir os donos do mundo." Para comprovar a tese, contava um episódio que teria protagonizado: "Um dia, pediram-me que eu os levasse para as coisas belas de Amã. Era uma maneira sutil de me mandar procurar mulheres, mas eu me fiz de desentendido. Levei-os para a ruína do Templo de Hércules. Quando chegamos, os sauditas, furiosos, perguntaram: 'Onde estão as mulheres?' Era o que eu pretendia: ouvir isso sem sutilezas." O que o motorista disse deve dizer muito do caráter nacional da Jordânia. "Eu disse a eles: 'Ah, mulheres, agora entendo.' E rumei direto para a embaixada da Arábia Saudita. Na porta, botei-os para fora dizendo que se eles queriam prostitutas que alugassem os serviços das sauditas, porque, nas jordanianas, eles não poriam as mãos jamais!"

Enfim, uma dessas generalizações que pouco dizem. Mas faço o relato aqui para mostrar que, no passado remoto, áreas que antes faziam parte de uma só comunidade estão, hoje, bem definidas como países, cada qual com a sua nacionalidade: há os sírios, os libaneses, os jordanianos, os iraquianos, os egípcios, os marroquinos, os tunisianos, os argelinos, os iranianos e uma miríade de outros. Como foi que esses povos, que dividem a mesma herança islâmica, chegaram a constituir nacionalidades tão distintas?

A expansão islâmica foi rápida e abrangente, e, no contexto deste livro, não cabe mais do que um pequeno resumo. Após a morte de Ali, e a consolidação do califado omíada, com sede em Damasco, que duraria de 661 a 750, o Islã expandiu-se de modo extraordinário. Neste curto período de tempo, os muçulmanos tomaram o resto que faltava da antiga Síria, a Mesopotâmia (atual Iraque), a Pérsia, o Egito, o Afeganistão, o Turquestão chinês e o norte da Índia. Expandiram-se também pelo norte da África, o Magreb, a Península Ibérica, sendo parados em sua expansão em Poitiers, na França, em 732. Ou seja, em apenas 71 anos, o mundo muçulmano tomava uma extensão territorial enorme, que, *grosso modo*, ia do norte da Índia às portas da França, um feito realmente extraordinário. As populações dessas regiões se islamizavam por muitas razões, mas, é certo, pesava o fato de que os não-convertidos (cristãos e judeus), para que tivessem o direito de manter a sua fé e o seu modo de ser, pagavam um imposto maior do que os muçulmanos: o pragmatismo deve ter pesado um bocado nas conversões em massa.

Em 750, os omíadas foram trucidados por uma revolta que veio do Iraque, liderada por Abu al-Abbas, um descendente direto de um tio do profeta Maomé. Depois de matar quase toda a família do califa omíada (um deles fugiu para Córdoba, onde instalou um califado), Abu al-Abbas se proclamou califa e transferiu a sede do califado para Bagdá. Ali, teve início o califado abássida, que, em seus primeiros anos, caracterizou-se por incluir pessoas de origem não-árabe na administração pública. Foi uma era de esplendor para o mundo muçulmano, com Bagdá sendo uma capital vibrante e culta. Pouco menos de duzentos anos depois, o califado abássida começou a se eclipsar: aos poucos, mercenários turcos foram ocupando postos cada vez mais importantes até se tornarem os vizires (do árabe *wazir*, "aquele que ajuda a carregar um peso", pelo turco *vezir* ou *vesir*). Em 932, Bagdá foi invadida por um grupo xiita vindo da Pérsia, os *buwayhidas*, que expulsaram os turcos e passaram a controlar o próprio califa. No século X, o mundo convivia com três califados: o de Córdoba, omíada (que durou até 1031, quando então se desintegrou em vários principados, sendo o emirado de Granada o último deles a ser derrotado pelos reis católicos de Espanha em 1492), o do Egito, xiita, e o abássida, também controlado pelos xiitas.

Em 1055, os turcos seldjúcidas, islamizados, sunitas, tomaram Bagdá e se fizeram sultões (uma palavra árabe que originalmente designava "poder", "autoridade") e também "protetores" do califa, a mesma forma engenhosa dos *buwayhidas* em que eles governavam enquanto o califa era apenas uma figura decorativa. Tudo isso iria mudar radicalmente, quando Bagdá novamente caiu, dessa vez por obra das hordas de mongóis: Bagdá foi destruída e o último califa abássida, morto. Pouco tempo depois, os mongóis seriam derrotados, mas a destruição tinha sido de tal ordem que o brilho demorou muitos anos para ser retomado. Foi apenas com uma nova linhagem de turcos, os otomanos, que o Islã ganhou

EXPANSÃO ISLÂMICA NOS PRIMEIROS 150 ANOS
Mar de Aral
Império Tang
Bruja
Mar Cáspio
Reino Franco
Poitiers
Pavia
Reino Lombardo
Mar Negro
Constantinopla
Pérsia
Emirado de Córdoba
Barcelona
Roma
Amalfi
Império do Oriente
Bagdá
Kufa
Mar da Arábia
Córdoba
Toledo
Granada
Sevilha
Arábia
Medina
Meca
Líbia
Egito
Mar Vermelho
Magreb
Arábia na morte de Maomé
conquistas dos primeiros califas
conquistas dos omíadas
regiões não-muçulmanas

força novamente. Os otomanos governaram aquela parte do mundo muçulmano por seis séculos. Em 1453, conquistam Constantinopla, num evento tão importante que marca o fim da Idade Média. Os turcos otomanos conseguem se expandir ainda mais pela Europa: chegam à Albânia, à Bulgária, à Grécia, às áreas que um dia comporiam a Iugoslávia, à parte da Hungria, ao sul da Rússia e à Romênia. Por duas vezes na História, estiveram às portas de Viena, mas foram sempre repelidos. Naqueles dias, o poder do Islã era imenso, o que tanta nostalgia causa nos totalitários do Islã: além do Império Otomano, uma dinastia de xás controlava a Pérsia e parte da Ásia Central, e os descendentes de mongóis islamizados dominavam o subcontinente indiano.

As cidades e regiões que compõem os países que hoje chamamos de Oriente Médio faziam parte do Império Otomano. As cidades eram províncias autônomas desse império, mas com governantes indicados pelo sultão turco, e sua geografia guardava pouca semelhança com o mapa político atual: a noção de país, tal como entendemos hoje, não existia ali.

A dominação turca nunca foi aceita pacificamente pelos povos da região, e um certo nacionalismo árabe desde logo se formou, acirrando-se até atingir seu ápice no fim do século XIX. Durante a Primeira Grande Guerra, os turcos se aliaram aos alemães, e, claro, os líderes árabes, em troca de promessas de autonomia, acabaram por apoiar os britânicos, depois de um início vacilante. Foi o que ficou conhecido como a "Revolta Árabe", em que teve papel fundamental T.E. Lawrence, oficial inglês e escritor. Com a derrota dos alemães, o Império Turco desmoronou-se. Mas a prometida autonomia demorou a chegar. As razões para isso são as mesmas que ainda hoje são ouvidas de alguns analistas: os árabes são atrasados e estão longe de um nível satisfatório de civilização. E foram expressas no artigo 22 do Pacto da Liga das Nações de 1919, que criava o sistema de mandatos:

> *Os princípios seguintes aplicam-se às colônias e territórios que, em conseqüência da guerra, cessaram de estar sob a soberania dos Estados que precedentemente os governavam e são habitados por povos ainda incapazes de se dirigirem por si próprios nas condições particularmente difíceis do mundo moderno. O bem-estar e o desenvolvimento desses povos formam uma missão sagrada de civilização, e convém incorporar no presente pacto garantias para o cumprimento dessa missão.*
>
> *O melhor método de realizar praticamente esse princípio é confiar a tutela desses povos às nações desenvolvidas que, em razão de seus recursos, de sua experiência ou de sua posição geográfica, estão em situação de bem assumir essa responsabilidade e que consintam em aceitá-la: elas exerceriam a tutela na qualidade de mandatários e em nome da Liga das Nações.*

E, por mandato da Liga, França e Grã-Bretanha receberam o Oriente Médio como área a ser "supervisionada" até que a independência pudesse ser "concedida" àqueles povos. Aos chefes árabes, a Grã-Bretanha jurou torná-los os governantes de suas nações. O problema começava aí: que nações? Era preciso inventá-las.

A região de Hejaz, por exemplo, incluía as cidades santas muçulmanas de Meca e Medina, e, ainda nos tempos do Império Otomano, era governada por Hussein Ibn Ali, o então patriarca do clã Hashim (os Hashemitas), que se dizia descendente direto do profeta Maomé (de fato, o profeta era um Hashim da tribo dos *quraysh*, mas a alegação de que a família de Hussein descendia diretamente do profeta não pode ser obviamente provada). Hussein Ibn Ali liderou a Revolta Árabe, proclamou-se rei de Hejaz e de todos os árabes (seu propósito era unificá-los numa só nação) e, como recompensa, ao fim da guerra, os britânicos concordaram com a criação do Reino Hashemita de Hejaz (mas não, obviamente, com a unificação de todos os árabes). Não bastasse isso, os britânicos transformaram em governantes dois dos filhos de Hussein, que participaram ativamente da Revolta Árabe: Faisal Ibn Hussein tornou-se rei da Síria e o irmão dele, Abdullah Ibn Hussein, tornou-se emir da Transjordânia, que viria a ser a atual Jordânia. Mas o que era a Transjordânia?

Até 1921, nunca um território tinha sido chamado por este nome. Durante o Império Romano, aquela região era conhecida como Província Judéia; mas, em 132 d.C., em represália às revoltas judaicas que não paravam de eclodir mesmo após a Diáspora, o imperador Adriano mudou o nome da área para Província Síria-Palestina, logo encurtado apenas para Palestina. Ao fim das cruzadas, a região deixou de ser chamada oficialmente de Palestina, embora os habitantes locais usassem o nome informalmente. Durante os seiscentos anos de domínio otomano, a região era ligada à Província de Damasco e governada de Istambul sem que houvesse unidade política entre seus habitantes: os que moravam na margem ocidental do rio Jordão guardavam lealdade às cidades e aos portos da costa do Mediterrâneo; no norte, a associação era com a Síria; e, no sul, eram leais aos chefes locais da Península Arábica.

O nome Palestina só voltou oficialmente com a criação do Mandato Britânico da Palestina, em 1920, que englobava o que hoje são Jordânia, Israel e parte da Síria. Com a crescente migração de judeus para a região, irromperam os conflitos entre estes e os árabes, numa onda de protestos. Em 1921, Winston Churchill, como secretário de Estado britânico para as colônias, decidiu dividir o mandato em duas partes, criando, em 76% da área, o novo mandato da Transjordânia, toda a margem leste do rio Jordão ("trans" quer dizer "além" e contrapõe-se a "cis", que quer dizer "aquém": portanto, Transjordânia quer dizer "além do rio Jordão" e Cisjordânia, "aquém do rio Jordão"). Estava criado um novo país, com um governante de fora, da Arábia (não-palestino, portanto), o já mencionado Abdullah Ibn Hussein. Família de sorte: um pai, Hussein, dois irmãos, Faisal e Abdullah, e três reinos (reinos sim, mas não independentes, sob a supervisão "civilizadora" da Grã-Bretanha).

Nem tudo era perfeito, porém. A França reclamou a Síria como mandato seu (e de fato era, assim como o Líbano) e depôs Faisal do trono sírio. Mas não faltou criatividade à Grã-Bretanha, que deslocou Faisal para um novo posto, como rei de uma nova área: a região era conhecida desde a Antiguidade pelo nome grego de Mesopotâmia ("terra entre dois rios", no caso, o Tigre e o Eufrates). Foi o berço da civilização, onde os sumérios inventaram a escrita e onde o mundo se encantou com os Jardins Suspensos da Babilônia. No século VII, conquistada pelos árabes, que a islamizaram, foi o centro do califado abássida, até o século XIII, com Bagdá, construída no século VIII, como capital. Ali, a Grã-Bretanha juntou os curdos ao norte (em torno da cidade de Mosul), os sunitas ao centro (em torno de Bagdá) e os xiitas ao sul (em torno da cidade de Basra), pôs tudo no mesmo saco, batizou de Iraque, e nomeou Faisal como novo rei (na verdade, uma eleição, muito parecida com a que Saddam Hussein costumava disputar, foi levada a efeito, e Faisal foi referendado por 96% da população). Assim, a Grã-Bretanha, que perdera havia pouco um reino Hashemita (a Síria), criou outro, para mantê-los em três.

Apesar das aparências, no entanto, o Iraque era um país de laboratório talvez em menor grau que a Jordânia. As três regiões de fato nunca tinham formado antes na história uma unidade política, mas viveram sempre, desde a fundação de Bagdá, numa mesma área de influência. Até mesmo o nome Iraque, que em árabe parece querer ser o correspondente a Mesopotâmia, pois significa "a margem fértil de um rio", sempre batizou, ao menos geograficamente, aquela região. Já no tempo do segundo califa, foram criadas cinco macrorregiões, e o Iraque era a maior delas, abrangendo grande parte do que é hoje o Irã. Aliás, essa questão de nome é sempre muito curiosa: a Pérsia, sempre chamada assim, mudou de nome, por decreto, em 1935, quando Reza Khan Pahlevi rebatizou-a de Irã, que quer dizer "terra dos arianos". Alguns historiadores dizem que a medida visou agradar a Hitler, mas o fato é que os habitantes locais sempre se chamaram assim, numa referência ao fato de que os primeiros colonizadores da região foram mesmo os arianos, que formaram a Média e a Pérsia, dois reinos que só foram unificados na Pérsia em 539 a.C. por Ciro.

Mas voltemos ao Iraque. Não só o nome é antigo, como também o país está longe de ser um caldeirão de etnias, como tem sido repetido desde a invasão dos Estados Unidos. Os analistas repetem a todo instante que o país se divide entre curdos, sunitas e xiitas. Ocorre que os curdos são de fato um povo, com língua e costumes próprios, mas são muçulmanos e sunitas. Já os sunitas, do centro, e os xiitas, do sul, são todos árabes, embora pertençam aos ramos diferentes em que o Islamismo se dividiu desde o seu surgimento. Na verdade, criado o Reino Hashemita do Iraque, com um sunita como rei, partiu justamente do sul, de Basra, dos xiitas, a maior pressão para que o país, unido, conseguisse a independência em 1932 (a monarquia só duraria até 1958, quando foi literalmente dizimada por um golpe militar, o primeiro de uma série, que acabou levando Saddam Hussein, um sunita, ao poder). Não faz sentido, portanto, falar num Iraque com três etnias. Os analistas devem escolher entre dividi-lo em duas etnias (árabes e curdos) ou em dois grupos de fiéis de uma mesma religião (xiitas e sunitas).

Antes da guerra, durante a guerra e na fase atual, no entanto, não se ouve falar em outra coisa senão numa guerra civil entre os três grupos. Muitos dizem que esta guerra civil já está em pleno curso, mas eu discordo: não existe um movimento espontâneo para dividir o país ou para que um grupo se sobreponha aos demais. O que existe é uma sistemática campanha dos totalitários do Islã, ultra-sunitas, para jogar uma comunidade contra a outra. Na verdade, chega a ser espantoso que até aqui, com tantos atentados, nenhuma das três partes fale abertamente em autonomia. Os terroristas, num atentado, matam centenas de xiitas que, raivosamente, explodem de fúria contra grupos de sunitas em Bagdá, mortos por milícias ilegais, cujo objetivo é se defender dos terroristas. Mas não há um grupo xiita, nem um grupo sunita, nem um grupo curdo dizendo, expressamente, que quer se separar como país independente. Até aqui, o que tem ocorrido, com bastante êxito, é isso: os terroristas criam situações extremas de ódio. Onde isso vai parar é algo que pretendo discutir na quinta parte deste livro.

De qualquer forma, é muito duvidoso que dessa confusão saia um país curdo ou um país xiita. A maior parte dos governos da região dificilmente apoiaria, dada a reação em cadeia que uma coisa ou outra pode gerar. Do total de curdos no mundo, 26% estão no Iraque, 34% na Turquia, 6% na Síria e 6% no Irã. Nenhum desses países veria com bons olhos um Curdistão independente e rico (há grandes reservas de petróleo em Mosul): em breve, o novo país estaria reivindicando a anexação das áreas curdas vizinhas, o que seria chamar por uma nova guerra. Também faz pouco sentido que se apóie a divisão do país entre sunitas e xiitas, mesmo sendo os xiitas a maioria. Simplesmente porque a principal cidade xiita, Basra, fica ao sul, e é onde está a maior parte do petróleo. Um Estado xiita na região seria um fator de desequilíbrio, seria um pólo de atração e um estímulo para os xiitas da Arábia Saudita, uma minoria sempre oprimida pelo Islã ultra-ortodoxo ali vigente. E onde está o petróleo saudita? Em grande parte, no território habitado pelos xiitas. Nem os Estados Unidos nem a Arábia Saudita gostariam de uma confusão como essa.

Arábia Saudita? Mas que país é esse? Meca e Medina não faziam parte do Reino Hashemita de Hejaz? Pois é, faziam, e esta é a última história sobre a criação de países que conto aqui. A região da atual Arábia Saudita era povoada por várias províncias autônomas, com rixas seculares entre si. Abdel Aziz Ibn Saud, depois de ter sua família derrubada do poder na região de Najd (onde está a cidade de Riad), passou dez anos no exílio no Kuwait. Quando voltou, retomou o poder e, em 1915, assinou um tratado com a Grã-Bretanha para se tornar líder de um protetorado britânico em Najd. Mas suas pretensões não pararam ali. Aos poucos, porta-voz de um Islã ultraconservador, foi guerreando e tomando para si cidades vizinhas. Em 1924, finalmente conquistou para si o Reino Hashemita de Hejaz, recém-criado e em poder dos Hashemitas, que teriam de se contentar com apenas dois reinos: o da Transjordânia e o do Iraque. Mais tarde, Saud conseguiu anexar também a província de Dhahran, lar dos xiitas, onde se encontram as principais jazidas de petróleo. Era o início do que conhecemos hoje por Arábia Saudita.

De qualquer forma, apesar do que se pode chamar de artificialismo na formação moderna desses países, já lá se vão oitenta anos ou mais desde a sua criação. Como a taxa de natalidade é grande (e a expectativa de vida não é boa), com certeza, seja de que província for, um jovem da Arábia Saudita se sente um saudita em primeiro lugar, assim como um jovem de Basra ou Bagdá se dirá iraquiano com orgulho. O mesmo orgulho que fazia com que o motorista jordaniano, mesmo um palestino, abrisse um sorriso para dizer: "Como é linda a minha Jordânia."

Em vez de vaticinar o fim do mapa político atual do Oriente Médio, é preciso torcer para que ele se consolide. E as linhas que faltam para que esse mapa fique pronto todos nós conhecemos. São aquelas que trarão paz a palestinos e israelenses. Isso parece uma platitude, e é. Mas discutir de forma mais elaborada como isso é possível nunca foi a missão deste livro. Trata-se de um tema que já deu origem a uma biblioteca inteira e, até aqui, sem nenhum consenso.

Dito isto, acrescento que os muçulmanos iraquianos, jordanianos, egípcios, libaneses, sírios, sauditas, sunitas ou xiitas, contudo, todos acreditam no Deus único e no Alcorão como tendo sido revelado a Maomé. Ambas as correntes compartilham de uma profunda religiosidade, e todos se sentem parte do Islã. É mesmo uma lástima que os grupos radicais de ambos os lados contribuam para que, no mundo de hoje, o Islã tenha, para muitos, uma imagem de violência.

Parte III

O Islã não é violento

A ordem para matar

O LEITOR A ESSA ALTURA deve estar se perguntando: como não admitir que o Islã é uma religião violenta? Dos quatro primeiros califas, os três últimos foram assassinados com certeza, enquanto há dúvidas sobre o assassinato do primeiro. A religião se dividiu em duas logo no início e os dois lados se subdividiram em muitos outros, cada um deles entrando em choque com os demais ao longo da História. E, agora, assistimos no mundo inteiro a atentados terroristas perpetrados em nome da religião. Como não falar em violência?

Eu responderia: há aí uma confusão entre a mensagem da religião e a sua história concreta, conturbada como de resto é a de todas as religiões. Uma confusão entre o que ela prega e a realidade. Para ficar apenas no Catolicismo, seis papas foram assassinados, 35 foram martirizados, quatro morreram no exílio, dois foram mortos em decorrência de ferimentos em motins, dois morreram na prisão e oito foram depostos. Isso sem falar na Inquisição e nas guerras que muitos patrocinaram ao longo dos séculos em nome do Cristianismo. E ninguém pode negar que a mensagem de Jesus Cristo, e mesmo a atuação de sua Igreja no mundo na maior parte da sua história, foi sempre a pregação da paz e do amor ao próximo. O mesmo se dá em relação ao Islã, uma religião que prega a paz, a caridade e o amor a Deus. E que faz de milhões e milhões de muçulmanos em todo o mundo seres pacíficos e ordeiros.

A visão no Ocidente de que o Islã é violento vem de muitos séculos e pode ser atribuída, sem sombra de dúvida, à rápida expansão que o Império Islâmico experimentou nos seus primeiros cem anos, uma expansão extraordinária, como já resumi na segunda parte deste livro. Mas este é o "x" de uma questão complexa. Para cristãos e judeus conquistados, e para nações européias, muitas delas ainda em formação, não havia dúvida de que o Islã era uma religião que se expandia pela espada. Afinal, para que os conquistados permanecessem vivos só havia duas opções: ou a conversão ou o pagamento de um tributo extra, que dava o direito às duas comunidades de estabelecerem cortes religiosas próprias para dirimir, entre os seus, conflitos referentes a questões como casamento, conversão, divórcio (no caso de judeus), herança etc. Para quem vivia uma situação assim (ou morte ou conversão ou tributo), não havia outra conclusão senão a de que o Islã, Estado e religião, expandia-se pela força.

Mas para os conquistadores muçulmanos, a acusação não fazia sentido. Para eles, o que se expandia pela espada era o califado, o Império Islâmico, mas não a religião, uma vez que o Alcorão proibia (e, claro, ainda proíbe) terminantemente conversões forçadas. A cristãos e judeus era permitido continuar no seio de suas religiões, desde que se pagasse o tributo extra. Em alguns casos, as conversões sequer eram estimuladas, para que o erário não sofresse abalos. De fato, até meados do século XX, comunidades de cristãos e de judeus eram expressivas no Oriente Médio, e tudo se corrompeu desgraçadamente a partir do conflito árabe-israelense. A imagem que o Islã tinha de si era a de um Estado e uma religião tolerantes em contraposição a cristãos déspotas e bárbaros. No longo processo de expulsão do Islã da Península Ibérica, os muçulmanos sempre se ressentiram de uma assimetria: quando o vitorioso era o cristão, não havia duas opções (tributo ou conversão) para se evitar a morte: só havia a conversão.

Assim, do ponto de vista do mundo cristão do século XIV, nada mais apropriado do que a frase de Manuel II Paleologus, imperador do Império Bizantino, lembrado em 2006 pelo papa Bento XVI ao proferir uma aula na Universidade de Regensburg, na Alemanha: "Mostre-me o que Maomé trouxe de novo e encontraremos apenas coisas más e desumanas, como a ordem para espalhar pela espada a fé que ele pregava." Mas, no mesmo século, a frase seria igualmente coerente se dita por um sultão muçulmano em relação a reis ou suseranos católicos empenhados em desalojar os mouros da Europa. Tudo é uma questão de ponto de vista. Aqui, não quero estabelecer um campeonato para decidir qual é a religião mais pacífica ou a mais beligerante. Quero apenas frisar que, dependendo do observador, todas são pacíficas ou todas são beligerantes.

Retomando o que disse no início deste capítulo, não se pode julgar, hoje, a mensagem de uma religião pelas ações concretas daqueles que, em tempos passados, julgavam praticá-la corretamente.

Dito isto, não quero negar que haja muitas questões delicadas referentes ao Islã nos dias atuais. É impossível deixar de admitir que há muito de misoginia, por exemplo: o papel da mulher, que será tratado ainda nesta terceira parte, é altamente problemático. Hoje, porém, são os setores radicais do Islã, minoritários mas estridentes, que borram a imagem desta religião, reavivando a sua reputação, justa ou falsa, de violência e crueldade. Vou tratar desses grupos em detalhe mais tarde, mas, por ora, quero mostrar que muitos, diante da violência desses radicais, acabam confundindo a parte com o todo.

A maioria o faz por ignorância, e, diante do que vê todos os dias nos jornais e na televisão, não tem culpa pelo erro:

espelha aquilo a que assiste e o que lê. Mas, em outros, eu só posso enxergar má-fé. O historiador inglês Paul Johnson, por exemplo, autor de *A história do Cristianismo* e *A história dos judeus*, entre outras obras, chegou a dizer, logo após o 11 de Setembro,[1] que o Islamismo é uma religião imperialista, que prega a violência e o uso da força para se espalhar (é verdade que grupos minoritários pensam assim, mas não a religião como um todo). Para provar a sua tese, Johnson citou a sura 9, versículo 5, do Alcorão, em que se lê: "Matai os idólatras onde quer que os encontreis, e capturai-os, e cercai-os e usai de emboscadas contra eles." E concluiu: "Paz não é uma palavra que possa se encaixar facilmente nessa forma de pensamento."

Se houvesse uma postura intelectual mais honesta, esse tipo de afirmação jamais poderia partir de alguém como Johnson. Porque bastaria visitar o Pentateuco (a Torá dos judeus e parte do Antigo Testamento dos cristãos) para se perceber que o Alcorão em nada inovou; ao contrário, confessadamente como já mostrei aqui, o livro sagrado dos muçulmanos bebe nos livros revelados antes dele. Este exemplo do Deuteronômio, um dos livros do Pentateuco, é claro, quando Moisés relembra as primeiras conquistas:

> *Apossamo-nos então de todas as suas cidades e sacrificamos cada uma delas como anátema: homens, mulheres e crianças, sem deixar nenhum sobrevivente, exceto o gado, que tomamos para nós como despojo, como também o saque das cidades que conquistamos. Desde Aroer, que está à margem do vale do Arnon, com a cidade que está dentro do vale, até Galaad, não houve cidade inexpugnável para nós: Iahweh nosso Deus no-las entregou todas. (Deuteronômio 2, 34-36)*

---

1 Entrevista à revista *Veja* de 26/09/2001.

Há, no Deuteronômio, outros trechos bem crus:

Caso ouças dizer que, numa das cidades que Iahweh teu Deus te dará para aí morar, homens vagabundos, procedentes do teu meio, seduziram os habitantes da sua cidade, dizendo: "Vamos servir a outros deuses", que não conhecestes, deverás investigar, fazendo uma pesquisa e interrogando cuidadosamente. Caso seja verdade, se o fato for constatado, se esta abominação for praticada em teu meio, deverás então passar a fio de espada os habitantes daquela cidade. Tu a sacrificarás como anátema, juntamente com tudo o que nela existe. Reunirás todos os seus despojos no meio da praça pública e queimarás completamente a cidade e todos os seus despojos para Iahweh teu Deus. (Deuteronômio 13, 13-17)

Soa parecido com a recomendação do Alcorão de matar os idólatras (os politeístas, que servem a vários deuses)? Há mais trechos que merecem ser lidos, também do Deuteronômio:

Todavia, quanto às cidades destas nações que Iahweh teu Deus te dará como herança, não deixarás sobreviver nenhum ser vivo. Sim, sacrificarás como anátema os heteus, os amorreus, os cananeus, os ferezeus, os heveus, os jebuseus, conforme Iahweh teu Deus te ordenou, para que não te ensinem a praticar todas as abominações que elas praticavam para seus deuses: estarias pecando contra Iahweh teu Deus. (Deuteronômio 20, 16-18)

Quando Iahweh teu Deus te houver introduzido na terra em que estás entrando para possuí-la, e expulsado nações mais numerosas do que tu — os heteus, os gergeseus, os amorreus, os cananeus, os ferezeus, os heveus e os jebuseus —, sete nações mais numerosas e poderosas do que tu; quando Iahweh teu Deus entregá-las a ti, tu as derrotarás e as sacrificarás como anátema. Não farás aliança com elas e não as tratarás com piedade. (Deuteronômio 7, 1-2)

Portanto, devorarás todos os povos que Iahweh teu Deus te entregar. Que teu olho não tenha piedade deles e nem sirva a seus deuses: isto seria uma armadilha para ti. (Deuteronômio 7, 16)

Tu, então, os desalojarás [os enacim] e, rapidamente, os farás perecer, conforme te falou Iahweh. (Deuteronômio 9, 3)

Quando surgir em teu meio um profeta ou um intérprete de sonhos, e te apresentar um sinal ou prodígio — se este sinal ou prodígio que ele anunciou se realiza e ele te diz: "Vamos seguir outros deuses (que não conhecestes) e servi-los" —, não ouças as palavras desse profeta ou desse intérprete de sonhos. Porque é Iahweh teu Deus que te experimenta, para saber se de fato amas a Iahweh teu Deus com todo o teu coração e com o teu ser. Seguirás a Iahweh teu Deus e a Ele temerás, observarás Seus mandamentos e obedecerás à Sua voz, a Ele servirás e a Ele te apegarás. Quanto ao profeta ou intérprete de sonhos deverá ser morto, pois pregou a rebeldia contra Iahweh teu Deus. (Deuteronômio 13, 2-6)

Se teu irmão — filho do teu pai ou da tua mãe —, teu filho, tua filha, ou a mulher que repousa em teu seio, ou o amigo que é como tu mesmo, quiser te seduzir secretamente, dizendo: "Vamos servir a outros deuses", deuses que nem tu nem teus pais conheceram, deuses de povos vizinhos, próximos ou distantes de ti, de uma extremidade da Terra à outra, não lhe darás consentimento, não o ouvirás, e que teu olho não tenha piedade dele; não uses de misericórdia e não escondas o seu erro. Pelo contrário, deverás matá-lo! Tua mão será a primeira a matá-lo e, a seguir, a mão de todo o povo. Apedreja-o até que morra, pois tentou afastar-te de Iahweh teu Deus. (Deuteronômio 13, 7-11)

Quando estiveres para combater uma cidade, primeiro propõe-lhe a paz. Se ela aceitar a paz e abrir-te as portas, todo o povo que nela se encontra ficará sujeito ao trabalho forçado e te servirá. Todavia, se ela não aceitar a paz e declarar guerra contra ti, tu a sitiarás. Iahweh teu Deus a entregará em tua mão, e passarás todos os seus homens ao fio da espada. Quanto às mulheres, crianças e animais e tudo o que houver na cidade, todos os seus despojos, tu os tomarás como presa. E comerás o despojo dos inimigos que Iahweh teu Deus te entregou. (Deuteronômio 20, 10-14)

Repetindo, para que não haja dúvidas: todos esses trechos são do Deuteronômio, um dos livros que judeus e cristãos consideram ter sido divinamente revelados. Mas a pena de morte está também presente em Êxodo, Levítico e Números, os outros livros que, com o Gênesis, formam o Pentateuco. Ao todo, são 15 os crimes punidos com a morte: adultério, sexo com animais, blasfêmia, falso testemunho em casos cuja punição seja a morte, falsos profetas, idolatria, incesto, insubordinação às decisões de juízes ou sacerdotes, seqüestro, licenciosidade por parte da filha de sacerdotes, estupro de mulher prometida em casamento, bater ou amaldiçoar pai ou mãe, não respeitar o *shabat*, feitiçaria e adivinhação, assassinato.

Alguns amigos católicos, ao lerem os originais deste livro, reagiram dizendo que não se reconhecem nesses textos, porque o Cristianismo carrega mais a mensagem de Jesus, cujo símbolo maior seriam os mandamentos de amar os nossos inimigos e oferecer a outra face a nossos agressores. Não resta dúvida de que, em muitos pontos, Jesus reinterpreta o Antigo Testamento, sem, no entanto, revogá-lo. É assim em muitos aspectos, quando, por exemplo, Jesus resume em dois os dez mandamentos:

> *O primeiro é: "Ouve Ó Israel, o Senhor nosso Deus é o único Senhor, e amarás o Senhor teu Deus de todo o teu coração, de toda a tua alma, com todo o teu espírito e com toda a tua força." O segundo é este: "Amarás o teu próximo como a ti mesmo." Não existe outro mandamento maior do que estes. (Marcos 12, 29-31)*

São Paulo explica que, como todos os outros mandamentos (não matar, não furtar, não cometer adultério etc.) estão contidos na obrigação de amar o próximo, a caridade é a plenitude da lei. Quem ama o próximo não mata, não rouba, não cobiça, respeita pai e mãe. Jesus, ao resumir em dois os dez mandamentos, não os revoga, portanto, mas os reafirma. E em muitos outros pontos, Jesus tem um novo olhar para a lei antes revelada. Mas o Novo Testamento não existe sem o Antigo Testamento, e o Deus do primeiro é o mesmo Deus do segundo. O que os teólogos católicos explicam é que as gradações entre o Antigo e o Novo Testamentos fazem parte da "Economia da Salvação", momentos distintos da Revelação, todos válidos, até chegar à palavra final de Jesus.

De qualquer forma, o *Catecismo da Igreja Católica*, capítulo 2, artigo 3, nas páginas 43 e 44, é categórico em relação ao Antigo Testamento:

> *O Antigo Testamento é uma parte indispensável da Sagrada Escritura. Seus livros são divinamente inspirados e conservam um valor permanente, pois a Antiga*

Aliança não foi revogada. Com efeito, "a Economia do Antigo Testamento estava ordenada principalmente para preparar a vinda de Cristo, redentor de todos". "Embora contenham também coisas imperfeitas e transitórias", os livros do Antigo Testamento dão testemunho de toda a divina pedagogia do amor salvífico de Deus: "Neles encontram-se sublimes ensinamentos acerca de Deus e uma salutar sabedoria concernente à vida do homem, bem como admiráveis tesouros de preces; nestes livros, enfim está latente o mistério de nossa salvação." Os cristãos veneram o Antigo Testamento como verdadeira palavra de Deus. A Igreja sempre rechaçou vigorosamente a idéia de rejeitar o Antigo Testamento sob o pretexto de que o Novo o teria feito caducar.

À primeira vista, é desconcertante ler uma ordem de Deus para matar. Nas mãos de quem queira causar impacto, estes mandamentos dos livros do Pentateuco se prestariam a toda sorte de maledicências. Qualquer um, porém, tem noção de que tais recomendações se referem a uma situação histórica determinada (o caminho dos judeus à Terra Prometida), não sendo uma recomendação geral para todo o sempre. Lê-las e concluir que o Judaísmo e o Cristianismo são essencialmente violentos seria uma tolice ou uma calúnia. E, apesar disso, alguns recorrem a trechos semelhantes do Alcorão, como se eles tivessem um caráter de mandamento eterno. No caso de Paul Johnson, um autor que certamente conhece bem o assunto, só pode ser má-fé, repito. Mesmo que ele desconheça o livro sagrado dos muçulmanos, como ele cita versículos em tudo semelhantes ao que está no Pentateuco, que ele conhece bem, e daí conclui que o Islã é uma religião violenta, não há escapatória: a intenção dele foi fazer escândalo. O que Johnson citou do Alcorão se refere a um período histórico determinado: a luta de Maomé contra os idólatras, os politeístas de Meca. E tão-somente a esse período. Da mesma forma que as passagens aqui citadas do Pentateuco se referem apenas à conquista da Terra Prometida.

O que ofende em Johnson naquela entrevista é que ele cita apenas parte do versículo, omitindo o todo, que atenua muito o que ali está dito. A íntegra do versículo diz o seguinte:

> *Mas quando os meses sagrados houverem transcorrido, matai os idólatras onde quer que os encontreis, e capturai-os, e cercai-os e usai de emboscadas contra eles. Porém, caso se arrependam, observem a oração e paguem o* zakat, *deixai-os em paz. Sabei que Deus é Indulgente e Misericordiosíssimo. (Sura 9, 5)*

Ou seja, Johnson deixou de fora uma parte fundamental: qualquer um que voluntariamente aceitasse a mensagem de Deus, qualquer um que voluntariamente se tornasse um muçulmano, devia ser poupado. Sim, o Alcorão e o Pentateuco têm ambos passagens em linguagem dura, que assustam a todos nós, mas apenas e na medida em que nós as tiramos do contexto histórico a que se referiam. Dizer, a partir delas, que uma ou outra religião é violenta é mais do que apenas avançar um sinal. É alimentar ódios.

O apedrejamento de mulheres

PASSAGENS "CRUAS" do Alcorão, porém, não são as únicas coisas que têm sido usadas como prova de que o Islã é violento e opressor *per si*. O apedrejamento de mulheres adúlteras e o uso do véu têm também contribuído para o mesmo fim.

Basta um grupo de fanáticos tomar o poder no norte da Nigéria para logo aparecer uma mulher condenada à morte por adultério. E, mais uma vez, o Islã aparece como uma religião atrasada e violenta. É a exceção vista como a regra. Mas, desta vez, a culpa não é nem dos leigos nem da imprensa ocidental: é dos radicais, que praticam atos de terror e condenam mulheres a morrer apedrejadas. Uma prática que não acontece na imensa maioria dos países muçulmanos.

A origem da morte por apedrejamento é remota, a prática já existia há milhares de anos, em muitos lugares, mas, documentalmente, em especial no Oriente Médio. Com a sua origem exata desconhecida, a condenação de adúlteros (homens ou mulheres) à morte por apedrejamento está no Pentateuco, como mencionei antes:

> *Se um homem for pego em flagrante deitado com uma mulher casada, ambos serão mortos, o homem que se deitou com a mulher e a mulher. Deste modo extirparás o mal de Israel. Se houver uma jovem virgem prometida a um homem, e um homem a encontra na cidade e se deita com ela, trareis ambos à porta da cidade e os apedrejareis até que morram: a jovem por não ter gritado por socorro na cidade e o homem por ter abusado da mulher de seu próximo. Deste modo extirparás o mal do teu meio. (Deuteronômio 22, 22-24)*

Evidentemente, a prática não era freqüente entre os judeus da Antiguidade. Mesmo as penas capitais, citadas no início desta parte III, eram raras. Um Sinédrio (tribunal composto por sacerdotes, anciãos e escribas) que, em setenta anos, condenasse mais de uma pessoa à morte, por qualquer motivo, era considerado sanguinário e olhado, pela perspectiva histórica, com reprovação (porque da mesma forma que as leis eram severas, aplicá-las com moderação era um imperativo). Com a Diáspora e o conseqüente contato com outras culturas, a prática, totalmente abandonada, passou a ser apenas, para judeus, uma referência histórica.

Muitos vêem no Cristianismo uma "evolução" do Judaísmo, mas ele não se vê assim: considera-se uma realidade distinta, paralela e, há dois mil anos, simultânea ao Judaísmo. Dito isto, e continuando nosso assunto, há também nos Evangelhos uma referência ao apedrejamento de adúlteros, mas para condená-lo.

> *Os escribas e os fariseus trazem, então, uma mulher surpreendida em adultério e, colocando-a no meio, dizem-lhe: "Mestre, esta mulher foi surpreendida em flagrante delito de adultério. Na Lei, Moisés nos ordena apedrejar tais mulheres. Tu, pois, que dizes?" Eles assim diziam para pô-lo à prova, a fim de terem ma-*

téria para acusá-lo. Mas Jesus, inclinando-se, escrevia na terra com o dedo. Como persistissem em interrogá-lo, ergueu-se e lhes disse: "Quem dentre vós estiver sem pecado seja o primeiro a lhe atirar uma pedra!" Inclinando-se de novo, escrevia na terra. Eles, porém, ouvindo isso, saíram um após o outro, a começar pelos mais velhos. Ele ficou sozinho, e a mulher permanecia lá, no meio. Então, erguendo-se, Jesus lhe disse: "Mulher, onde estão eles? Ninguém te condenou?" Disse ela: "Ninguém, Senhor." Disse então Jesus: "Nem eu te condeno. Vai, e, de agora em diante, não peques mais." (João 8, 3-11)

O leitor pode notar que Jesus não revoga a lei simplesmente. Ele poderia aceitar a provocação e dizer claramente que não concordava com ela. Mas prefere reformá-la, mantendo-a de tal maneira que aplicá-la é uma impossibilidade: como somos todos pecadores, nenhuma pedra pode ser atirada. Mas, obviamente, não se trata, de jeito algum, de um endosso do adultério. Em certa medida, Jesus é ainda mais severo do que a Lei Mosaica quando explica o que, para ele, é o pecado de adultério. Isso fica claro quando nos lembramos de outro trecho dos Evangelhos:

Ouvistes o que foi dito: "Não cometerás adultério." Eu, porém, vos digo: todo aquele que olha para uma mulher com desejo libidinoso já cometeu adultério com ela em seu coração. Caso o teu olho direito te leve a pecar, arranca-o e lança-o para longe de ti, pois é preferível que se perca um dos teus membros do que todo o teu corpo seja lançado na geena. (Mateus 5, 27-29)

O Islã também, de certa forma, reformou a Lei Mosaica. De que modo? É uma história curiosa, que requer uma explicação prévia. No Alcorão, há duas passagens principais que falam em adultério, e uma contradiz a outra, ou melhor, uma ameniza a outra. Não é incomum que isso aconteça no livro sagrado dos muçulmanos. Para algumas escolas islâmicas, há versículos que constam do Alcorão e que são revogados ou modificados por outros, revelados posteriormente (valem os últimos). E há versículos que foram revelados, mas que, por ordem de Deus, deixaram de constar do Alcorão: alguns deles porque caducaram, outros porque, mesmo sem caducar, Deus não achou mais necessário enfatizá-los. Neste caso, sabe-se que estão em vigor porque o profeta continuou a seguir os seus mandamentos durante a sua vida.[2]

O primeiro versículo sobre adultério no Alcorão fala em morte de adúlteras, mas não em apedrejamento:

> *Quanto àquelas dentre vossas mulheres que tenham incorrido em adultério, apelai a quatro testemunhas dentre os vossos e, se estas confirmam, confinai-as em suas casas até que lhes chegue a morte ou que Deus lhes trace um novo destino. (Sura 4, 15)*

Mas, se não há menção a apedrejamento, por que ele era praticado ao tempo do profeta? A maior parte dos sábios muçulmanos diz que esse versículo se referia às solteiras que faziam sexo antes do casamento, o que é considerado também adultério. As casadas que cometessem o mesmo pecado deveriam ser apedrejadas. Mas por quê, se o Alcorão não diz isso? A coisa se complica. Porque, afirmam essas mesmas correntes, um versículo do Alcorão determinava o apedrejamento, mas, por ordem de Deus, foi suprimido. Mas, então, se é assim, se o versículo foi suprimido, por que o apedrejamento de adúlteros casados, tanto para homens como para mulheres, foi parar na Sharia, o código penal herdado dos califas?

2 Para outras escolas, a contradição é apenas aparente: somos nós, humanos, que não conseguimos entender o que Deus quis dizer e, assim, todos os versículos continuam válidos.

Porque este seria um daqueles casos em que um versículo saiu do Alcorão por ordem de Deus, mas sem perder a validade, e, por isso, o que ele dizia continuou a ser seguido pelo profeta. E como o próprio Alcorão determinou que os muçulmanos deveriam seguir tudo aquilo que o seu profeta ordenasse e procurar copiar o seu exemplo, a prática de apedrejar adúlteras virou lei:

> *Ó crentes, obedecei a Deus e Seu Apóstolo e não vos afasteis dele enquanto o escutais. (Sura 8, 20)*

> *Realmente, o Apóstolo de Deus é um excelente exemplo para aqueles que esperam contemplar a Deus, deparar com o Dia do Juízo Final, e mencionam Deus freqüentemente. (Sura 33, 21)*

Em um dos relatos que constam das tradições, um homem casado foi ao profeta confessar que tinha cometido adultério. O profeta fez de tudo para que o homem reconsiderasse, pensasse muito bem antes de confirmar a confissão, mas ele não arredou pé e jurou que tinha traído a mulher. O profeta chegou a indagar dos companheiros se ele era maluco, mas recebeu como resposta que ele era são. Tempos depois, como o homem continuava a insistir na confissão, sabendo qual seria o castigo, o profeta mandou apedrejá-lo. Em outra ocasião, uma mulher grávida procurou o profeta e se disse adúltera. O profeta se afastou dela, tentando não ouvi-la, mas ela o seguiu, insistindo na confissão. Quando soube que ela estava grávida, mandou que fosse ter o filho em paz, na esperança de que ela não mais voltasse (disse a companheiros que não a perseguiria, caso não voltasse). Mas após ter o bebê e depois de desmamá-lo, a mulher voltou a procurar o profeta, pedindo para ser castigada. Maomé tentou novamente fazê-la pensar melhor, mas não houve jeito: ela manteve a confissão e, por isso, foi morta.

Mas um episódio da vida do profeta mudou radicalmente a interpretação dessa lei, e tornou a sua aplicação praticamente impossível. É um enredo que vale ser contado em detalhes.

Toda vez que Maomé saía em alguma missão, levava consigo uma de suas esposas. Certa vez, contam as tradições, levou Ayishah, então com menos de 18 anos, muito bonita segundo todos os relatos. Ela viajava em um palanquim, uma espécie de liteira coberta, em cima de um camelo. À noite, o palanquim era tirado do camelo e funcionava como uma tenda, onde Ayishah dormia. De manhã, o palanquim era posto novamente sobre o camelo e seguia viagem. Um dia, ao alvorecer, ela saiu do palanquim para fazer suas necessidades fisiológicas bem longe do acampamento, já que ela era ali a única mulher. Ao voltar, percebeu que havia perdido o seu colar e voltou para procurá-lo. Demorou-se. Nesse meio tempo, o profeta acordou e mandou levantar acampamento. Os condutores de Ayishah, supondo que ela estivesse no palanquim ainda dormindo, levantaram-no, puseram-no no camelo e seguiram viagem. Não perceberam a ausência de Ayishah, porque ela era leve, levíssima em sua quase adolescência, explicam as tradições. Quando Ayishah voltou, viu-se sozinha, mas não se assustou. Acreditou que logo dariam por falta dela e voltariam para pegá-la. Acabou adormecendo. Pouco depois, porém, um dos participantes da comitiva de Maomé, que se atrasara na retaguarda para resolver algum problema, viu a esposa do profeta sozinha, e a acordou, dizendo apenas: "Nós todos pertencemos a Deus e a Ele vamos retornar."

O retardatário perguntou o que ela fazia ali, mas Ayishah, recatada, nada respondeu. Mesmo assim, ele fez o seu camelo baixar e pediu que Ayishah subisse nele, o que ela de fato fez. Ele conduziu o camelo e acabou alcançando a caravana do profeta, que tinha parado para descansar. Assim Ayishah foi devolvida.

Mas ao chegar a casa, em Medina, Ayishah caiu doente. E começaram rumores na cidade de que ela traíra o profeta com o homem que lhe dera carona, e que a história do colar não passara de um ardil. A pena para o adultério, como sabemos, era o apedrejamento, desde que houvesse confissão ou o testemunho de quatro pessoas. O que faria o profeta? O drama durou um mês, durante o qual, mesmo sabendo dos rumores, Maomé nada decidiu. Seguindo conselhos de Ali, Maomé sondou as serviçais de Ayishah para tentar descobrir se a mulher o estava traindo, mas todas foram unânimes em dizer que nada no comportamento dela indicava isso. Magoado com Ayishah, porém, Maomé passou a tratá-la tão friamente que esta lhe pediu para ser cuidada pelos pais, na casa deles. Como estava doente, todos a pouparam dos rumores.

Um mês depois, Ayishah soube de tudo e se desesperou com a injustiça de que estava sendo vítima. Chorou um dia e uma noite, até que o profeta foi até ela e disse que Deus acabaria por tornar conhecida a sua inocência, se este fosse o caso, mas que ela também poderia confessar-se culpada, porque seria perdoada caso estivesse arrependida de coração. Ayishah disse então que nada falaria e que decidira esperar calmamente pela palavra de Deus. Explicou a Maomé que, se ela jurasse inocência, ele não acreditaria. Por outro lado, se ela admitisse culpa, mesmo sendo inocente, Maomé acreditaria em cada palavra. Maomé não era o Mensageiro de Deus? Pois ela esperaria calada até que Deus se manifestasse. Em minutos, na frente dela, Maomé desfaleceu, seu rosto tornou-se pálido e suado. Ao despertar, Maomé disse a Ayishah que Deus tinha lhe revelado que ela era inocente e que seus detratores eram gente da pior espécie. Assim está no Alcorão:

> *Por que não apresentaram quatro testemunhas? Se não as apresentarem, serão caluniadores ante Deus. E se não fosse pela bondade de Deus e por Sua misericórdia para convosco, neste mundo e no outro, haver-vos-ia açoitado um severo castigo pelo que propalastes. Transmitistes a notícia de boca em boca, repetindo o*

> *que desconhecíeis, considerando leve o que é gravíssimo ante Deus. Deveríeis, ao ouvi-la, ter dito: "Não nos compete falar disso. Glorificado sejas, ó Deus! Essa é uma grave calúnia!" (Sura 24, 13-16)*

Na mesma revelação, Deus amenizou a pena de quem fosse pego em adultério e fez referência explícita aos homens. E estabeleceu ainda oitenta chibatadas e a perda da credibilidade diante da comunidade a quem praticasse falso testemunho:

> *Quanto à adúltera e ao adúltero, vergastai com cem chibatadas cada um; que a vossa compaixão não vos demova em cumprir a lei de Deus, se realmente credes Nele e no Dia do Juízo Final. Que uma parte dos crentes atente para o castigo. O adúltero não poderá casar senão com uma adúltera ou uma idólatra; a adúltera não poderá desposar senão um adúltero e um idólatra. Tais uniões estão vetadas aos crentes. E àqueles que acusarem de adultério as mulheres castas, sem apresentar quatro testemunhas, infligi-lhes oitenta chibatadas e nunca mais aceiteis seus testemunhos, porque são difamadores. (Sura 24, 2-4)*

Neste caso, insistem os exegetas, Deus estaria ainda se referindo aos solteiros que fizessem sexo antes do casamento. Para os casados, continuaria valendo a pena de morte por apedrejamento. Mas para que alguém fosse considerado culpado o caminho ficou bem mais difícil. As quatro testemunhas devem ter presenciado, ao mesmo tempo, o ato sexual, o que é uma possibilidade mais do que remota. Mesmo que seja o marido, como única testemunha, a denunciar a mulher, a culpa só estará estabelecida mediante uma confissão. A mulher escapará do castigo se jurar inocência:

E aquele que acusar de adultério sua mulher, sem mais testemunhas que ele próprio, jurará quatro vezes por Deus que é veraz. E na quinta vez pedirá que a maldição de Deus caia sobre ele se for perjuro. E ela se libertará do castigo, jurando quatro vezes por Deus que ele é perjuro. E na quinta vez ela pedirá a incidência da ira de Deus sobre si mesma se ele for veraz. (Sura 24, 6-9)

Deus repete no Alcorão o que já tinha mais ou menos dito aos judeus em Números:

O sacerdote fará aproximar a mulher e a colocará diante de Iahweh. Em seguida, tomará água santa em um vaso de barro e, tendo tomado do pó do chão da Habitação, o espargirá sobre a água. E apresentará a mulher diante de Iahweh, soltará a sua cabeleira e colocará nas suas mãos a oblação comemorativa (isto é, a oblação de ciúme). E nas mãos do sacerdote estarão as águas amargas e de maldição. A seguir, o sacerdote fará a mulher jurar e lhe dirá: "Se não é verdade que algum homem se deitou contigo e que te desviaste e que te tornaste impura, enquanto sob o domínio do teu marido, que estas águas amargas e de maldição te sejam inofensivas! Porém, se é verdade que te desviaste enquanto sob o poder de teu marido e que te tornaste impura e que outro homem, que não o teu marido, participou do teu leito..." O sacerdote fará, aqui, a mulher prestar um juramento imprecatório e lhe dirá: "Que Iahweh te faça, no teu povo, objeto de imprecação e maldição, fazendo murchar o teu sexo e inchar o teu ventre! Que estas águas de maldição penetrem em tuas entranhas, a fim de que o teu ventre se inche e o teu sexo murche!" A mulher responderá: "Amém, Amém!" (Números 5, 16-22)

Mesmo que, no Islã, a pena de morte por apedrejamento não tenha sido formalmente suspensa, a sua aplicação se tornou impraticável. Ao dar à mulher o direito de se livrar do castigo apenas dando a sua palavra (e rogando uma praga contra si, caso esteja mentindo), Deus dificultou um bocado o castigo. E como o falso testemunho passou a ser punido com oitenta chibatadas e a perda da credibilidade pública, acusar alguém de adultério ficou muito mais perigoso. No caso dos boatos contra Ayishah, depois da revelação daqueles versos, três homens, os que mais propagaram a calúnia, foram castigados com as oitenta chibatadas.

De qualquer forma, estamos falando de um tempo passado, em que o califado existia e a Sharia era aplicada indistintamente. Hoje, na imensa maioria dos países muçulmanos, mesmo onde a Sharia serve como fonte de inspiração, não se ouve falar em morte de adúlteros por apedrejamento. Seja porque é dificílimo provar o adultério, seja porque os casais preferem civilizadamente optar pelo divórcio. Apedrejamentos acontecem onde fanáticos estão no poder e aplicam um código de lei milenar sem atentar para a evolução histórica das sociedades. Fizeram isso no Afeganistão, ao tempo dos talibãs. Oficialmente, fizeram isso no Irã até 2002, quando o Judiciário anunciou uma moratória nesse tipo de punição (mas a Anistia Internacional teria relatos de que a prática pode ter retornado de maneira clandestina). Na Arábia Saudita e nos pequenos países do Golfo, onde é majoritária uma seita ultra-radical, a lei está em vigor, mas não se tem notícias de apedrejamento por adultério (por outros motivos, como assassinato, a Anistia Internacional reporta, porém, que houve 1.163 condenados à morte naquele país: até o início de 2007, 19 pessoas tinham sido condenadas à pena capital, pelo método da decapitação).

No norte da Nigéria, onde fanáticos tomaram o poder, uma mulher, Aminah, foi condenada com base numa confissão, que ela depois disse que lhe foi tirada à força (perdendo, portanto, a validade), e por estar grávida. Mesmo a Sharia permite que uma mulher peça o divórcio se o marido não estiver cumprindo com suas obrigações de sustentar a família, protegê-la ou até mesmo por não lhe dar prazer físico. Mas recomenda que a mulher divorciada se abstenha de relações sexuais por três meses (três períodos menstruais), para que não haja dúvida em relação à paternidade, caso ela venha a engravidar. Aminah teria confessado que engravidou antes do fim do prazo. Com base nisso, os fanáticos quiseram puni-la, esquecendo-se da lição de tolerância dada pelo próprio profeta, que em todos os episódios tudo fez para tentar evitar o castigo. Mas não importa: ao inevitavelmente atrair a atenção da mídia, casos como o de Aminah passam a ser vistos como a regra, quando, na verdade, são apenas uma aberração cometida por ditaduras sanguinárias e regimes despóticos. E a imagem do Islã sai manchada.

O uso do véu

O APEDREJAMENTO DE MULHERES adúlteras não é, porém, o que mais afasta o Ocidente do Islã: o uso do véu parece vir em primeiro lugar. Evidentemente não há algo mais violento do que o apedrejamento, mas esta é uma prática rara, que chega ao noticiário, com muita confusão, apenas de tempos em tempos. Já o véu está em todos os lugares, em todas as imagens, em todas as reportagens que nos chegam dos países muçulmanos. Há um sentimento generalizado de estranhamento, de repulsa: nos dias em que a igualdade entre os sexos atinge um grau de axioma entre nós, como explicar que mulheres se submetam a cobrir a cabeça, às vezes o corpo e às vezes também a face? O curioso é que o mesmo não acontece em relação aos homens muçulmanos. Por que não nos chocamos quando nos deparamos com um árabe vestindo túnica e turbante, como os sauditas e os cidadãos dos outros países do Golfo? Por que não achamos um horror quando vemos um egípcio usando aquela túnica bege com o chapeuzinho vermelho na cabeça ou mesmo um iraquiano vestindo também aqueles camisolões?

Porque nós sabemos que os homens fazem isso porque querem e porque imaginamos que as mulheres são obrigadas a usar o véu. É o uso compulsório que nos choca. É, enfim, a submissão forçada das mulheres que provoca esse sentimento de estranhamento e repulsa.

Mas toda mulher muçulmana, em todos os países muçulmanos, é obrigada a usar o véu? Nas ruas dos países seculares do Oriente Médio, como Síria, Líbano, Jordânia e Egito, para citar apenas alguns, um visitante verá de tudo nas ruas: mulheres muçulmanas apenas com o véu, com o véu e parcialmente cobertas ou com o véu e totalmente cobertas, e mulheres muçulmanas também usando vestimentas ocidentais, sem o véu, com os cabelos e a face à mostra. Para o Islã, usar o véu é uma prescrição religiosa inquestionavelmente estabelecida, mas, naqueles países, adotá-lo não é uma obrigação legal. Cobrir a cabeça vai depender do grau de religiosidade de cada família. Nas mais opressoras, a escolha é quase nenhuma. Nas mais esclarecidas, o uso do véu será sempre uma decisão pessoal da mulher. Um xeque (religioso) árabe com quem eu conversei, de família sunita, tradicionalista, contou-me que a irmã dele não usa o véu e que a família não se opõe. Para ele, é uma questão de livre-arbítrio. O xeque disse que a religião impõe que ele respeite a decisão da irmã na mesma medida em que impõe a ela o uso do véu. Assim como ele não deve reclamar, ele acredita que a irmã, depois, terá de se entender com Deus, que entenderá ou não os motivos dela. Algo bem parecido com o que acontece com os católicos: é grande a distância entre o que manda a Igreja Católica e o que praticam os seus fiéis mundo afora.

A situação se complica novamente em países como o Irã, xiita radical, a Arábia Saudita e países do Golfo, sunitas radicais: ali, os homens são livres para vestir o que quiserem, mas as mulheres são obrigadas por lei a se cobrirem (parcial ou totalmente, dependendo do país). Na Arábia Saudita e nos países do Golfo, as mulheres são presas dos hábitos arcaicos de uma seita ultra-ortodoxa, minoritária no mundo muçulmano, e da qual falaremos muito mais, adiante neste livro. Mas o caso do Irã é exemplar.

Depois de uma ditadura de mais de quarenta anos, à frente da qual reinava o xá Reza Pahlevi, em 1978 irrompeu por todo o país uma onda sangrenta de protestos que acabou levando, no ano seguinte, à queda do xá. A resistência veio de partidos de esquerda, mas foram os religiosos que pouco a pouco começaram a se rebelar. O principal deles, o aiatolá ("sinal de Deus") Ruhollah Khomeini, comandou do exílio a revolução, já que tinha sido deportado em 1963 para o vizinho Iraque, onde permaneceu até 1978, de onde pouco pôde fazer, dado o isolamento em que se encontrava (gravava fitas cassete com seus discursos, que eram contrabandeadas para o Irã). Uma manobra mal calculada do xá, no entanto, deu a Khomeini o que ele mais precisava: voz e repercussão. Por pressão do Irã, o Iraque expulsou Khomeini, que se abrigou em Paris, onde teve liberdade de ação, seguidores e o serviço persa da BBC de Londres, que irradiava para o Irã. A queda do xá ocorreu em janeiro de 1979 e a República Islâmica foi decretada em abril, uma teocracia comandada por Khomeini até a sua morte em 1989.

Era o fim da tentativa de Reza Pahlevi e, antes, de seu pai, de ocidentalizar o Irã a fórceps. Em 1936, Reza Shah Pahlevi, o pai, proibira, por decreto, o uso do xador, o véu e o manto que cobrem o corpo e a cabeça das mulheres muçulmanas (a medida foi abandonada em 1941, mas, durante a ditadura Pahlevi, usar o xador era um empecilho para que as mulheres pudessem ascender socialmente). Em 1963, Pahlevi, o filho, promoveu o que chamou de "revolução branca", uma série de reformas com o objetivo de modernizar o país, criando inclusive uma hierarquia religiosa paralela à tradicional. O resultado é que, durante a luta para a derrubada do xá, que ocorreu em 1979, o xador virou peça de protesto e usá-lo era um desafio à ditadura.

Hoje, quase trinta anos depois, quem visita o Irã sabe que a maior parte das jovens iranianas rejeita o uso do xador e só o veste porque a falta dessa peça do vestuário dá cadeia. Como 70% da população do Irã têm menos do que 25 anos de idade, a maior parte não se dá conta de que o fim de sua liberdade começou com a luta pela liberdade: os iranianos saíram de uma ditadura laica para cair numa ditadura de cunho religioso. As gerações do presente sempre pagam pelos erros das gerações do passado. Hoje, quando vejo muçulmanas adotando o véu como símbolo de luta política, contra as ditaduras laicas que oprimem seus países, fico me indagando: será que elas não olham para o exemplo do Irã?

Se alguém me perguntasse, eu diria que sou contra o uso do véu, mas respeito quem queira usá-lo por vontade própria. O que repudio firmemente é o uso compulsório, seja porque o Estado obriga, seja porque a família impõe. Eu acreditava que esta era uma posição minha, de ocidental, mas aprendi, com a leitura, que muitas muçulmanas pensam assim. Muçulmanas praticantes. Uma delas, Fátima Mernissi, uma marroquina, estudou profundamente o assunto, analisou a origem do uso do véu e chegou a uma conclusão que eu acho tocante: nascido da necessidade de proteger as primeiras mulheres muçulmanas, o véu não pode agora ser usado para oprimi-las.

Proteger? Sim, eu disse proteger. O que farei agora é resgatar essa história, deixando-me guiar pelas mãos seguras de Mernissi.

Os versículos que tratam do uso do véu foram revelados ao profeta nos seus anos mais difíceis em Medina, que já expus na primeira parte: derrota na batalha de Uhud, sítio a Medina e forte oposição interna de um grupo, a que Deus se refere no Alcorão como hipócrita, descontente com os fracassos. Neste contexto, a autoridade do profeta era todo dia posta à prova. Segundo um dos relatos,[3] um homem, após visitar o profeta,

3 Al-Tabari, citado por Mernissi.

saiu pela cidade dizendo que, após a morte dele, tinha a intenção de se casar com uma de suas mulheres, o que era visto por todos os crentes como um sacrilégio. Há um outro relato que exemplifica muito melhor os desafios a Maomé.[4] Certo dia, um chefe de uma tribo árabe recém-convertida ao Islã entrou na casa do profeta sem pedir licença e foi repreendido por ele: "Você não sabe que as boas maneiras exigem que se peça permissão antes de entrar na casa de alguém?"

A resposta a Maomé foi desafiadora: "Em toda a minha vida, que eu me lembre, eu nunca pedi permissão a homem algum."

E em seguida, o chefe da tribo perguntou ao profeta: "Quem é essa linda mulher sentada ao seu lado?"

Era Ayishah, a preferida de Maomé. O profeta, no entanto, manteve a calma e disse que ela era sua mulher e que recebera o título de "mãe dos crentes". O chefe da tribo não se perturbou e propôs ao profeta ficar com Ayishah em troca de uma mulher ainda mais bonita. Maomé disse apenas: "Deus proíbe essas práticas aos muçulmanos."

Pouco depois desse episódio, o profeta se casou com Zainab, uma mulher também muito bonita. Segundo conta a tradição,[5] o profeta encarregou um de seus amigos de convidar toda a cidade para a festa de casamento. Todos compareceram, comeram, ficaram um pouco e foram embora. Mas o organizador da festa e três outros convidados não iam embora de jeito nenhum, permanecendo nos aposentos da nova mulher, conversando, sem dar o menor sinal de que iriam embora. O profeta, ansioso por se encontrar a sós com a nova mulher, impacientou-se, deixou-os sozinhos, na esperança de que eles percebessem que estavam sendo indelicados, mas nada adiantou. O profeta, tímido, foi incapaz de ele próprio pedir que eles saíssem de lá. Em certo momento, Maomé voltou ao quarto onde consumaria o casamento, e, à porta, com uma perna dentro e outra fora, baixou uma cortina, separando-o

4 Al-Nisaburi, citado por Mernissi.
5 Al-Tabari, segundo Mernissi.

dos quatro homens. Foi neste momento que o anjo Gabriel lhe recitou o seguinte versículo do Alcorão, que o profeta ao mesmo tempo repetia para os convidados:

> *Ó crentes, não entreis na casa do Profeta, salvo se tiverdes sido convidados a uma refeição, mas chegai na hora exata para não aguardardes até a mesa ser servida. Se fordes convidados, entrai. E quando tiverdes sido servidos, retirai-vos sem fazer colóquio familiar, porque isso molestaria o Profeta e este se envergonharia de vós. Porém, Deus não Se envergonha da verdade. E se desejardes perguntar algo a suas mulheres [de Maomé], fazei-o através de cortinas. Isso será mais puro para os vossos corações e para os delas. Não vos é dado burlar a confiança do Apóstolo de Deus nem jamais desposar suas mulheres, depois de sua morte, porque isso seria grave ante Deus. (Sura 33, 53)*

Ao acabar de ouvir o versículo, os quatro homens foram embora, e Maomé pôde ficar a sós com sua Zainab. Na mesma revelação, como está claro, Deus também acabou de uma vez por todas com a possibilidade de as esposas do profeta se casarem novamente após a morte dele, hipótese que vinha deixando Maomé amargurado.

Mas a vida das mulheres muçulmanas estaria para sempre marcada.

Hijab em árabe quer dizer literalmente "cortina", mas, hoje, dá nome também ao véu que as mulheres usam na cabeça (xador é uma palavra de origem persa, usada, portanto, apenas no Irã). "E se desejardes perguntar algo a suas mulheres, fazei-o através do *hijab*." A palavra vem do verbo *hajaba*, que quer dizer "esconder com uma cortina". O significado sempre remete a algo que separa e protege. É assim que sobrancelha em árabe é *al-hajiban*, pois ela protege os olhos dos raios solares. Ainda em anatomia, o diafragma é o *hijab* do estômago e o hímen é o *hijab* da virgindade. Com base neste versículo, algumas seitas legitimaram a segregação de mulheres em aposentos só para elas. Também, por analogia, é este versículo uma das origens do uso do véu.

A outra origem tem a ver também com o estado de beligerância em que Medina se encontrava e com os constantes desafios à autoridade do profeta. Daí porque, citando Mernissi, eu disse anteriormente que o véu, o *hijab*, nasceu da necessidade de proteger as muçulmanas. Mulheres nas ruas estavam sendo atacadas, estupradas, numa escalada sem precedentes. Maomé pediu que emissários procurassem saber o que estava acontecendo e eles voltaram com uma resposta: muitos diziam que só molestavam as mulheres que supunham ser escravas. Segundo alguns relatos,[6] Omar insistia para que o profeta ordenasse o uso do véu como forma de diferenciar as mulheres muçulmanas livres das escravas e, assim, protegê-las dos estupros: ninguém mais teria a desculpa de não saber quem eram as mulheres atacadas. O profeta resistiu quanto pôde mas, um dia, o seguinte versículo foi revelado a ele:

> *Ó Profeta, dize a tuas esposas, a tuas filhas e às mulheres dos crentes que, quando saírem, cubram-se com seus véus: isso é mais conveniente para que se distingam das demais e não sejam molestadas. Atenta para o fato de que Deus é Indulgente, Misericordiosíssimo. Se os hipócritas e os que abrigam a morbidez em seus corações, e se os intrigantes em Medina não se contiverem, ordenar-te-emos combatê-los. Então, não os terás por vizinhos, senão por pouco tempo. (Sura 33, 59-60)*

A palavra árabe usada no versículo para designar véu não foi *hijab*, mas *jilbab*, que tem muitos significados: camisa feminina, manto ou um grande pedaço de pano usado por

6 Al-Nisaburi, segundo Mernissi.

mulheres. Na interpretação de Fátima Mernissi, não se tratou da instituição de uma nova peça do vestuário, mas uma nova maneira de vestir algo que as mulheres já vestiam: usar o manto, a camisa, o pano, por cima da cabeça.

Mernissi se espanta com o fato de que, para salvar as mulheres livres, as escravas tenham sido sacrificadas. Mas a história de Medina da época mostra que era uma realidade social o fato de as escravas estarem reduzidas à prostituição. Um dos versículos do Alcorão mostra isso, e procura atenuar a situação:

> *Quanto àqueles dentre vossos escravos ou escravas que vos peçam a liberdade por escrito, concedei-lhas, desde que os considereis dignos dela, e gratificai-os com uma parte dos bens com que Deus vos agraciou. Não inciteis vossas escravas à prostituição, para proporcionar-vos o gozo transitório da vida terrena, sendo que elas querem viver castamente. Mas se alguém as compelir, Deus as perdoará por terem sido compelidas, porque é Indulgente, Misericordiosíssimo. (Sura 24, 33)*

Ou seja, ao mesmo tempo que protege as mulheres livres com um véu, para que não sejam confundidas com escravas prostituídas e atacadas sexualmente, Deus tenta evitar que as escravas sejam levadas à prostituição à força.

O uso do véu, porém, só se generalizou muitos anos depois, entre os séculos VIII e IX, com o califado abássida de Bagdá. É ali que nascem os haréns e que o véu se tornou uma peça de vestimenta compulsória e generalizada. E que resiste até hoje.

É inegável que o Islã é altamente contraditório em relação às mulheres. Ao mesmo tempo que há versículos que as põem em pé de igualdade com os homens, há outros que dizem literalmente que os homens lhes são superiores. Certa vez Umma Salmma, uma das esposas do profeta, inteligente, sábia, curiosa, perguntou a Maomé: "Por que os homens são mencionados no Alcorão e nós, mulheres, não?"

Dias depois, ela ouviria o profeta recitar na mesquita uma nova revelação, que atendia aos pleitos dela:

> *Quanto aos muçulmanos e às muçulmanas, aos crentes e às crentes, aos consagrados e às consagradas, aos sinceros e às sinceras, aos perseverantes e às perseverantes, aos tementes e às tementes, aos caridosos e às caridosas, aos jejuadores e às jejuadoras, aos recatados e às recatadas, aos homens que lembram Deus com freqüência e às mulheres que lembram Deus com freqüência, Ele lhes tem destinado a indulgência e uma magnífica recompensa. (Sura 33, 35)*

Neste versículo, Deus não faz distinção de gênero: todos são crentes e serão recompensados, não porque sejam homens ou mulheres, mas porque são bons fiéis, cumpridores de suas obrigações. Isso representou uma ruptura enorme com as tradições pré-islâmicas, em que as mulheres não passavam de objetos nas mãos dos homens. A elas, o Alcorão dedica uma sura inteira, que, desde o título, dá mostras de seus propósitos: "Mulheres". Nela, Deus estabelece as novas leis sobre herança, que tirou privilégios dos homens. Nas palavras de Fátima Mernissi, "não somente uma mulher nunca mais seria herdada, como ela própria passaria a ter o direito de herdar".

> *Aos homens corresponde uma legítima parte do que tenham deixado seus pais e parentes. As mulheres também terão uma legítima parte do que tenham deixado os pais e parentes, quer seja exígua ou vasta — uma quantia obrigatória. (Sura 4, 7)*

Mas, em seguida, Deus estipula que a parte do homem na herança será o dobro da que a mulher tem o direito de receber. A desigualdade não se restringe à distribuição de heranças. Em outros versículos, Deus estabelece que o testemunho de uma mulher vale menos do que o de um homem:

> *Chamais duas testemunhas masculinas dentre os vossos ou, em falta destas, um homem e duas mulheres de vossa preferência, a fim de que, se uma delas esquecer, a outra o recorde. (Sura 2, 282)*

E, no versículo mais acabrunhante para as mulheres, Deus diz:

> *Os homens são os encarregados das mulheres, porque Deus os preferiu a elas e porque eles as sustentam de seu pecúlio. As boas esposas são obedientes, conservam seu pudor na ausência dos esposos em cumprimento à ordem de Deus. Quanto àquelas de quem suspeitais deslealdade, exortai-as e vedai-lhes vossos leitos. E, se persistirem, batam nelas. Porém, se vos obedecerem, não as provoqueis. Sabei que Deus é Excelso, Notabilíssimo. (Sura 4, 34)*

Este versículo é um dos mais discutidos por xeques e estudiosos do Islã. Há interpretações para todos os gostos, com base nos mais variados ditos e atos do profeta. Alguns dizem que o bater se refere a um leve toque no alto do braço da mulher com uma espécie de palito de dentes, um sinal de que, depois daquele ato, ao casal só resta o divórcio. Outros, menos sutis, dizem que o bater se refere a um tapa "sem maldade" que uma mãe dá no filho, o que, a meu ver, agrava a coisa, pois coloca a mulher na condição de uma criança inocente e desavisada. Outros, mais radicais, dizem — com cara de santo, sem constrangimento — que os homens podem bater nas mulheres rebeldes, mas sem lhes tirar sangue e jamais na frente das crianças. Uma amiga minha, porém, que mora na Síria, e que é muçulmana mas não usa o véu, quis saber por que eu me interessava por algo que 90% dos muçulmanos desconheciam, quando eu perguntei sobre esse versículo. E fez piada: "As coisas mudaram hoje em dia. São os homens que apanham das mulheres." A piada é boa, mas é impossível negar esse viés misógino do Islã.

Mas será a misoginia exclusiva ao Islã? Esse desconhecimento a que minha amiga se referiu é de fato verdadeiro também no tocante às outras religiões. Todas elas, na sua origem, no tempo das Escrituras, punham a mulher numa condição subalterna.

No Levítico, um dos livros do Pentateuco, fica claro que a mulher é menos prestigiada que o homem. Se der à luz um menino, fica menos tempo impura:

> *Se uma mulher conceber e der à luz um menino, ficará impura durante sete dias, como por ocasião da impureza de suas regras. No oitavo dia, circuncidar-se-á o prepúcio do menino e, durante trinta e três dias, ela ficará ainda purificando-se do seu sangue. (Levítico 12, 1-4)*

Se nascer uma menina, o tempo de purificação dobra:

> *Se der à luz uma menina, ficará impura durante duas semanas, como durante as suas regras, e ficará mais sessenta e seis dias purificando-se do seu sangue. (Levítico 12, 5)*

A questão da herança também é problemática na Lei Mosaica. Em Números, outro livro do Pentateuco, as filhas só terão direito a herança se não tiverem irmãos:

> *Se um homem morrer sem deixar filhos, transmitireis a sua herança à sua filha. (Números 27, 8)*

E, mesmo assim, caso herdem, elas apenas poderão se casar com um homem da mesma tribo do seu pai, limitando-lhe o direito de escolha:

Casar-se-ão com quem lhes agradar, conquanto que se casem com alguém de um clã da tribo de seu pai. (Números 36, 6)

E, como mulheres, jamais herdarão do marido. A herança irá para os filhos homens. Se não os houver, as filhas herdarão. Se ele não tiver deixado nem filhos, nem filhas, os irmãos do morto, e não a sua mulher, é que terão direito a herança.

Tudo isso de acordo com o que Deus disse no Gênesis, ao expulsar Adão e Eva do Paraíso. Ali, como voltou a fazer no Alcorão, mais tarde, Deus pôs o homem acima da mulher:

Multiplicarei as dores de tuas gravidezes, na dor darás à luz filhos. Teu desejo te impelirá ao teu marido e ele te dominará. (Gênesis 3, 16)

Não é à toa que os judeus ultra-ortodoxos repetem, até hoje, todos os dias como oração matinal: "Abençoado seja Ele que não me fez mulher."

As mulheres, por sua vez, limitam-se a orar: "Abençoado seja Ele que me fez de acordo com a Sua vontade."

A lei judaica, a milenar Halachah, deixa a mulher sempre numa situação de inferioridade em relação aos homens. Se ela fosse aplicada integralmente, as mulheres não serviriam, por exemplo, como testemunhas em processos civis ou criminais (uma situação pior ainda do que a determinada pelo Alcorão, em que o testemunho de uma mulher vale menos do que o de um homem). Ao longo dos anos, embora a Halachah continue imutável, ela foi caindo em desuso e, no que diz respeito à vida pessoal, só é observada estritamente por grupos de judeus ortodoxos, uma minoria. No tocante ao Estado de Israel, a Halachah guarda o seu peso apenas e tão-somente em questões de casamento, divórcio e conversão. E isso não é pouco. É verdade que o Estado vem tentando encontrar formas para atenuar o seu conservadorismo, mas, nas áreas em que prevalece, a Halachah deixa ainda a mulher numa situação constrangedora. Isso é prova de que, embora não haja dúvida de que Israel nasceu em 1947 proclamando a igualdade entre os sexos, até hoje não separou completamente o Estado da vida religiosa.

Assim, israelenses judeus só podem se casar nas Cortes Rabínicas, dominadas pela leitura ortodoxa da Halachah. O primeiro fato que pode chocar o espírito de uma mente livre é que não são permitidos casamentos mistos: judeu só pode se casar com judeu. Pela lei, uma viúva sem filhos só pode se casar novamente depois que o cunhado solteiro a liberar do "compromisso" de se casar com ele (se o cunhado for uma criança, é preciso aguardar até que ele tenha 13 anos para que o consentimento seja dado). Pus a palavra compromisso entre aspas porque a lei judaica atual proíbe tais casamentos, mas, paradoxalmente, ainda exige que o cunhado dê a liberação, conhecida pelo termo hebraico *halitza*. Dados da direção das Cortes Rabínicas dão conta de que, em média, havia vinte casos por ano de mulheres pleiteando, sem êxito, a *halitza* durante os anos 1990, um número não desprezível, se pensarmos na extemporaneidade da obrigação.[7]

Em Israel, um divórcio só pode ocorrer se o marido assim consentir: não havendo consentimento, a mulher, mesmo separada, fica casada, presa ao marido indefinidamente. Há conseqüências constrangedoras para as mulheres em tal situação: se vierem a ter um relacionamento com outro homem, serão

7 Este e outros dados estatísticos citados sobre casamentos e divórcio em Israel foram retirados do livro *Women in Israel, a State of Their Own*, de Ruth Halperin-Kaddari. Ver bibliografia.

consideradas adúlteras; se vierem a ter filhos, estes serão considerados bastardos (*manzer*, em hebraico), que, pela lei, só poderão se casar com outros bastardos ou com judeus convertidos (ou com judias convertidas). Em Israel, o poder do homem de conceder o divórcio pode ser medido pelas estatísticas disponíveis. Em 1998, o número de divórcios consentidos pelas Cortes Rabínicas foi de apenas 48% do total de petições, sendo que 98% desses casos se referiam a ratificações de divórcios consentidos por ambas as partes. Também em 1998, dos 1.630 casos de divórcios litigiosos analisados pela Corte Rabínica de Jerusalém, apenas 14,4% chegaram a bom termo. Isso significa que quando o marido não quer não há divórcio. O que acontece com freqüência é que, para obter a concordância do marido, mulheres aceitam condições menos favoráveis quanto à sua pensão e a dos filhos, por exemplo.

Para compensar essa situação constrangedora, em 1995 o Knesset, o parlamento de Israel, aprovou uma lei permitindo que as Cortes Rabínicas impusessem sanções aos homens que se negassem a dar o divórcio a suas mulheres: suspender o direito de deixar o país, de ter uma carteira de motorista, de ter um passaporte, de abrir contas bancárias, de praticar uma profissão que requeira algum tipo de licença, de ser nomeado para cargos públicos. Em casos extremos, está prevista até mesmo a pena de prisão. Tudo isso, no entanto, é apenas uma forma de pressão, pois, se o marido não quiser, ele continuará tendo o direito de negar o divórcio. As Cortes Rabínicas dizem que a lei é eficaz: a simples ameaça de aplicá-la tem feito muitos maridos liberarem suas mulheres. No entanto, o que a realidade mostra é que, talvez, a lei não tenha "pegado", como dizemos no Brasil. Dados oficiais relativos aos quatro primeiros anos de vigência da lei (1995 a 1999) mostram que apenas 163 sanções foram impostas pelas Cortes Rabínicas a homens que teimavam em não concordar com o divórcio, um número muito pequeno perto do número total de pedidos de divórcio que anualmente chegam aos juízes. O quadro é ainda pior porque, dessas 163 sanções, 76 foram impostas por apenas uma das 12 Cortes Rabínicas que existem no país, o que pode indicar que as demais consideram que a nova lei é contrária ao espírito da Halachah, a lei judaica. Pior, dos 163 maridos que sofreram algum tipo de sanção, apenas 71 concordaram em dar o divórcio.

Para escapar do que consideram estar ultrapassado, é cada vez maior o número de casais que simplesmente preferem se casar no estrangeiro, pessoalmente ou por procuração, ou apenas coabitar sem documentos legais. O casamento em outros países é registrado no Ministério do Interior e isso basta para que, diante da lei civil, o casal possa vir a obter os mesmos benefícios econômicos concedidos a um casal casado segundo as leis de Israel. O casamento, em si, não é válido, mas o seu registro dá ensejo aos direitos. O mais fascinante é que Israel tem uma das mais avançadas leis que regem a coabitação sem casamento formal, tornando a coabitação uma forma de casamento civil, sem contrato: esse tipo de união dá direito a pensões do Estado, benefícios do sistema de seguridade social e direitos de herança (neste último caso, apenas se um dos parceiros não tiver sido casado legalmente antes). É a opção para todos aqueles que se negam a aceitar as leis religiosas ou para quem o casamento religioso não faz sentido. O país livre que tem um dos mais retrógrados sistemas de casamento formal do mundo tem também um dos mais modernos sistemas para reconhecer uniões não-formais. E este último sistema tem se refletido em outra área, a de casamento de pessoas do mesmo sexo: por analogia, a lei tem dado aos casais homossexuais os mesmos direitos reconhecidos aos casais heterossexuais que se unem informalmente.

A despeito das reminiscências de tempos passados no tocante ao casamento e ao divórcio, Israel é hoje um país em que as mulheres gozam de alto grau de liberdade (com os deveres correlatos, bastando ressaltar a obrigatoriedade de servirem no Exército). O Knesset tem passado leis que protegem as mulheres, garantindo a igualdade de direitos nos locais de trabalho, combatendo a violência doméstica e punindo com severidade o assédio sexual. E, embora a Halachah proíba que mulheres sejam juízas (e isso é respeitado nas Cortes Rabínicas), hoje há mulheres juízas tanto na Suprema Corte quanto nas cortes distritais. Da mesma forma, a Halachah proíbe que mulheres sejam governantes, mas isso nem de longe é levado em conta pelo Estado: não é preciso muito esforço para lembrar que Golda Meir liderou o país num de seus momentos mais dramáticos. Hoje, há mulheres no parlamento, nos conselhos municipais, mulheres prefeitas.

As próprias cortes religiosas acabarão adotando uma interpretação, mas de acordo com os tempos de hoje (um passo já foi dado no sentido de aceitar o testemunho de mulheres). Do contrário, acho que será ainda mais verdade o que eu li num texto da rabina Diana Vila, no qual ela diz:

> *E sobre a posição das mulheres, tanto em Israel como na Diáspora, é tempo de levar em conta todas as interpretações disponíveis da lei, inclusive a miríade de possibilidades freqüentemente ignoradas pelo Rabinato de Jerusalém, na mesma medida em que o Rabinato é ignorado pela maioria da população de Israel, tristemente cada vez mais ignorante da riqueza do seu próprio Judaísmo.*

O mesmo aconteceu no Catolicismo. A doutrina oficial da Igreja avançou muito desde o Concílio Vaticano II, mas ainda é muito conservadora em vários aspectos. Condena o divórcio, o sexo fora do casamento, métodos contraceptivos, o uso da camisinha mesmo como método preventivo de doenças como a aids (a solução é a castidade). E muitos católicos, que se sentem católicos e imersos na fé em Cristo, passam ao largo dessas proscrições, sem se sentir em pecado. Mas não custa lembrar que, no Brasil, o divórcio só foi autorizado em lei após uma luta de décadas, há trinta anos. O Chile, país vizinho, só recentemente tomou o mesmo rumo.

Se essa modernização foi possível no Judaísmo, uma religião que, sem perder o vigor, reinterpretou sua herança à luz de novas situações (a despeito da lei aplicada ao casamento, divórcio e conversões e dos grupos ortodoxos que se prendem à tradição de uma maneira atávica), se também o Catolicismo soube se reinventar (de novo, a despeito de proscrições da Igreja que muitos consideram ultrapassadas), por que o mesmo não seria verdade para o Islamismo?

Eu não tenho uma resposta, mas apenas uma intuição. Eu diria que a modernização do Islã, vamos chamar assim esse processo de olhar com novos olhos para uma revelação que não muda, não somente é possível, como está em curso, porque, no que diz respeito à humanidade, não evoluir, não se transformar, não se adaptar é uma impossibilidade.

Quando minha amiga na Síria diz que hoje são os homens que apanham das mulheres, ela não está apenas fazendo piada: está, de uma maneira irônica, reconhecendo que os tempos mudam. A prova maior de que há um processo de mudança em curso é o próprio fenômeno do radicalismo islâmico, uma reação enlouquecida diante da rapidez com que a modernização se dá. O chamado "fundamentalismo islâmico" não é a prova cabal de que o Islã é atrasado, violento e cruel, mas é o indicativo mais seguro de que as mudanças não somente são possíveis como estão acontecendo de uma maneira acelerada. Estivesse o Islã imune a transformações e reação alguma seria necessária.

A tragédia das massas muçulmanas é que esse processo de mudança, natural e irremediável, pelo qual passaram suas duas religiões-irmãs (o Judaísmo e o Cristianismo, aí incluídos o Catolicismo e as igrejas protestantes) se dá em meio a um ambiente de miséria, corrupção e, fundamentalmente, opressão política, com forte ênfase na manipulação da religião, seja para mantê-la ou para negá-la, mas sempre em benefício de quem está no poder. O trágico é que, por viver sob a opressão de governos ditatoriais e corruptos, que geram miséria, estagnação e ignorância, o fundamentalismo tem sido visto por parcelas desesperadas das populações muçulmanas, ainda que minoritárias, como aquele que vai redimi-las de um estado de coisas insuportável. A princípio, importa menos o discurso religioso, mas a mensagem de que glórias passadas serão revividas, com honestidade, prosperidade e no caminho reto de Deus. A maioria dos muçulmanos da maior parte dos países muçulmanos não se deixa enganar pelo radicalismo religioso, mas o terreno passa a ser fértil para que uma massa de desesperados, sobretudo jovens, veja nisso a solução para os seus males. E isso leva parte da juventude às práticas terroristas.

Porque nas sociedades muçulmanas hoje, a tomada de poder é o coração do programa fundamentalista. Eles sabem que fundamentalista sem poder político é um leão sem dentes: não apedreja, não fere, não mata, não obriga a usar o véu; apenas prega a sua visão estreita do mundo.

É indispensável, então, que se desmascare um dos maiores engodos que os fundamentalistas conseguiram passar como verdade: o de que eles são os restauradores da fé, dos fundamentos da religião, de sua pureza. Não são. Eles são apenas os seus intérpretes mais radicais, e equivocados. Quando isso ficar claro, não caberá mais acusar o Islã de crueldade e violência, mas entender que cruéis e violentos são os grupos de fanáticos que tentam tomar o poder para aplicar a lei segundo seus delírios mais insanos, alguns com êxito.

Alguns me perguntam por que tais fatos só têm acontecido em países islâmicos, se há fundamentalistas em todas as religiões, sempre tendo a intolerância como marca? É uma pergunta curiosa. Por que o Ocidente avançou e o mundo muçulmano gera uma reação como o terror? Aqui é preciso lembrar a que custo o Ocidente avançou (e a que ritmo também). O Catolicismo teve a sua fase de terror como política de Estado: a Inquisição nunca deve ser esquecida. Qualquer comportamento fora da doutrina oficial era um crime hediondo, e a punição todos nós conhecemos. Mesmo em pleno século XX, a situação das mulheres, repito, não melhorou do dia para a noite. Há cinqüenta anos, mulher católica usar calças compridas era um escândalo, as desquitadas eram párias. As sociedades dos países muçulmanos viveram nos últimos anos esquecidas no atraso, submetidas a regimes despóticos que usaram a religião para justificar o despotismo e se manter no poder. Hoje, com todo o avanço tecnológico, a modernidade chegou e não chegou. O terror é fruto dessa ambigüidade, talvez. Eu digo talvez porque não há uma resposta definitiva a uma questão tão complexa.

Parte IV

As origens do terror islâmico

Fundamentalismo ou totalitarismo?

EM SEU LIVRO *Contra o fanatismo*, Amós Oz cita uma história exemplar do Talmude. Dois rabinos, Jehoshua e Tarfon, discordam sobre certa interpretação da Torá. Discutem dia e noite, por sete dias consecutivos, sem comer, sem beber, sem dormir. Com piedade deles, temendo que venham a morrer discutindo, o próprio Deus resolve interferir, e diz: "O rabino Jehoshua está certo, o rabino Tarfon está errado."

O rabino perdedor então olha para o céu e diz: "Deus Todo-Poderoso, Você já deu a Torá aos homens! Por favor, fique de fora dessa briga."

Amós Oz completa: "E nenhum raio celestial o fulminou, nem enxofre foi lançado sobre ele! De fato, depois do que creio ser uma hesitação momentânea de assombro, Deus diz: 'Meus filhos Me derrotaram.'"

A história, em seu humor, é exemplar, porque dá conta de uma situação real que todos os crentes de todas as religiões experimentam em suas vidas. Embora os textos que são a base de toda fé se pretendam cristalinos, todos sabem que eles são passíveis de muitas interpretações. A história relatada no Talmude é ainda mais exemplar, e sábia, porque ressalta o atributo maior do homem como criatura de Deus: o livre-arbítrio. Até Adão, a criatura adorada de Deus, pecou por fazer aquilo que desejou. Não importa que tenha sido punido; importa que Deus o criou com a capacidade de ter iniciativa própria, de pensar por si. Se quisesse, Deus teria criado o homem programando-o para amá-Lo e obedecer-Lhe. A criatura, porém, não seria um homem, mas um robô. Que graça tem ser amado por alguém que não tem outra opção, que é obrigado a amar, que é programado para isso? Como Deus poderia ter querido criar o homem livre e, ao mesmo tempo, desejado que ele, diante de Suas palavras, tivesse apenas uma interpretação única e rasa? O homem não seria humano.

Deus é onipotente, onisciente e onipresente, mas nos tempos bíblicos sempre Se mostrou tolerante diante dos filhos que ousaram debater com Ele os Seus propósitos. Fico aqui com três exemplos, ainda não citados neste livro, e duas outras lembranças. O primeiro deles é sobre Sodoma. Quando Deus, cansado de tanta iniqüidade, decide pôr um fim à cidade, Abraão, em tudo obediente e temente a Ele, põe-se a questionar:

> *"Destruirás o justo com o pecador? Talvez haja cinqüenta justos na cidade. Destruirás e não perdoarás à cidade pelos cinqüenta justos que estão em seu seio? Longe de Ti fazeres tal coisa: fazer morrer o justo com o pecador, de modo que o justo seja tratado como o pecador! Longe de Ti! Não fará justiça o Juiz de toda a Terra?" Iahweh respondeu: "Se Eu encontrar em Sodoma cinqüenta justos na cidade, perdoarei a toda a cidade, por causa deles." Disse mais Abraão: "Eu me atrevo a falar ao meu Senhor, eu que sou poeira e cinza. Mas talvez faltem cinco aos cinqüenta justos: por causa de cinco, destruirás toda a cidade?" Ele respondeu: "Não, se Eu encontrar quarenta e cinco justos..." Abraão retomou ainda a palavra e disse: "Talvez só*

> *existam quarenta." E Ele respondeu: "Eu não o farei por causa dos quarenta." Disse Abraão: "Que meu Senhor não Se irrite e que eu possa falar: talvez ali se encontrem trinta." E Ele respondeu: "Eu não o farei se ali encontrar trinta." Ele disse: "Eu me atrevo a falar a meu Senhor: talvez se encontrem vinte." E Ele respondeu: "Não destruirei por causa dos vinte." Ele disse: "Que meu Senhor não Se irrite e falarei uma última vez: talvez se encontrem dez." E Ele respondeu: "Não destruirei, por causa dos dez." Iahweh, tendo acabado de falar com Abraão, foi-Se, e Abraão voltou para o seu lugar. (Gênesis, 18, 23-33)*

É engraçado como esse exemplo de Abraão remete à Viagem Noturna que Maomé fez ao Paraíso, durante a qual, estimulado por Moisés, negociou com Deus, insistentemente, até que ele consentisse em reduzir de cinqüenta para cinco o número de vezes que todo muçulmano tem de rezar por dia. Como no caso de Abraão, Deus aceitou a negociação, não exigiu que Sua primeira palavra fosse tomada como lei: não Se enfureceu e cedeu. Maomé, aquele que funda a religião cujo nome, Islã, quer dizer "submissão", não se importou de discutir com Deus, ponderar, fazer ver que há pedidos exagerados. Há também o episódio em que Sara riu ao ouvir de Deus que teria um filho aos noventa anos. Deus entendeu que diante de Seus milagres, a dúvida não é algo que se deva estranhar. Ele a repreendeu, mas não a castigou.

O segundo exemplo é Jó, o servo mais fiel, o mais obediente, o que seguia mais de perto todos os preceitos divinos e que, de uma hora para outra, sofreu toda sorte de desventuras apenas para que Deus tivesse a certeza de que, ainda assim, ele continuaria a ser o Seu servo mais fiel, o mais obediente, o que seguia mais de perto todos os Seus preceitos. Jó não abdicou um milímetro de sua fé, mas numa das passagens mais bonitas das Escrituras lançou toda sorte de questionamentos a Deus, de uma maneira livre e arrebatada, sem que Deus sequer pensasse em exigir dele subserviência e moderação.

O terceiro exemplo é a briga, não de idéias, mas física, corporal, entre Deus e Jacó. Depois de deixar uma vida inteira para trás, Jacó tem de atravessar um rio com tudo o que é seu e com todos os seus: suas duas mulheres, suas duas servas, seus 11 filhos. Quando Jacó fica sozinho, luta até o amanhecer com o seu Criador. O Gênesis narra assim a história:

> *E alguém lutou com ele até surgir a aurora. Vendo que não o dominava, tocou-lhe na articulação da coxa, e a coxa de Jacó se deslocou enquanto lutava com Ele. Ele disse: "Deixa-Me ir, pois já rompeu o dia." Mas Jacó respondeu: "Eu não Te deixarei ir se não me abençoares." Ele lhe perguntou: "Qual é o teu nome?" "Jacó", respondeu ele. Ele retomou: "Não te chamarás mais Jacó, mas Israel, porque foste forte contra Deus e contra os homens, e tu prevaleceste." Jacó fez esta pergunta: "Revela-me Teu nome, por favor." Mas Ele respondeu: "Por que perguntas pelo Meu nome?" E ali mesmo o abençoou. (Gênesis 32, 25-30)*

Israel quer dizer "aquele que brigou com Deus". É fascinante que Deus tenha apenas pedido para que Jacó O deixasse ir, Ele que tudo podia (tudo bem, machucou a coxa de Jacó, mas não de maneira que o impedisse de prosseguir na luta). E é igualmente fascinante que Jacó lute com Deus e não O deixe ir até que receba Dele uma bênção. Deus se mostrou em mais um episódio tolerante, sem Se zangar, fazendo o que Lhe é pedido.

É evidente que há elementos da fé que não são passíveis de discussão, como a unicidade de Deus, para citar apenas um, nas três religiões monoteístas. Mas a Revelação é tão rica e a vida é tão cheia de possibilidades que, em torno de pontos imutáveis sem os quais uma fé não é uma fé, toda sorte de nuances é possível. Não é preciso ser um especialista para constatar que o Judaísmo, o Cristianismo e o Islã têm uma miríade de movimentos, de seitas, todas gravitando ao redor do núcleo da fé principal. Se o Judaísmo tem ortodoxos, reformistas e liberais, entre sefaraditas e asquenazes, o Cristianismo tem inúmeras denominações, entre protestantes e católicos, e o Islã, uma infinidade de seitas, tanto entre sunitas como entre xiitas. E em todas essas correntes, os crentes sabem que dois líderes podem divergir em pontos acessórios sem que, por isso, a sua fé seja abalada. Na verdade, são a discussão e o entendimento que aprofundam a fé, e não o contrário.

Num mundo como o de hoje, cada vez mais gente deseja agir como Jehoshua e Tarfon, Abraão e Jó e Maomé. E eu tenho para mim que, quanto mais gente assim o fizer, mais harmonia haverá. Isso de modo algum afasta o mundo da religião. Porque cada crente de cada seita, seja ela grande ou pequena, antiga ou nova, sente-se, a seu modo, como atingido pela graça de Deus que a ele revelou a verdade. Sem isso não pode haver fé, religião. Mas a postura de um fiel assim é viver a sua fé com tolerância em relação ao outro e num permanente diálogo consigo mesmo e com Deus. Sempre haverá, contudo, aqueles que discordam de Jehoshua e Tarfon, de Abraão e Jó e de Maomé e que vivem cheios de certezas e sem nenhuma dúvida. Não dialogam consigo, que dirá com Deus! Obedecer, obedecer, obedecer, este parece ser o preceito número um para um fiel assim.

E isso não faz dele um fundamentalista. Porque chamá-lo de fundamentalista é conceder que fundamentos existem e que seja possível existir homens com acesso direto e exclusivo a eles.

Todo o discurso sobre fundamentalismo está poluído por essa confusão. Hoje, passou-se a rotular de fundamentalista todo aquele mais obediente aos preceitos de sua crença, todo aquele que acredita ter encontrado "a" verdade e que deseja seguir no caminho dela. Estes, no entanto, são apenas, digamos, profundamente religiosos. Alguns deles talvez se transformem em fanáticos, por viverem de um modo obsessivamente "correto", como se Deus fosse um bedel de escola a ponto de punir o aluno relapso, por menor que seja a falta. Opção deles. Direito deles. Mas, de novo, repito: isso faz deles fanáticos, mas não fundamentalistas. Pelo menos não fundamentalistas na acepção que hoje se dá ao termo.

A origem da palavra "fundamentalismo" está no fim do século XIX, quando protestantes conservadores americanos pregaram o retorno dos cristãos ao que eles chamaram de fundamentos da fé. O termo se consolidou depois que, entre 1910 e 1913, mais de três milhões de cópias de uma série de 12 livros intitulados *Os fundamentos* foram distribuídas em todos os estados americanos. O que se pregava era uma leitura absolutamente literal dos textos sagrados. Se a Bíblia diz que Adão foi feito do barro, Adão foi feito do barro e não se discute mais isso. Eles próprios não se davam conta de que o que chamavam de "leitura literal" das Escrituras era ela própria uma leitura, porque não existe texto sem interpretação, não existem signos de significados únicos, não existem homens sem consciência, sem capacidade de interpretar. De qualquer forma, o termo se consagrou e, com o surgimento do radicalismo islâmico, por empréstimo, passou-se também a chamá-lo de fundamentalismo. Acreditava-se erroneamente que os fundamentalistas islâmicos pregavam o retorno do Islã à literalidade do Alcorão.

Foi um equívoco. Não existe texto mais metafórico do que o Alcorão, cheio de simbolismos. Não se presta a uma leitura literal. A exegese sempre foi uma arte das mais tradicionais entre as escolas muçulmanas. A discussão quanto ao exato significado do que está no Alcorão ou do que o profeta disse sempre foi saudada como algo extremamente positivo. O que os chamados fundamentalistas islâmicos fazem é dar ao Alcorão uma interpretação radical. É, portanto, justamente o contrário: cientes de que, diante da revelação escrita, interpretações múltiplas são possíveis, depois de interpretá-la de uma maneira radical, o que eles fazem é decretar que a visão deles é a única possível.

Uma prova disso é a *fatwa* (decreto religioso) de 1998, em que Bin Laden diz que é dever de todo muçulmano matar americanos. Como sustentação teológica à ordem de matar, ele cita o Alcorão, mas pinça as palavras e as tira do contexto, adaptando-as aos seus propósitos. O texto diz: "Isso [matar] está de acordo com as palavras de Deus onipotente: 'E combatei igualmente os idólatras, tal como eles vos combatem.' [e] 'Combatei-os até terminar a perseguição e prevalecer a religião de Deus.'"

Na *fatwa*, não há uma só advertência para o fato de que as duas seqüências entre aspas são pequenos trechos de versículos distintos do Alcorão. O que ele faz, portanto, é reeditar o Alcorão, formando uma única frase, num mesmo lugar, quando antes havia duas, em lugares diferentes.

A primeira seqüência, pequena parte do versículo 36 da sura 9, refere-se a uma batalha específica do profeta contra os politeístas de Meca, um evento histórico, como já expliquei antes, não sendo portanto uma exortação para que os fiéis combatam permanentemente aqueles a quem considerem idólatras. O Alcorão diz exatamente o seguinte:

> *Para Deus o número de meses é de doze, como reza o Livro Divino, desde o dia em que Ele criou os céus e a Terra. Quatro deles são sagrados. Tal é o cômputo exato. Durante estes meses não vos condeneis. E combatei igualmente os idólatras, tal como eles vos combatem. E sabei que Deus está com os tementes. (Sura 9, 36)*

A segunda seqüência cita parte do versículo 193 da sura 2. Eis o versículo na íntegra:

E combatei-os até terminar a perseguição e prevalecer a religião de Deus. Porém, se desistirem, não haverá mais hostilidades, senão contra os iníquos. (Sura 2, 193)

A coisa fica ainda mais grave pois Bin Laden omite versículo de fundamental importância, que vem pouco antes, na mesma sura, e que diz assim:

Combatei, pela causa de Deus, aqueles que vos combatem; porém, não os provoqueis, porque Deus não estima os agressores. (Sura 2, 190)

Bin Laden não somente omite que toda agressão é pecaminosa (a guerra tem de ser defensiva), como quer dar a entender que Deus está propondo uma guerra até que a Sua religião seja imposta ao mundo ("Combatei-os até terminar a perseguição e prevalecer a religião de Deus."). Mais grave, Bin Laden dá a entender que a palavra "perseguição" tem o sentido que hoje se dá a "opressão", "injustiça", como usadas em "o povo é oprimido" ou "o povo é injustiçado". É como se ele dissesse que Deus não quer que a luta termine até que a Terra se livre de toda opressão. Lendo-se todo o versículo, porém, vê-se claramente que "perseguição" se refere ao que acontece quando se está sendo atacado. Leiam mais uma vez:

E combatei-os até terminar a perseguição e prevalecer a religião de Deus. Porém, se desistirem, não haverá mais hostilidades, senão contra os iníquos. (Sura 2, 193)

Ou seja, se os muçulmanos forem atacados, "perseguidos", devem lutar até a vitória, mas se o ataque, "a perseguição", findar, não deve haver mais hostilidades. Bin Laden pega um pequeno trecho de um versículo da sura 9 e o une a outro da sura 2, criando um versículo só dele: uma espécie de Alcorão sob medida.

Alguém poderia dizer que o que acabo de fazer é contrapor a minha interpretação daqueles versículos à de Bin Laden, o que só confirmaria o que tenho dito neste capítulo: os textos comportam múltiplos significados. Isso é correto, mas o meu objetivo não é destacar que eu tenho a verdade e Bin Laden não, mas apontar para o fato de que Bin Laden, para chegar à dele, reconstrói o Alcorão, criando versículos que não existem. Para uma massa de iletrados, o efeito disso é explosivo.

Exemplos como o da *fatwa* de 1998 poderiam se multiplicar. O que fica evidente é que, embora digam o contrário, nem Bin Laden nem seu grupo se vêem de fato como "literalistas". Se seguissem apenas ao pé da letra o que o Alcorão e a Suna do profeta determinam, jamais lançariam mão dos armamentos que usam: artilharia pesada, bombas e até aviões. Aprenderam a lição da História: no início da expansão islâmica, as armas utilizadas pelos exércitos muçulmanos eram equivalentes às dos inimigos, muitas vezes até superiores, com alguma inovação (foram os primeiros a se utilizar do petróleo para fazer explosivos, por exemplo). Mas, já estabelecidos em Estados consolidados, sempre que houve a obsessão de agir apenas como o profeta agiria, desprezando a evolução da tecnologia, os muçulmanos foram derrotados. Por exemplo: apesar de terem conhecido a pólvora antes dos europeus, os muçulmanos da Península Ibérica, estabelecidos ali por mais de oitocentos anos, ficaram em grande desvantagem frente aos reis católicos quando da Reconquista, apenas porque se recusaram a usar armas de fogo. Tudo porque, ao tempo do profeta, os inimigos eram mortos ao fio da espada. Mesmo quando muçulmanos lutavam contra muçulmanos, aqueles que se prendiam ao exemplo do profeta de uma maneira não elástica eram derrotados: o principal fator que levou os turcos otomanos a vencerem os mamelucos do Egito foi o uso do mosquete. Segundo o historiador egípcio Ibn Zumbul, citado por David Ayalon, um emir mameluco confrontou o sultão otomano Selim, dizendo:

> *Vocês montaram um exército de todas as partes do mundo: cristãos, gregos e outros, e vocês trouxeram consigo esse dispositivo engenhosamente criado pelos cristãos da Europa quando eles foram incapazes de enfrentar os exércitos muçulmanos no campo de batalha. É o mosquete, que até mesmo se for usado por uma mulher, dá a ela o poder de derrubar tantos homens. Se nós tivéssemos escolhido usar essa arma, vocês não nos teriam precedido no uso dela. Mas nós somos o povo que não descarta a Suna do nosso profeta Maomé, que é o* jihad *no caminho de Deus, com a espada e com a lança. Desgraçados sejam vocês: como podem atirar com armas de fogo contra aqueles que dão o seu testemunho de que só há um Deus e que Maomé é o seu profeta?*[1]

Da mesma maneira, se fossem literalistas, os radicais do Islã também haveriam de ser escravocratas, porque o Alcorão, assim como a Torá, não revogou a escravidão, uma prática generalizada na Antiguidade (e que sobreviveu até 1962 na Arábia Saudita). O Alcorão tenta amenizar a escravidão, aconselha que os proprietários de escravos os libertem na medida do possível, estabelece regras para que sejam tratados com humanidade, mas não impõe um fim a ela. O que todos os fanáticos do Islã fazem em relação a esse ponto é tentar explicar os motivos por que nem Deus nem seu profeta rejeitaram um sistema tão abjeto: há explicações para todos os gostos, a mais comum delas costuma ser a de que Deus, ao estimular a libertação de escravos, na verdade condenava a escravidão. Pode ser. Mas o que é isso senão uma interpretação?

Não, os terroristas islâmicos não são literalistas: o que fazem é interpretar radicalmente as Escrituras, assim como todos os radicais.

---

1 *Gunpowder and Firearms in the Mamluk Kingdom: a Challenge to a Medieval Society*, páginas 94 e 95. Ver bibliografia.

Essa característica dos radicais do Islã, no entanto, em nada os diferiria dos radicais de outras religiões. Seriam apenas fanáticos, religiosos fervorosos, intolerantes ou como mais queiramos chamá-los. O que os distingue de todo o resto é que diante da sua verdade, não importando se ela é fraudulenta ou não, eles se dão como missão impô-la a todos nós.

Usando a força.

Chamá-los de fundamentalistas, portanto, é um equívoco grave, porque os enobrece, levando multidões a crer que eles têm como propósito apenas seguir a religião tal qual ela é (ou tal como acreditam que ela seja). Isso pode ser uma característica deles, como a de muitos fanáticos de outras religiões, mas não é a principal, tampouco aquela que os define. O que os distingue é a crença não somente de que eles encontraram a verdade como também é dever deles impô-la a todos nós.

Isso não faz do radicalismo islâmico um "fundamentalismo", um "fanatismo", mas um "totalitarismo". Nesse sentido, eles estão mais perto de Hitler do que de Jim Jones, o fanático religioso que levou novecentos adeptos ao suicídio na Guiana, em novembro de 1978. Os que acompanham os meus artigos publicados na imprensa sabem que há anos venho dizendo isso. E é por isso que, neste livro, venho rotulando-os assim.

Diante desse quadro, é cada vez mais necessário usar as palavras certas. Os radicais do Islã não são perigosos porque são fanáticos, porque são "fundamentalistas"; eles são perigosos porque são totalitários. O que os define não é a religiosidade ou o fanatismo, mas a intenção de nos impor uma verdade que não é a nossa, de nos submeter a regras que nos desumanizam, de nos privar daquilo que nos define como homens: a nossa consciência e a nossa liberdade. Devem ser chamados pelo nome certo: os totalitários do Islã.

Voltando ao início, proponho que, toda vez que ouçamos alguém reduzir a atual conflagração mundial a uma guerra de religião, parafraseemos o rabino Tarfon e digamos: "Deus já nos deu as Escrituras. Agora deixe Deus fora dessa briga."

Talvez, assim, possamos lutar com mais desenvoltura contra os inimigos que nos ameaçam. Para isso, é preciso conhecê-los, saber de onde vêm, em que página da história estão as suas raízes. É o que pretendo fazer agora.

O Islã ultraconservador

Na tradição islâmica, movimentos de volta a uma origem idealizada, de purificação da religião, sempre se fizeram presentes. Ibn Taymiyya, um filósofo muçulmano do século XIII, e Al-Wahhab, do século XVIII, formam a base desse pensamento conhecido como *salafi*, uma palavra árabe que se refere aos tempos dos pioneiros do Islã. Cada vez mais se conhece o termo "wahhabismo", e ele é fundamental para se entender o extremismo religioso, base do terrorismo islâmico. O movimento surgiu na Arábia do século XVIII, pelas mãos de Muhammad ibn Abd al-Wahhab. Vindo de uma família de religiosos e professores, Al-Wahhab, desencantado com o que chamava de degradação do Islã, propôs um retorno radical às origens, contra todas as inovações. Sunita ultra-ortodoxo, tudo o que ele pregou partiu da ênfase na base monoteísta da religião islâmica: adorar apenas o Deus único.

A partir dessa idéia central, propôs uma interpretação radical (e para a maioria dos muçulmanos, equivocada) do Alcorão. As orações devem ser feitas somente tendo Deus em mente e, portanto, apelar pela intercessão de algum intermediário, como homens santos, é pecado gravíssimo (é proibido comemorar datas festivas, mesmo que seja o aniversário de Maomé). Deve-se viver como eles acreditam que o Alcorão prega, observando-se estritamente a Sharia (o código de leis muçulmano), e os costumes devem ser apenas aqueles mencionados nas *hadiths* (a coletânea de ditos e feitos de Maomé e seus companheiros). A música, a dança, o álcool e o fumo têm de ser banidos, e as mulheres ficam relegadas a uma condição de segunda classe. Os homens são obrigados a fazer as cinco orações, e, às sextas, devem comparecer às mesquitas, sob pena de para lá serem levados sob vara. E as punições físicas devem estar sempre em pleno vigor: adúlteros têm de ser apedrejados; ladrões devem ter o braço amputado; e a pena de morte contra assassinatos, por decapitação, deve ser executada em lugares públicos. E o mais importante: a lealdade deve ser total ao governante que tiver o Alcorão como lei.

Um movimento religioso que caiu como uma luva à Casa de Saud, que guerreava então contra outras tribos para tentar unificar a Arábia. Unidos, Wahhab e Saud obtiveram êxitos e fracassos, mas foi somente no início do século XX que um descendente seu, Ibn Saud, revivendo o wahhabismo do século XVIII, conseguiu vencer seus adversários e fundar a Arábia Saudita, como descrevi na segunda parte deste livro. Desde o início, o wahhabismo foi a religião de Estado, com grande ênfase na necessidade de manter no poder um rei disposto a seguir a lei de Deus. É uma seita tão sectária que sequer se admite como seita: chamar seus seguidores de wahhabistas é, para eles, uma grande ofensa; eles se consideram apenas o verdadeiro Islã (todos os outros muçulmanos, sejam sunitas ou xiitas, são considerados inferiores). Eles, no máximo, se permitem chamar de unitários (uma referência à adoração do Deus único) ou, também, *salafis*, uma referência às primeiras gerações de muçulmanos, os pioneiros do tempo do profeta (hoje, os *salafis* seriam aqueles que vivem como os pioneiros viviam).

A Casa Real saudita financiou todos os movimentos nos países vizinhos que pensassem de maneira igual, sem imaginar o monstro terrorista que estava criando. Foi dinheiro saudita que financiou a abertura de escolas (*madrassas*) wahhabistas em todo o mundo islâmico. E mesmo fora: muitas das mesquitas nos Estados Unidos foram construídas com dinheiro saudita. Talvez por esse motivo, o que o Ocidente acredita ser o Islã é apenas a pequena parte dele, a mais conservadora, a mais fechada, a mais repressora. O wahhabismo deu crias em todos os países árabes.

De um pobre reino perdido no deserto, a Arábia Saudita se transformou num país riquíssimo, graças ao petróleo. Em 1964, subiu ao trono o rei Faisal, que empreendeu um programa de modernização do país. Por mais tímidas e óbvias que fossem as medidas, o programa desencadeou uma forte oposição interna que acabaria levando ao seu assassinato. Com dois filhos tendo estudado nos Estados Unidos, Faisal, ainda como príncipe herdeiro, instituiu em 1960 a educação para mulheres, antes proibida no país, e, dois anos depois, aboliu oficialmente a escravidão (comprando os escravos remanescentes, libertando-os e, depois, baixando um decreto proibindo novos escravos). Ele também aceitou que tropas americanas ajudassem a proteger as fronteiras, durante um conflito com o Iêmen, e, em 1965, inaugurou a primeira rede de televisão no país. Este último ato provocou grandes protestos durante os quais um de seus sobrinhos acabou sendo morto. Dez anos depois, Faisal foi assassinado pelo irmão desse sobrinho. O rei Khaled, sucessor de Faisal, veria a Arábia Saudita ser sacudida por uma crise ainda maior e sem precedentes.

Em 1979, a Arábia Saudita se encontrava no meio de uma encruzilhada. Ao mesmo tempo que os governantes queriam dar pequenos passos rumo à modernização, não abandonavam o discurso ultra-religioso que os mantinha no poder. E, pior, não escondiam de ninguém a vida de luxos que se permitiam, tanto em seus palácios como em viagens ao exterior. Em novembro daquele ano, um enorme contingente de pelo menos quinhentos rebeldes, disfarçados de peregrinos, fortemente armados, tomou a Mesquita de Meca exigindo a queda da família real, o corte de relações diplomáticas com o Ocidente e a volta da Arábia Saudita aos seus valores tradicionais. O reino ficou em estado de choque, não sabendo como agir. Usar a força na mesquita poderia ser interpretado como um sacrilégio, mas nada fazer poderia representar a queda do regime: pelo sistema de alto-falantes, os rebeldes denunciavam os crimes da família real e começavam a ganhar certa solidariedade do povo. Comandos oficiais fizeram muitas tentativas para liberar a mesquita, mas fracassaram: havia muitos reféns e os rebeldes se encontravam nos muitos labirintos e subterrâneos de Meca, o terreno ideal para resistir. Tentou-se de tudo, até a ajuda de um comando francês, que somente entrou em ação depois que seus soldados se converteram, ao menos formalmente, ao Islã. Mas mesmo os franceses fracassaram. O governo saudita só obteve êxito quando lançou granadas em túneis escavados no solo, para que os rebeldes saíssem dos buracos e pudessem ser mais facilmente mortos ou capturados. Duas semanas depois, a revolta chegava ao fim: oficialmente, no embate foram mortos 127 soldados sauditas e 117 rebeldes, mas há quem fale que os mortos foram 4 mil. Os rebeldes que sobreviveram, 63, foram decapitados em janeiro de 1980, em oito cidades sauditas.

Depois da revolta, a Casa Real, em vez de liberalizar os costumes e avançar nas reformas, tornou-os ainda mais rígidos: as mulheres, que antes podiam viajar ao exterior apresentando um documento do pai ou do marido, passaram a só poder sair do país na companhia de um homem da família; mulher ao volante passou a ser uma proibição formal. Entre liberalizar os costumes, e cair, e radicalizar a rigidez da moral e dar origem a Osamas, os sauditas têm preferido a segunda opção, porque acreditam, erradamente, que Osamas podem ser expulsos do país e terroristas, caçados (e, de fato, o governo saudita tem tentado reprimi-los internamente). Quinze dos 19 seqüestradores dos aviões que se chocaram contra o Pentágono e as Torres Gêmeas eram sauditas.

Pode-se dizer que a rebelião de 1979, em Meca, é precursora da Al-Qaeda, mas a verdadeira origem ideológica do terror islâmico contemporâneo é mais remota. O mundo que o terror islâmico quer é parecido com o credo wahhabista, mas com algumas crenças a mais e algumas liberdades a menos. Se, para nós ocidentais, a liberdade é o direito mais sagrado, para eles a submissão a Deus é o dever mais absoluto. Como Deus é o criador de todas as coisas, tudo a Ele pertence e somente Ele pode ser o soberano de todos os homens. Só Ele pode ser adorado, só Ele deve ser obedecido. É à primeira vista uma crença que sunitas e xiitas compartilham, mas, aqui, ela ganha dimensões totalizantes. Como Deus já revelou as Suas leis e já anunciou que Seu último profeta foi Maomé, não abrindo assim possibilidade para um novo período de revelações, nenhuma lei feita pelo homem pode ser respeitada, sob pena de se incorrer no pecado da *Shirk* (adorar outro deus ou associar Deus a outro deus): porque respeitar outra lei que não a de Deus é o mesmo que reconhecer que há outro soberano que não Deus. Um muçulmano não tem nenhuma nacionalidade senão a sua crença. Votar em quem não adere a essa ideologia, portanto, é também um ato de *Shirk*, porque não é possível escolher um soberano — este é Deus. A crença de todo democrata — todo poder emana do povo — é *Shirk*, porque todo poder emana apenas de Deus e o governante só será obedecido se aplicar a lei divina. O mundo hoje se encontra no estado de *Jahilliyyah*, a completa ignorância que reinava antes da revelação do Alcorão. Depois dos primeiros anos após Maomé, inovações de todo tipo teriam desvirtuado o Islã de tal forma que a *Jahilliyyah* tomou conta de todos novamente. Mesmo os muçulmanos que se acreditam muçulmanos são *jahillis*, porque não seguem a religião com pureza.

A luta é, portanto, fazer o Islã vencer em todo o mundo, porque a mensagem do Alcorão é universal. É obrigação de todo muçulmano se engajar nessa luta, em escala mundial, até que a lei de Deus esteja implantada em todo o planeta. O mundo que eles querem é esse: todo ele islâmico, sem exceção. É um mandamento de Deus.

De que forma a revolução iniciada no século XVIII por Al-Wahhab degenerou num pensamento tão totalitário?

A Irmandade Muçulmana

É UMA JORNADA que tem início em 1928, com a criação da Irmandade Muçulmana no Egito. Quando Hasan al-Banna a criou, aos 22 anos, ele já não era mais aquele filho de um relojoeiro pobre e profundamente religioso do norte do país, mas um jovem e respeitado professor, formado pela tradicional Universidade de Al-Azhar, no Cairo, a mais prestigiada do país. Al-Banna, porém, ele próprio wahhabista (ou, se preferirem, *salafi*), daria um passo além, tornando a sua visão do Islã ainda mais radical. Ele postulou que a divisão do mundo muçulmano em nações-Estado era essencialmente antiislâmica. Al-Banna pregava a reunião de todos os muçulmanos numa só nação, sob o comando de um novo califa. Para ele, a miséria e os males que afligiam os países islâmicos do início do século, e ainda afligem, eram conseqüência direta dos desvios que o Islã sofreu ao longo dos anos. Ele costumava dizer de si, imodesto:

> *Sou um altruísta que, tendo desvendado o segredo sobre a existência, declaro ao mundo: "Minhas ora-*

ções, meu sacrifício, meu modo de vida são totalmente devotados a Deus. Ele é único. Isso me foi ordenado dizer e eu sou o primeiro dos muçulmanos."

E acrescentava: "O Islã é fé e devoção, é um país e é cidadania, é uma religião e um Estado, é espiritualidade e trabalho duro, é o Alcorão e a espada."

A Irmandade Muçulmana foi um sucesso imediato entre o povo pobre do Egito: seus membros se multiplicavam ao longo dos anos. No início, Al-Banna assim classificava o movimento por ele fundado: "A Irmandade tem uma mensagem *salafi*, segue o caminho dos sunitas [em oposição aos xiitas], é uma organização política, um grupo atlético, uma união científica e cultural, um empreendimento econômico e uma idéia social."

A Irmandade era tudo.

O texto mais popular de Al-Banna é também o mais curto: "Carta a um estudante muçulmano", escrito em 1935, em que ele ensina como um muçulmano deve se comportar no exterior. Há uma lista de obrigações duras, estritas, severas, mas o que mais sobressai é a visão que ele tem do Ocidente: uma região engolida pelo pecado.

> *Todos os prazeres trazidos pela civilização contemporânea não resultarão em nada senão dor. Uma dor que vai superar seus atrativos e remover a sua doçura. Portanto, evite os aspectos mundanos desse povo; não deixe que eles tenham poder sobre você e o enganem.*

Em 1934, já havia cinqüenta filiais da Irmandade em todo o Egito. Em 1939, passou a atuar como grupo político organizado e, depois de 1945, sofreu a sua mudança mais radical: aderiu à violência e ao terror, praticando assassinatos políticos com o objetivo de derrubar a monarquia egípcia — o Egito era governado pelo rei Farouk. A Irmandade já tinha então duas mil filiais, quinhentos mil militantes e o dobro de simpatizantes: eles abriam escolas, mesquitas, hospitais, fábricas. Dizia-se que a Irmandade era um Estado dentro de um Estado. A mudança radical foi possível porque Al-Banna foi quem primeiro modificou o conceito de *jihad* (literalmente "esforço", em árabe), antes sempre definido de duas maneiras: um "esforço" interno que o crente deve travar dentro de si constantemente para se manter no caminho reto (o *jihad* maior) e uma guerra defensiva propriamente dita, em caso de ataques de infiéis contra uma nação muçulmana (o *jihad* menor). Para Al-Banna, essa distinção estava errada por ter se baseado num relato falso de um dito de Maomé. No seu tratado "Jihad", Al-Banna diz:

> *Muitos muçulmanos hoje em dia erradamente acreditam que lutar contra o inimigo é o "*jihad *menor" e que lutar contra o próprio ego é o "*jihad *maior". A seguinte narrativa é dada como prova: "Nós voltamos do* jihad *menor para embarcar no* jihad *maior." Eles disseram: "O que é o* jihad *maior?" Ele [o profeta] respondeu: "O* jihad *do coração ou o* jihad *contra o próprio ego." Essa narrativa é usada para diminuir a importância da luta, para desencorajar qualquer preparação para o combate e para impedir qualquer oferta de* jihad *ao modo de Deus. Essa narrativa não é de boa origem.*

No tratado, Al-Banna explica, citando outro *scholar*, que a narrativa chegou até os dias presentes a partir de uma cadeia de testemunhos muito fraca, o que deixaria dúvidas sobre a sua autenticidade. Ele conclui dizendo que, mesmo se a narrativa fosse correta, em nenhuma hipótese ela teria o significado de levar ao abandono da luta, do combate em defesa do Islã.

O fundamental, porém, não é se existe ou não uma diferença entre o *jihad* menor e o *jihad* maior. O importante é que Al-Banna amplia a noção de *jihad*: deixa de ser uma guerra defensiva apenas por territórios perdidos ou ameaçados e passa também a ser a defesa do Islã como religião, contra todos aqueles que não a praticam corretamente. Assim, não somente um poder colonizador que oprime uma nação muçulmana (na época, o Egito era protetorado britânico) deve ser combatido, mas também um governo muçulmano que não pratique o verdadeiro Islã. *Jihad* passou a ser, assim, a guerra que o muçulmano verdadeiro tem obrigação de travar para reconverter o mundo muçulmano ao Islã puro, mesmo que, para isso, tenha de pagar com a própria vida. Esse chamamento ao *jihad* deve ser atendido por todos, sem exceção, mulheres e crianças, inclusive: "Se todos os crentes abandonam o chamamento pelo *jihad*, todos ficam em estado de pecado."

No livro *A mensagem dos ensinamentos*, Al-Banna diz:

> *Por sacrifício eu entendo se dar totalmente, sua riqueza, seu tempo, sua energia e tudo o mais pela causa do Islã. Não há* jihad *sem sacrifício, e não há sacrifício sem uma recompensa generosa por parte de Deus. Quem evita o sacrifício são pecadores. Por isso, queridos irmãos, vocês entendem o nosso slogan: A morte na luta por Deus é a nossa grande esperança.*

No mesmo livro, Al-Banna define os cinco objetivos da Irmandade: "Deus é o nosso objetivo, o Mensageiro é o nosso exemplo, o Alcorão é a nossa Constituição, o *jihad* é o nosso método e o martírio é o nosso desejo."

Não à toa, o slogan da Irmandade Muçulmana desde o início foi: "Preparem-se para o *jihad* e sejam amantes da morte."

Em 1948, a Irmandade foi posta na clandestinidade, seus bens foram confiscados e, no ano seguinte, Al-Banna, com apenas 43 anos, foi assassinado por agentes secretos do governo real egípcio, tornando-se um mártir para os fanáticos e um exemplo a ser seguido. O assassinato não teve o efeito que o governo egípcio imaginou: a Irmandade tinha milhões de simpatizantes, espalhados por todo o país, e eles já pareciam ter absorvido a mensagem de Al-Banna, como a que ele expôs no artigo "A indústria da morte": "Para uma nação que aperfeiçoa a indústria da morte e sabe como morrer de forma nobre, Deus dá uma vida de orgulho nesse mundo e eterna graça no mundo que está por vir."

Naqueles dias, militantes costumavam marchar pelas ruas do Cairo, gritando: "Nós não temos medo da morte; nós a desejamos." A frase com que a Al-Qaeda costuma terminar suas declarações — "vocês amam a vida; nós, a morte" — vem daí.

Em 1950, o grupo voltou à legalidade e recebeu o apoio do Movimento Nacionalista Pan-arabista do coronel Gamal Abd al-Nasser, que também tentava derrubar a monarquia. Em 1954, porém, quando Nasser assumiu o poder, a Irmandade exigiu que a Sharia se tornasse a lei no país. Nasser não a atendeu e a Irmandade foi posta novamente na ilegalidade. No mesmo ano, em outubro, seus adeptos tentaram matar Nasser durante um comício em Alexandria, em que o líder político falava de sua luta nacionalista. Oito tiros foram disparados contra ele. Nasser ficou calado, fazendo gestos para que a multidão se acalmasse. Em seguida, retomou o discurso e, horas depois, as palavras de Nasser puderam ser ouvidas em todo o Egito e em outros países, irradiadas pela Rádio do Cairo, o que o levou a ser uma das figuras mais populares do mundo árabe:

> *Ó meu povo. Eu, Gamal Abd al-Nasser, sou de vocês. Eu os redimo com o meu sangue. E viverei por vocês e morrerei trabalhando por vocês. Eu lutarei por sua liberdade e sua honra, ó homens livres... ó, homens. Mesmo que eles me matem, eu despertei em vocês auto-respeito. Então, deixem que me matem agora. Eu plantei liberdade nesta nação, dignidade, auto-respeito.*

Pelo bem do Egito e pelo bem da liberdade do Egito, eu viverei. E eu morrerei pelo bem do Egito![2]

A reação do novo governo egípcio foi furiosa: prendeu quatro mil militantes da Irmandade Muçulmana e cometeu o seu maior erro ao expulsar do país outros milhares de simpatizantes, que seguiram para Síria, Arábia Saudita, Jordânia e Líbano, internacionalizando o movimento. Na Arábia Saudita, foram abrigados com entusiasmo, na suposição de que eram simplesmente *salafis*, chegando a receber dinheiro do rei para que criassem a sua própria universidade em Medina. O impacto disso na vida de Bin Laden será grande. Em todos os países para onde fugiram, foram abertas seções da Irmandade. O Egito era, então, um centro para onde iam estudantes de todos os países árabes e, por isso, jovens de toda a região conheciam já os ideais da Irmandade: com líderes perto, abrir seções internacionais foi bem mais fácil.

Apesar da repulsa ao Ocidente, a Irmandade acenava, porém, até ali, com uma espécie de compromisso. No manifesto "Na direção da luz", Al-Banna tinha dito:

As pessoas imaginam que a nossa maneira muçulmana de viver nos desconecta do Ocidente. E isso só serve para perturbar nossas relações políticas com eles justamente agora que estávamos para estabelecê-las. Nada é mais fantasioso. Porque os porta-vozes do Ocidente sempre disseram que todas as nações são livres para estabelecer seus próprios caminhos, desde que não infrinjam os direitos dos outros.

2 Citado por Adnan A. Musallam em *From Secularism to Jihad, Sayyid Qutb and the Foundations of Radical Islamism*. Ver bibliografia.

Qutb, o ideólogo

MAS TUDO ISSO IRIA mudar ainda na década de 1950, com a aparição de Sayyid Qutb (pronuncia-se Kuh-tub), principal ideólogo da Irmandade depois do assassinato de Al-Banna pelos agentes secretos do governo egípcio. Na verdade, é Qutb, e não Al-Banna, quem hoje é o principal mentor dos atuais terroristas.

A história de Sayyid Qutb é a de um convertido, como já contei, longamente, numa série de três artigos de página inteira publicados no jornal *O Globo*, em abril de 2004, muito antes que a história dele saísse em livro, aqui e lá fora. E a conversão ao radicalismo muçulmano se deve em grande parte aos Estados Unidos. Egípcio como Al-Banna, Qutb passou a juventude entre a intelectualidade do Cairo, ambicionando uma carreira de escritor. Embora sempre muito religioso, demorou a ligar-se à Irmandade. Formou-se em educação e atuou como inspetor de escolas. Mais tarde, já trabalhando para o Ministério da Educação, foi mandado, em 1948, para os Estados Unidos, a fim de se inteirar dos métodos educacionais e dos currículos americanos. A idéia do governo egípcio era abrir-lhe os horizontes, mas o resultado foi trágico. Ele passou dois anos e meio nos Estados Unidos: Nova York, Washington, Colorado e Califórnia. A experiência certamente mudou a vida dele, mas teve uma influência ainda maior sobre as nossas.

Já na viagem de navio, de Alexandria a Nova York, ele enfrentou a situação mais embaraçosa de sua vida: à porta de sua cabine, uma mulher seminua e bêbada tentou seduzi-lo. Ela bateu à porta e, diante de um Qutb estupefato, perguntou se podia passar a noite ali. Ele respondeu polidamente que a cama era de solteiro, mas, ao ouvir dela que o tamanho era suficiente para duas pessoas, Qutb fechou a porta com tanta violência que a mulher caiu ao chão. Ele não era nenhum garoto, tinha já 42 anos de idade, mas o efeito daquele encontro o marcou para o resto de seus dias (ele permaneceu solteiro até a morte). Sem nenhuma base na realidade, anos mais tarde ele disse a seu biógrafo Abd al-Fattah Khalidi que a mulher seria uma agente americana, cuja missão era corrompê-lo.

John Calvert, professor de história da Creighton University, em Nebrasca, estudou a passagem de Qutb pelos Estados Unidos em seu artigo "O mundo é um menino sem modos: a experiência americana de Sayyid Qutb". O título é uma referência a um texto de mesmo nome que Qutb escrevera nos Estados Unidos, em que ele narra a lenda segundo a qual o Egito, uma linda senhora, a mais antiga civilização, ensinou tudo ao resto do mundo, representado por um menino. Milênios depois, quando o Egito, nas palavras de Qutb, precisou de apoio contra os ingleses, primeiro, e, depois, contra os israelenses, o mundo, aquele menino ingrato, virou as costas para o Egito. Qutb encerra o texto dizendo: "Oh, que mundo sem modos. Que menino sem modos!"

O próprio Qutb escreveu artigos e cartas sobre sua experiência americana, anos mais tarde reunidos por seu biógrafo em um volume chamado *América por dentro: através dos olhos de Qutb* (editado apenas em árabe).

Calvert nos conta que Qutb ficou pouco tempo em Nova York, mas o suficiente para detestá-la, classificando-a como uma grande oficina barulhenta e estrepitosa. Os nova-iorquinos tinham, segundo ele, a mesma sorte dos pombos que infestavam a cidade, "condenados a viver uma vida sem graça, entre engarrafamentos e empurrões". Logo, ele estava em Washington, no Wilson Teachers College, de Columbia University, tentando melhorar o seu inglês. Mas a repulsa por tudo o que era americano só aumentou. Qutb desabafou em carta a um amigo, segundo conta Calvert: "Eu preciso muito de alguém com quem possa conversar sobre outros assuntos, que não apenas dinheiro, estrelas de cinema e modelos de carro!"

Na mesma carta, ele disse que os americanos eram totalmente desinteressados da dimensão espiritual da vida e tinham péssimo gosto. Como prova da degeneração americana, Qutb descreveu um rapaz que estava a uma mesa de distância no mesmo restaurante, cujo corpo era marcado por enormes tatuagens representando um elefante e um leopardo: "Este é o gosto dos americanos."

Mas, àquela altura, Qutb ainda não tinha visto tudo. Ele se mudou pouco tempo depois para Greeley, uma cidade do Colorado, onde foi continuar seus estudos de inglês. Já chocado com o *american way of life*, Qutb só tinha olhos para ver degeneração e vícios nas mais singelas manifestações de vida. Como numa divertida tarde durante uma festa de igreja. Certo dia, Qutb visitou uma delas e viu casais dançando, à meia-luz, na presença das famílias e do pastor, que botava na vitrola a música "Baby, it's cold outside". Mais tarde, quando descreveu a cena, Qutb a pintou como a visão de uma bacanal:

> *A atmosfera era de sedução e a música servia para criar um efeito romântico e onírico. A dança intensificou-se, o salão fervilhava em pernas, braços enlaçavam*

braços, lábios tocavam lábios, peitos tocavam peitos, enfim, uma atmosfera cheia de sedução.

Até mesmo o hábito de dedicar o fim de semana a aparar a grama era visto por Qutb como sintoma da preocupação americana com o externo, o material, o fútil, e prova do egoísmo dos indivíduos. Detalhe: Greeley era uma das cidades mais conservadoras do Colorado, fundada em 1870 como uma experiência utópica de puritanos protestantes, que cultivavam valores rígidos (quando Qutb lá esteve, a venda de álcool era proibida, por exemplo). Greeley é conservadora até hoje, mas, para os olhos de Qutb, ela era a porta para o inferno.

Quando voltou para o Egito, descreveu o que viu como o reino do pecado e da decadência: para ele, as igrejas eram centros de lazer e *playground* sexual, a liberdade das mulheres era, mais que excessiva, um desrespeito aos valores mais sagrados de Deus, e os costumes, a vida social e política dos ocidentais, um atentado contra as leis divinas. Antes da visita aos Estados Unidos, Qutb era religioso e conservador, certamente. Mas a experiência americana o transformou num radical. Em 1951, Qutb aderiu à Irmandade Muçulmana e passou a ser o seu principal teórico. Chegou a colaborar com os oficiais que tomariam o poder no Egito, foi colaborador próximo de Nasser, mas, logo depois, desentendeu-se e se afastou completamente do governo. Depois da tentativa de assassinato de Nasser, em pouco tempo estaria preso.

Passou mais de dez anos na cadeia, foi libertado por um breve período, mas, mesmo sabendo que o risco de voltar à cadeia era grande, decidiu não emigrar. Quando publicou *Sinalizações da estrada*, sua obra mais conhecida e radical, considerada a bíblia do terror islâmico, foi preso por pregar a derrubada do governo, por conspiração e por traição. Julgado, foi enforcado em 1966. Durante todo o período em que esteve na cadeia não parou de escrever. O resultado é uma obra monumental, trinta volumes, iniciados antes da prisão, que ele chamou de *À sombra do Alcorão*, uma minuciosa exegese do livro sagrado dos muçulmanos. Ele escreveu outros 24 livros, que se caracterizam por impor demandas implacáveis aos crentes que se quiserem crentes. O ódio ao Ocidente, porém, será a grande marca de sua obra. A viagem aos Estados Unidos certamente abriu-lhe os horizontes, mas não na direção que a monarquia egípcia imaginava.

Como Al-Banna, Qutb não tinha dúvidas existenciais. À eterna pergunta — quem somos, de onde viemos e para onde vamos — ele tinha uma resposta simples:

> *O Alcorão explicou ao homem o segredo de sua existência e o segredo do universo ao seu redor. Disse-lhe quem era, de onde vinha, para que estava na Terra e para onde irá finalmente, Quem o trouxe do nada para a vida, a Quem retornará, e qual será seu destino final. Informou-o também sobre a natureza das coisas que toca e vê e daquilo que sente e imagina mas não consegue ver, Quem o criou e administra este maravilhoso Universo, Quem alterna noite e dia, e Quem renova e modifica tudo. Explicou-lhe, ainda, como se relacionar com o Criador, com o mundo físico e com os demais seres humanos.*

O salto teórico de Qutb foi o conceito de *Jahilliyyah* (a ignorância da humanidade antes que o Alcorão fosse revelado ao mundo). Para ele, pouco depois dos primeiros tempos do Islã, o mundo tinha voltado ao estado de *Jahilliyyah* e se encontrava nele até hoje, mesmo aqueles países, mesmo aquelas comunidades que se consideravam muçulmanos. Porque, na visão dele, ninguém viveria o Islã tal como ele deve ser vivido. Isso fica claro no seu livro *Sinalizações da estrada*:

> *A análise das fontes e bases do estilo de vida contemporâneo demonstra que o mundo inteiro está permeado pela* Jahilliyyah *[Ignorância da Orientação Di-*

vina] e que nem todo o conforto material ou invenções mais sofisticadas conseguem reduzir essa ignorância. A Jahilliyyah *advém de uma rebeldia contra a soberania de Deus sobre a Terra. Transfere ao homem um dos principais atributos de Deus — a soberania —, e confere a alguns o domínio sobre outros. Não se trata mais da forma simples e primitiva da antiga* Jahilliyyah *e, sim, de afirmar que o direito de criar valores, de legislar sobre as regras que ditam o comportamento coletivo e de optar por um estilo de vida pertence ao homem, sem qualquer respeito pelo que foi ditado por Deus. O resultado dessa rebelião contra a autoridade Divina é a opressão de Suas criaturas. Assim, tanto a humilhação do cidadão comum nos regimes comunistas como a exploração de pessoas e nações devido à ambição de riqueza e imperialismo dos sistemas capitalistas são apenas um corolário da rebelião contra a autoridade de Deus e a negação da dignidade concedida ao ser humano por Deus.*

Apesar das semelhanças, Qutb superou Al-Banna. Ele é o responsável pela principal transformação do movimento radical islâmico: se antes a luta era para devolver ao Islã a sua forma original e reunir todos os muçulmanos num só califado, depois de Qutb a meta passou a ser a conversão de todo o mundo ao Islã, sem exceção:

A Terra pertence a Deus e deve ser para Deus purificada, e não poderá ser purificada para Ele a não ser que se desfralde a bandeira: "Nenhum deus exceto Deus" sobre toda a Terra. O homem é servo apenas de Deus, e só poderá continuar a servi-Lo se desfraldar a bandeira: "Nenhum deus exceto Deus" — ou "La ilaha illa Allah" — como qualquer árabe com conhecimento de seu idioma o entenderia: não há soberania salvo a de

Deus, nenhuma lei salvo a que vem de Deus, e nenhuma autoridade de um homem sobre outro, uma vez que a autoridade, em seu mais amplo sentido, pertence a Deus. O "agrupamento" dos homens proclamado pelo Islã baseia-se tão-somente neste princípio de fé, a fé na qual todos os povos de todas as raças ou cores — árabes, romanos ou persas — são iguais sob a bandeira Divina.

Qutb não tem meias-palavras e diz, com todas as letras, que todos os que se opuserem à universalização do Islã devem ser combatidos:

O que se precisa entender é que o Islã deve aceitar o princípio de "La ilaha illa Allah" em seu mais profundo significado, ou seja: todos os aspectos da vida devem-se curvar perante a soberania de Deus, e todos que se rebelarem contra a soberania de Deus e a usurparem para si deverão ser confrontados; essa crença tem que ser aceita com coração e mente, devendo ser aplicada na vida do dia-a-dia e nos costumes dos homens.

Como atingir esse fim? Como universalizar o Islã? Qutb não vê outro jeito senão atingir essa meta por meio do *jihad*, e, para isso, ele dá um salto além do que Al-Banna já dera: se o *jihad* passou a ser visto por Al-Banna como uma guerra não somente em defesa de territórios do Islã, mas da religião propriamente dita, Qutb irá dizer que não faz sentido falar em *jihad* apenas como uma tática defensiva: o *jihad* é um mandamento de Deus para espalhar o Islã por toda a Terra. Para poder afirmar isso, ele teve de reinterpretar o versículo alcorânico já citado anteriormente, que proíbe toda e qualquer agressão:

Combatei, pela causa de Deus, aqueles que vos combatem; porém, não os provoqueis, porque Deus não estima os agressores. (Sura 2, 190)

Qutb dirá que o conceito de *jihad* está espalhado pelo Alcorão e deve ser entendido a partir de vários versículos, e não apenas de um, tomado isoladamente:

Os que falam sobre o jihad *no Islã e citam o Alcorão não consideram esse aspecto, nem tampouco compreendem a natureza das várias etapas pelas quais passa a evolução desse movimento, ou a relação entre esses versículos, revelada em diversos pontos de cada etapa. Assim, quando falam de* jihad, *são confusos e misturam suas diversas etapas, distorcendo todo o conceito de* jihad *e derivando dos versículos do Alcorão princípios definitivos e generalidades para os quais não há justificativa. Isso ocorre porque interpretam cada versículo do Alcorão como se fosse o princípio definitivo dessa religião. Esse grupo de intelectuais, produto do estado deplorável da atual geração de muçulmanos, não possui nada além do rótulo do Islã e simplesmente depositaram suas armas espirituais e racionais em sinal de derrota. Declaram: "O Islã ordenou apenas a guerra defensiva!", e julgam haver feito algo em benefício de sua religião ao privá-la de seu princípio, que é abolir todo tipo de injustiça da Terra, levar os povos a adorar somente a Deus, e livrá-los da servidão para com os homens para torná-los tão-somente servos do Senhor.*

Qutb é explícito ao dizer que o destino daqueles que se põem contra a expansão do Islã deve ser a morte:

Nenhum sistema político ou poder material deveria impor obstáculos à forma de se pregar o Islã. Deveria, sim, deixar a cada um a opção de aceitá-lo ou não, sem impedir ou perseguir os que decidirem por sua aceitação. Caso alguém o faça, o Islã deverá lutar contra essa pessoa até sua morte ou até que se submeta.

O *jihad* é, para ele, uma imposição de Deus:

Essa religião é, na verdade, uma declaração universal da libertação humana de qualquer servidão para com outros homens, bem como da servidão a seus próprios desejos, o que também é uma forma de servidão humana; é a declaração de que a soberania somente a Deus pertence e de que Ele é o Senhor de todos os mundos. Ela significa um desafio a toda e qualquer forma de sistema baseado no conceito de soberania dos homens; ou seja, da usurpação pelo homem de um atributo Divino. Qualquer sistema no qual as decisões finais são deixadas ao ser humano, e no qual as fontes de toda autoridade são humanas, deifica os seres humanos ao outorgar, não a Deus, mas a outros homens o domínio sobre seus pares. Essa declaração significa que a autoridade usurpada de Deus terá que ser a Ele restaurada e expulsos os usurpadores — os que se arvoram o direito de criar leis para que outros as cumpram, elevando-se, assim, ao nível de senhores e reduzindo os demais à condição de escravos. Resumindo, proclamar a autoridade e a soberania de Deus significa eliminar todo e qualquer reinado humano e anunciar o domínio do Sustentáculo do Universo sobre toda a Terra. Nas palavras do Alcorão: "Somente Ele é Deus nos céus e na Terra."

Para que não deixe margem de dúvidas de que se refere à guerra, Qutb busca refúgio na história dos profetas para dizer que só pregação não basta:

Estabelecer o domínio de Deus na Terra, abolir o domínio do homem, retirar a soberania das mãos do usurpador e devolvê-la a Deus, fazer cumprir a Lei Divina (Sharia) e abolir as leis feitas pelo homem são tarefas impossíveis de alcançar somente pela pregação. Aqueles que usurparam a autoridade de Deus e oprimem as criaturas de Deus não abrirão mão de seu poder simplesmente mediante a pregação; se assim fosse, teria sido extremamente fácil aos Profetas de Deus estabelecer Sua religião em todo o mundo! Isso seria negar os fatos históricos das vidas dos profetas e toda a história de luta da verdadeira religião, que se estende por gerações e gerações.

E, contrariando toda a jurisprudência alcorânica que o precedeu durante os séculos anteriores, Qutb deixa claro que não podem ser deixados em paz nem mesmo os países que se mantiverem neutros em relação ao Islã:

Talvez os inimigos do Islã julguem melhor não adotar qualquer medida contra o Islã, desde que este os deixe em paz em suas fronteiras geográficas, para que continue o domínio de alguns sobre os demais, e desde que não divulgue sua mensagem e declaração de liberdade universal em seus domínios. No entanto, o Islã não pode concordar com isso, a menos que eles se submetam à sua autoridade mediante o pagamento de jizyah *[um tributo], que constituiria uma garantia de que as portas se abririam para a disseminação do Islã, sem a interposição de obstáculos pela via do poder do Estado.*

Antes que o mundo se converta ao Islã, ou como etapa preparatória, Qutb dirá que é preciso criar um Estado muçulmano modelo, que dê o exemplo da virtude islâmica ao mundo.

Assim, a luta para que o Islã purificado vença, indistintamente, no Ocidente e nas terras muçulmanas, será mais fácil. Ele preconiza a necessidade de formação de uma vanguarda, que desse início à luta e a orientasse:

> *A beleza do nosso sistema não pode ser apreciada a menos que ele tome uma forma concreta. Por isso, é essencial que uma comunidade ordene a sua vida de acordo com ele e o mostre ao mundo. Para que isso aconteça, é preciso que o movimento para o renascer do Islã seja iniciado em algum país islâmico.*

Lendo essas declarações conjugadas, é impossível não lembrar a estratégia usada pela Al-Qaeda antes do 11 de Setembro: primeiro, estabeleceu-se no que considerava ser um Estado muçulmano perfeito, o Afeganistão dos talibãs, e, depois, tão logo pôde, declarou guerra ao mundo ocidental com os atentados às Torres Gêmeas e ao Pentágono.

Outro ponto na obra de Qutb faz lembrar a Al-Qaeda e o 11 de Setembro. Diferentemente de Al-Banna, para quem todo contato com o Ocidente devia ser evitado, Qutb enxergava a necessidade de que os muçulmanos aprendessem com não-muçulmanos toda sorte de técnicas e ensinamentos.

> *Um muçulmano pode ir a um não-muçulmano para aprender ciências abstratas como química, física, biologia, astronomia, medicina, técnicas em produção, agricultura, tecnologia, artes militares. A razão fundamental é que quando a comunidade muçulmana pura vier a existir, ela terá de ter expertos em todos esses campos em abundância, para não incorrer em pecado.*

Isso talvez explique por que, durante anos, os participantes do 11 de Setembro estudaram na Europa e nos Estados Unidos (e foi em escolas americanas que eles aprenderam a pilotar aviões).

Em seus escritos, e para justificar seu programa revolucionário, Qutb reinterpretou continuamente antigos mandamentos do Alcorão. Somente uma leitura bastante heterodoxa poderia justificar, por exemplo, o ódio que ele prega aos judeus e aos cristãos, tradicionalmente vistos por muçulmanos como "homens do Livro", ou seja, como parte da mesma tradição religiosa, filhos de Abraão e, portanto, merecedores de respeito.

O Profeta, que a paz esteja com ele, definiu claramente, de acordo com a Sharia, que "obedecer" é "cultuar". Tomando esse sentido do verbo "cultuar", quando judeus e cristãos não obedecem, eles se igualam àqueles que associam outros a Deus.

Assim, Qutb põe, então, judeus e cristãos no mesmo nível que os idólatras e politeístas, a quem o Alcorão mandou, num certo contexto histórico, punir com a morte. Vem daí, também, a retórica de Bin Laden e da Al-Qaeda sobre os novos "cruzados", o ódio a Israel e aos judeus de todo o mundo, e a luta que deve ser empreendida contra eles.

Mas a heterodoxia de Qutb, travestida de ultra-ortodoxia, deu outros passos. Como fez Qutb para conciliar sua interpretação segundo a qual impor o Islã ao mundo é um mandamento de Deus e a clara e reiterada proibição do Alcorão de converter qualquer pessoa à força ao Islã? Qutb disse que os estudiosos do Alcorão sempre erraram ao considerar as duas coisas inconciliáveis. Ele, formalmente, mantém a liberdade de crença:

O Islã não obriga ninguém a aceitar sua fé, mas pretende oferecer um ambiente de liberdade no qual todos possam escolher suas próprias crenças. O que pretende é abolir os sistemas políticos opressores sob os quais as pessoas não têm o direito de expressar sua liberdade de escolher em que acreditar, dando-lhes assim plena liberdade para decidir se querem ou não aceitar os princípios do Islã.

Mas ele próprio advertia:

No entanto, essa liberdade não significa que o indivíduo possa transformar seus desejos em seus deuses, nem que possa escolher permanecer sob o jugo de terceiros, deixando que alguns se tornem senhores dos demais. Qualquer sistema estabelecido no mundo terá que sê-lo sob a autoridade de Deus, e suas leis somente poderão vir Dele. Nesse contexto, todo indivíduo será livre, sob a proteção desse sistema universal, para adotar qualquer crença que deseje. Este é o único meio pelo qual "a religião" será purificada tão-somente para Deus. A palavra "religião" inclui mais do que simplesmente crença; "religião", na verdade, significa um estilo de vida, e no Islã este se fundamenta na crença. Entretanto, no sistema islâmico há espaço para que todos sigam suas próprias crenças sem deixar, ao mesmo tempo, de obedecer às leis do país que, por sua vez, fundamentam-se na autoridade Divina.

Ou seja, os homens serão livres para crer, mas terão de viver estritamente de acordo com a crença alheia. Algo semelhante acontece hoje na Arábia Saudita, onde a liberdade de religião é bastante restrita. Não é possível, para nenhuma outra religião, fazer cultos em público, fazer proselitismo religioso, tentar conquistar adeptos: o crente de outra religião só pode rezar em casa e, mesmo assim, sem a presença de pessoas de fora do meio familiar, porque, do contrário, arrisca-se a ser acusado de desobediência, uma vez que nunca se sabe ao certo a partir de que número de participantes um culto, mesmo realizado privadamente, torna-se público.

Qutb procura uma explicação racional para justificar por que a lei de Deus, a Sharia, deve ser imposta a todos os homens. Ele diz que Deus criou o mundo e impôs a ele leis universais que regem a natureza: a gravidade, o movimento dos astros, a química, o viver e o morrer, tudo segue uma lei que não pode ser alterada por mãos humanas. Ele então se pergunta: por que seria diferente com o comportamento humano? A Sharia seria a lei universal de Deus para o comportamento humano, mas, como o homem foi dotado de livre-arbítrio, segui-la é uma prerrogativa dele. Ocorre que não segui-la dá origem a um estado de desarmonia que explica todos os males do mundo contemporâneo:

> *Aquele que criou o Universo e o homem e Que tornou o homem obediente às leis que também regem o Universo estabeleceu também a Sharia para suas ações voluntárias. Se o homem seguir os mandamentos destas leis, sua vida estará em harmonia com sua própria natureza. Nesse contexto, a Sharia também faz parte daquela lei universal que rege todo o Universo, inclusive os aspectos físicos e biológicos do homem. Cada palavra de Deus, seja um mandamento ou proibição, promessa ou admoestação, regra ou orientação, fará parte da lei universal e será tão exata e verdadeira quanto qualquer das leis chamadas de "leis da natureza" — as leis ditadas pelo Divino para o Universo — que se aplicam a cada momento, de acordo com o prescrito por Deus para isso desde a origem da Criação. Assim sendo, a Sharia dada por Deus aos homens para organizar suas vidas é também uma lei universal, uma vez que tem relação com a lei geral do Universo e está em harmonia com ela. A obediência à Sharia torna-se uma necessidade para o ser humano para que suas vidas se harmonizem e entrem em sintonia com o resto do Universo; e mais, é também a única forma de*

se estabelecer harmonia entre as leis físicas que regem a vida biológica humana, por um lado, e as leis morais que regem seus atos voluntários mediante a obediência à Sharia. Somente assim alcança-se a integração entre a personalidade interna e a externa do homem.

No esquema teórico de Qutb, uma vez estabelecida a soberania de Deus na Terra, a forma política que o governo tomará não tem muita importância. Ele rejeita a solução teocrática, um grupo de clérigos governando o país, como intérpretes únicos da lei de Deus (como ocorre hoje no Irã xiita). Para ele, não importa muito como o governante será escolhido, e ele nada opõe a que o método seja uma eleição, por exemplo. O que deve ficar claro é que o poder do governante não lhe é conferido pelos eleitores. Na verdade, o governante não tem poder, porque sua função é apenas aplicar a lei de Deus, desde há muito estabelecida. Assim, ele só deve ser obedecido até que seja fiel aos mandamentos divinos. Se deixar de ser, o povo tem a obrigação divina de destituí-lo imediatamente. O governante é um entre iguais: é apenas aquele que aplica a lei. Qutb acredita firmemente que, quando a lei de Deus estiver operando, o mundo entrará num esquema de funcionamento tão perfeito que administrá-lo não será uma atividade de extrema complexidade. Ele prevê um sistema de consultas, um corpo consultivo, mas apenas para ajudar o governante a encontrar os melhores caminhos para implementar a lei de Deus. Trata-se de um mundo sem conflito, sem dissenso. Numa linguagem mais crua, que a história conhece: uma ditadura implacável.

A morte de Qutb em 1966, enforcado por Nasser depois de mais de dez anos na prisão, transformou-o num mártir. Seus adeptos foram perseguidos implacavelmente pelos ditadores árabes laicos das décadas de 1960 e 1970. Mas o Ocidente, ignorante dos reais propósitos dos radicais, chegou a enxergar neles um antídoto contra o comunismo no mundo árabe.

A Arábia Saudita, como se estivesse olhando num espelho, viu neles apenas ultraconservadores, e os incentivou. É conhecido o apoio que os radicais receberam na luta contra os soviéticos no Afeganistão. Faltou leitura. Qutb, já em 1965 em seu *Sinalizações*, recusava ambos os sistemas:

Até mesmo o mundo ocidental admite que a civilização ocidental é incapaz de apresentar valores saudáveis para orientar a humanidade. Sabe que não possui nada que satisfaça sua própria consciência e justifique sua existência. A democracia ocidental tornou-se estéril, a tal ponto que vem tomando emprestados elementos dos sistemas do bloco oriental, principalmente no tocante ao sistema econômico, sob o nome de socialismo. O mesmo ocorre no bloco oriental. Suas teorias sociais, das quais a principal é o marxismo, inicialmente atraíram não somente muitos seguidores no mundo oriental, mas também no Ocidente, por ser um estilo de vida baseado numa crença. Hoje, o marxismo foi derrotado no plano das idéias, e não será exagero afirmar que nenhuma nação no mundo é verdadeiramente marxista. De maneira geral, essa teoria está em desacordo com a natureza e as necessidades humanas. Essa ideologia só prospera em uma sociedade degenerada, ou em uma sociedade que se tornou acuada diante de alguma forma de ditadura prolongada. Atualmente, porém, mesmo nessas circunstâncias, seu sistema econômico materialista vem fracassando, embora tenha sido a única base de sustentação de sua estrutura. A Rússia, líder dos países comunistas, vem sofrendo com a escassez de alimentos. Embora na época dos czares a Rússia produzisse superávits de alimentos, hoje tem que importar alimentos do exterior e, para isso, vender suas reservas de ouro. O principal motivo dessa situação foi a falência do sistema de propriedades agrícolas coletivas, ou, em outras palavras, o fracasso de um sistema que vai contra a natureza humana.

De qualquer forma, países como o Egito, que se aproximou dos Estados Unidos depois da morte de Nasser, relaxaram a guarda contra os remanescentes do grupo, então em declínio. E arrependeram-se amargamente. No Egito, os adeptos da Irmandade foram todos novamente libertados por Anwar Sadat. Depois do acordo de paz com Israel, em 1979, a Irmandade tomou novo fôlego, promoveu ações contra o governo, que prendeu dois mil militantes. Para tentar acalmar os ânimos, Sadat prometeu estabelecer a Sharia no país, mas não o fez. Em 1981, fanáticos mataram Sadat, num de seus feitos mais ousados. Para justificar o crime, os quatro membros da Al-Jihad, um grupo que nasceu da Irmandade, citaram os estudos de Qutb sobre o religioso do século XIII Ibn Taymiyya, que pregava a purificação do Islã. Segundo Qutb, Taymiyya teria apoiado o sultão do Egito na guerra contra os muçulmanos mongóis do Irã, porque, "apesar de se dizerem muçulmanos, eles não seguem absolutamente todas as regras da religião e, por isso, podem ser considerados pagãos, contra quem a guerra é legítima". Ayman al-Zawahiri, o segundo na linha de sucessão da Al-Qaeda, era um membro desse grupo e foi preso após a morte de Sadat, tendo cumprido pena de três anos.

A origem da Al-Qaeda

O ASSASSINATO DE SADAT teve repercussões negativas para a Irmandade Muçulmana em todo o mundo árabe. Em 1982, o então ditador sírio, Hafez Assad, sufocou uma revolta liderada pela Irmandade na cidade de Hama, matando cerca de dez mil pessoas. A Irmandade continua ativa em todos os países árabes, mas deu origem a muitas dissidências: quase todos os grupos terroristas vêm dela. Além do Jihad Islâmico (a Palestina), o Hamas nasceu da Irmandade — o xeque Ahmed Yassim, assassinado por Israel em 2004, foi membro do grupo durante anos. E a história da Al-Qaeda é indissociável da Irmandade.

O primeiro grande parceiro de Bin Laden foi Abdullah Azzam, fundador da Irmandade Muçulmana da Palestina, que se desencantara com o laicismo de Yasser Arafat. Azzam não era um qualquer, mas uma das mais respeitadas autoridades em Sharia, tendo se graduado no assunto em Damasco, na Síria e, mais tarde, obtido um ph.D. na Al-Azhar, do Cairo. Depois de se desencantar com a Organização para a Libertação da Palestina (OLP), Azzam foi lecionar na Arábia Saudita, onde deu aulas para Bin Laden. Tão logo os soviéticos invadiram o Afeganistão, Azzam mudou-se para o Paquistão, decidido a fazer o que sempre quisera: dedicar-se de corpo e alma a um verdadeiro *jihad*. Em pouco tempo, ele foi para o Afeganistão, ajudar a organizar a guerra dos *mujahedeem* (guerreiro de um *jihad*), a partir da criação da MaK (Maktabu I-Khidamat, que quer dizer "escritório de serviços"), uma organização destinada a recrutar guerreiros em todas as terras muçulmanas, treiná-los e armá-los.

No mesmo período, Bin Laden, décimo sétimo filho de um bilionário saudita do ramo da construção civil, de origem iemenita, com a idade em torno de 25 anos, partiu também para o Afeganistão, juntou-se a Azzam e logo se tornou um dos líderes da organização por ser um dos seus maiores financiadores. Falar em biografia de Bin Laden com alguma propriedade é, na maior parte das vezes, algo temerário, em decorrência da escassez de fontes e dos mitos que se criaram em torno de sua figura. Os biógrafos são dependentes do relato de admiradores ou de ex-admiradores e, na ausência de outros documentos e fontes que confirmem as informações, tudo deve ser tomado com grande precaução. Talvez uma exceção seja o livro *O vulto das torres*, de Lawrence Wright, lançado em 2006, nos Estados Unidos. O autor, durante cinco anos, entrevistou um sem-número de pessoas, num trabalho realmente muito consistente. Ele conta que Bin Laden foi uma criança saudita como as outras, até a adolescência: costumava ver desenhos animados na televisão e assistir a filmes de *cowboy*. Aos poucos, no entanto, aderiu aos costumes mais rígidos da seita wahhabista, deixou de assistir à TV e até mesmo passou a jogar futebol usando calças compridas. Imitava o profeta Maomé em tudo: na maneira de comer (com os dedos da mão direita) e no fato de jejuar toda segunda e quinta. Tomou também a decisão de ser polígamo, mas não como o pai, que, para burlar o limite máximo de ter quatro mulheres, às vezes se casava e se separava da mesma mulher no mesmo dia: a rigor, tinha sempre quatro mulheres, mas um sem-número de casamentos. Bin Laden prometeu que teria apenas quatro mulheres, e cumpriu a promessa. Desde essa época, seu sonho foi praticar o *jihad* tal como o conhecia: segundo a interpretação de Qutb.

Apesar de ter tido aulas com Azzam, seu parceiro na MaK, Bin Laden bebeu diretamente na fonte: leu ainda jovem o livro *Sinalizações da estrada* e quase todos os volumes de *À sombra do Alcorão*, ambos de Qutb. Mais tarde, foi um assíduo freqüentador das palestras dadas por Mohamed Qutb, irmão do ideólogo, que se mudara para a Arábia Saudita na década de 1950, quando os adeptos da Irmandade foram perseguidos por Nasser. Não há dúvidas, portanto, de que Bin Laden se inspira nos ensinamentos de Qutb, embora, hoje, haja muitos outros autores (entre eles o próprio Azzam, que publicou vários livros) que desenvolveram, aperfeiçoaram ou até mesmo criticaram as teorias de Qutb.

É curioso ver hoje como o *establishment* religioso da Arábia Saudita tenta se distanciar de Bin Laden, com argumentos que chegam a ser engraçados. Engraçados, mas não ingênuos ou pobres intelectualmente. Porque todos eles são grandes estudiosos. No site salafipublications.com, há muitos artigos de eruditos tentando entender o que se passou no reino saudita que pudesse ter dado origem a desvios como o de Bin Laden. A conclusão é de que o reino deixou-se enganar ou foi enganado pelos membros da Irmandade que lá foram acolhidos quando perseguidos por Nasser. Acreditando que eram *salafis* "puros" (aqueles que acreditam que vivem o Islã como no tempo do profeta, sem inovações), os sauditas, que se consideram *salafis*, lhes deram plena liberdade para trabalhar em escolas e universidades durante décadas. Somente mais tarde, quando o movimento terrorista de Bin Laden eclodiu, no início dos anos 1990, é que teriam descoberto que eles traíram o reino ao lecionar livremente os ensinamentos de Al-Banna e Qutb. Os eruditos sauditas dizem que tarde demais se deram conta de que os dois não eram verdadeiros *salafis*, mas o seu contrário: inovadores da religião! A principal inovação, evidentemente, era pregar a derrubada de governos, especialmente do governo saudita. Um dos textos de salafipublications.com diz: "Todo *salafi* sabe que não se prega a derrubada de um governante justo, quando ele erra. Um *salafi* aponta os erros para que o governante possa mudar."

Como já disse aqui, os sauditas se ofendem quando são chamados de wahhabistas (porque isso dá a entender que eles cultuam outro que não o Deus único). Mas eles próprios tentam ofender Bin Laden chamando-o de qutbista! Na verdade, trata-se de uma guerra para ver quem é o Islã mais puro. Porque Bin Laden também renega o wahhabismo, e, portanto, o credo em vigor na Arábia Saudita, acusando-o de *Shirk* (adorar outro deus ou associar outro a Deus). Bin Laden acusa os sauditas de darem status de divindade a Al-Wahhab: "Eles deixaram Deus de lado para se submeter a outro senhor [Al-Wahhab]."

No Afeganistão, junto com Azzam, Bin Laden liderou o grupo de guerreiros árabes que ali estavam dispostos a lutar ao lado dos afegãos. Há muita controvérsia sobre o papel que de fato Bin Laden teve na guerra, se ele entrou ou não em combate, mas o fato é que a sua fama correu o mundo árabe, e ele soube como desfrutá-la. Foi nesse período, quando estava entre o Paquistão e o Afeganistão, que Bin Laden também travou conhecimento com o médico egípcio Ayman al-Zawahiri, então líder do grupo egípcio Al-Jihad, que, anos depois, viria a se tornar o segundo na hierarquia da Al-Qaeda. A guerra contra os comunistas do Afeganistão foi sem dúvida financiada pela CIA e outros serviços secretos ocidentais: ao menos indiretamente, não há dúvidas de que isso aconteceu. O próprio governo americano admite isso, mas alega que jamais negociou diretamente com Bin Laden: o dinheiro era repassado para o governo do Paquistão, que o repassava aos diversos grupos de *mujahedeem* do Afeganistão.

A maior parte do que o mundo acadêmico sabe hoje sobre a Al-Qaeda tem origem em dois lotes de arquivos. O primeiro deles é uma coleção de cartas, notas e documentos arquivados num computador apreendido na Bósnia, reunidos num volume chamado de *Tareek Osama* ("A história de Osama"), hoje parte da ação criminal contra Enaam Arnout, criador da Fundação Benevolente Internacional, com sede nos Estados Unidos. Com ligações comprovadas com a Al-Qaeda, a fundação foi fechada após o 11 de Setembro, e Arnout, preso. O outro lote de documentos foi reunido no Afeganistão, após a guerra, e está em poder do Departamento de Defesa dos Estados Unidos, mantido em sigilo em sua maior parte (no fim de 2005, 28 documentos foram liberados para o Centro de Combate ao Terrorismo, que fez um estudo com base neles). Além dessas duas fontes de informação (e das entrevistas que fez), Lawrence Wright estudou mais uma: e-mails e correspondências de pessoas ligadas à Al-Qaeda que Alan Cullison, repórter do *Wall Street Journal*, encontrou num computador que, casualmente, comprou em Cabul. Com base nesses três acervos, Wright recuperou os momentos que cercaram a fundação da Al-Qaeda.

Já no fim do *jihad* no Afeganistão (fim dos anos 1980), a Al-Qaeda, que quer dizer "a base", foi criada para atingir as seguintes metas: "Estabelecer a verdade, livrar o mundo de todo o mal e fundar uma grande nação islâmica." No seu conselho diretor, havia egípcios, argelinos, líbios e representantes de Oman, além de sauditas, é claro. Ela nasceu com uma estrutura ambiciosa, com comitês para assuntos políticos, militares, de administração, informação e segurança, que deveriam se reunir todos os meses em reuniões ordinárias. A primeira menção ao nome Al-Qaeda parece ter sido feita por Azzam, ainda em 1987, num artigo publicado no jornal *Al-Jihad*, em que ele se refere a Qutb e à pregação dele para a formação de uma vanguarda, que seria o motor da islamização do mundo. No artigo, Azzam dizia que essa vanguarda seria a "base sólida" (Al-Qaeda al-Sulbah) para se chegar à tão sonhada sociedade islâmica.

Em 11 de agosto de 1988, Azzam convocou Bin Laden e outros para discutir o futuro do *jihad*. Na reunião, decidiu-se criar um grupamento composto por árabes para atuar separadamente em relação aos outros grupos de *mujahedeem*, com o objetivo de manter o *jihad* depois da retirada dos soviéticos do Afeganistão. Em seis meses, 314 homens deveriam estar treinados. Uma semana depois, no dia 20 de agosto de 1988, numa nova reunião com os mesmos participantes, a Al-Qaeda al-Askariya (base militar) foi formalmente criada. No texto das notas manuscritas da reunião, estava escrito: "A mencionada Al-Qaeda é uma organização islâmica, cujos objetivos são empunhar a palavra de Deus e fazer vitoriosa a Sua religião."

Na reunião, os fundadores dividiram o trabalho militar segundo duas metas: as de curta duração, em que homens seriam treinados para lutar o restante do *jihad* no Afeganistão, e as de longa duração, quando os melhores homens seriam treinados num campo militar e se tornariam membros efetivos da Al-Qaeda.

Wright assegura que a reunião daquele dia 20 apenas formalizou o que secretamente, meses atrás, Bin Laden e seus acólitos já haviam decidido. Wright destaca que, mais tarde, Bin Laden, em seus pronunciamentos e entrevistas, não emprestaria mais nenhum significado especial ao nome Al-Qaeda. O autor reproduz uma declaração atribuída a Bin Laden:

> *O irmão Abu-Ubaydah al-Banchiri — que Deus guarde a sua alma — formou um campo para treinar a juventude contra a opressiva, atéia e verdadeiramente terrorista União Soviética. Nós chamamos aquele lugar de Al-Qaeda, no sentido de que aquilo era uma base de treinamento — e é daí que o nome vem.*

Criada a organização, Wright diz em seu livro que, no início, ser filiado à Al-Qaeda era antes de tudo um grande emprego: os novos recrutas recebiam a quantia mensal, enorme para a época e o lugar, de mil dólares (casados ganhavam 1.500 dólares), com direito ao pagamento de despesas médicas, um mês de férias todos os anos e passagens pagas para casa.

Em 1989, o parceiro de Bin Laden, Abdullah Azzam, foi morto num atentado que provocou a explosão do carro em que viajava, no Paquistão. Nunca ficaram claros os motivos reais do atentado, mas diz-se que Azzam discordava do uso dos fundos da MaK para a criação de uma organização como a Al-Qaeda. Azzam queria que eles fossem usados integralmente na construção do Estado islâmico no Afeganistão ou na luta contra Israel. Nunca ficou nada provado, e alguns dizem que insinuar que Bin Laden tenha alguma coisa a ver com o atentado é uma calúnia, se é que se pode usar este termo em relação a Bin Laden. Também dizem que o maior interessado na morte de Azzam seria Al-Zawahiri, porque, assim, ficaria sem rival junto a Bin Laden, mas novamente nada se provou nesse sentido.

Nove anos depois, com a derrota dos soviéticos, Bin Laden voltou para a Arábia Saudita como herói. A MaK teria treinado e doutrinado cerca de dez mil homens, que, de volta a seus países, Egito, Argélia, Arábia Saudita, Turquia, estavam prontos a organizar seus próprios grupos terroristas. De volta ao reino, famoso, Bin Laden, líder da recém-criada Al-Qaeda, passou a ser uma voz incômoda. Primeiro, envolveu-se nas disputas internas do Iêmen, após a unificação dos dois países (antes, havia o Iêmen do Norte e o do Sul). Bin Laden não se conformava que houvesse comunistas no novo governo, e, além de criticar abertamente o fato, viajava até o país vizinho para armar uma oposição interna. O governo saudita pediu muitas vezes que Bin Laden interrompesse essa atividade, mas não houve jeito: as autoridades tiveram de adotar a medida extrema de reter-lhe o passaporte, sem o qual ele não poderia viajar. Tudo piorou quando o Iraque invadiu o Kuwait, e a Arábia Saudita aceitou a ajuda americana para expulsá-lo de lá, evitando, assim, a invasão de seu próprio território.

Houve muita discussão, embora algo parecido já tivesse ocorrido, muitos anos antes, quando da guerra de fronteira contra o Iêmen. Bin Laden e muitos no reino não se conformavam com a ajuda de *kuffars* (não-muçulmanos) no que eles consideravam um *jihad*. Se eles tinham obtido êxito, sozinhos, no Afeganistão contra o império soviético, por que não seriam capazes de enfrentar Saddam Hussein? Os eruditos muçulmanos do reino foram obrigados a divulgar estudos provando por "a" mais "b" que, sim, a tradição permitia tal tipo de ajuda, contanto que fosse temporária. Mas Bin Laden nunca aceitou tais estudos e passou a desafiar a família real, acusando-a de não praticar o Islã puro, *salafi*. Sem o passaporte, Bin Laden estava como um prisioneiro em seu próprio país. Passou então a dedicar todos os esforços para ter o seu passaporte de volta. Sob a promessa de que voltaria ao Afeganistão para tentar intermediar uma guerra civil que eclodira entre as duas principais correntes islâmicas no país (o Talibã ainda não existia), e com a garantia de que não mais tentaria se envolver na política interna dos vizinhos da Arábia Saudita, Bin Laden conseguiu o seu passaporte de volta.

Em 1992, voou para o Afeganistão, onde passou menos de um ano, mudando-se depois para o Sudão, país governado por radicais islâmicos desde um golpe de Estado em 1989: já em 1990, interessado no dinheiro de Bin Laden, o novo governo sudanês tentava atraí-lo para lá. Bin Laden morou por quatro anos no Sudão, totalmente livre para continuar seus negócios (banco, construtora, empresa de exportação e importação). Durante aqueles anos, e quebrando a promessa que fizera aos sauditas, Bin Laden interferiu na vida do Iêmen, da Argélia e do Egito, apoiando os movimentos terroristas de cada um daqueles países. Em 1994, sofrendo pressões de todos os lados, o rei Fahd, da Arábia Saudita, revogou a cidadania de Bin Laden e proibiu que a família dele continuasse a remeter para o Sudão os milhões mensais a que tinha direito. Em 1996, o próprio Sudão, depois de ser posto como um pária pela comunidade internacional, por abrigar terroristas, tomou a iniciativa de pedir que Bin Laden deixasse o país, e ele acabou perdendo a maior parte dos investimentos que ali fizera. Do Sudão, Bin Laden voltou para o Afeganistão, tendo sido acolhido pelos talibãs que tinham assumido o poder havia pouquíssimo tempo. Bin Laden permaneceu naquele país até os atentados suicidas de 2001.

Suicídio ou martírio?

NEM AL-BANNA NEM QUTB jamais falaram em atentados suicidas, embora a defesa do sacrifício na luta pelo Islã sempre tenha estado em pauta: morrer por Deus, tornar-se mártir, é uma dádiva que não deve ser temida, mas desejada. No entanto, os dois pensadores jamais formularam uma teoria sobre a morte em atentados. O curioso é que o martírio pelo suicídio é uma das poucas coisas que unem xiitas e sunitas ao longo da história.

Ainda antes da queda de Saddam Hussein em 2003, quando os americanos anunciaram o uso de uma bomba superpotente, apelidada de "a mãe de todas as bombas", o comentarista Arnaldo Jabor saiu-se com a seguinte tirada na TV Globo: "Sabem por que aquela bomba gigante chama-se a mãe de todas as bombas? Porque vai gerar milhares de homens-bomba."

Parecia profecia, porque, já no dia seguinte, um militar suicida iraquiano explodiu o carro em que estava, matando quatro soldados americanos. E o então ministro das Relações Exteriores do Iraque, o cristão Tarik Aziz, deu as boas-vindas a quatro mil homens-bomba que teriam chegado ao Iraque para combater os Estados Unidos. De lá para cá é impossível contar o número de homens que se dispõem a morrer no Iraque explodindo-se para matar inimigos. O que é esse fenômeno que leva alguém a se matar para matar outras pessoas?

A mesma pergunta se fizeram os muçulmanos do século XI, quando pela primeira vez o fenômeno irrompeu naqueles lados do mundo, pelas mãos de uma seita que se dizia também muçulmana. E, diante da loucura do expediente, que contrariava todos os ensinamentos do Alcorão, a resposta encontrada foi uma só: haxixe, eles só podiam fazer aquela loucura drogados. Nunca se provou a tese, mas os muçulmanos apelidaram os adeptos daquele método de os *hashshashin* (os que fumam haxixe), palavra que entrou em muitas línguas como "assassinos".

Os suicidas pertenciam a uma seita fundada, em 1090, por Hasan e-Sabbah, um persa xiita que tomou a si o projeto de restabelecer o califado, restituindo-lhe a glória como no tempo do profeta (sempre a mesma história). O mundo islâmico, no ano de seu nascimento, em 1048, era xiita: desde 932, um poderoso grupo xiita, os *buwayhidas*, dominava Bagdá e ditava suas leis ao próprio califa, que era sunita. No Egito, um outro grupo xiita, os fatímidas, chefiava um segundo califado.

Mas as coisas logo começaram a mudar. Em 1055, os turcos seldjúcidas, sunitas, invadiram Bagdá, perseguindo os xiitas e fazendo prevalecer a crença sunita (o califa continuou a ser uma figura decorativa, sem poder real). Anos depois, no Egito, o califa xiita também passou a ser uma marionete nas mãos do seu vizir armênio. Hasan quis pôr um fim a isso, aliando-se a Nizar, o filho mais velho do califa do Egito. Seu plano?

Ataques suicidas contra seus oponentes.

O crime devia acontecer à luz do dia, no lugar mais movimentado da cidade, de preferência numa mesquita bem cheia durante as orações de sexta-feira, para que o ato tivesse ampla repercussão e provocasse medo. O primeiro crime aconteceu em 1092 e teve como alvo ninguém menos do que Nizam el-Mulk, o vizir turco que durante trinta anos organizara o poder sunita.

Ele foi assassinado por um adepto de Hasan em 14 de outubro de 1092. Apesar do sucesso da empreitada, o plano de restituir a glória ao califado fracassou, pois Nizar, o filho do antigo califa xiita, não conseguiu tomar o poder no Egito e foi emparedado vivo. Hasan não desistiu, porém. Ele organizou cada vez mais a sua seita com o objetivo de destruir seus oponentes sunitas. Seus crimes seguiram sempre a mesma técnica suicida: seus adeptos disfarçavam-se de pessoas comuns, pedintes, mercadores, crentes e, quando a vítima passava à sua frente, enfiavam-lhe a adaga até que morresse. Faziam isso sabendo que seriam mortos imediatamente, pois agiam sozinhos, sem possibilidade de defesa. Mas tinham sempre um sorriso nos lábios, porque acreditavam piamente em tudo o que Hasan lhes dizia: entrarão direto no Paraíso, terão autorização para ver a face de Deus, disporão dos serviços de 72 virgens e poderão indicar outros setenta parentes para que entrem também no Paraíso. A seita aterrorizou o Oriente Médio por mais de 150 anos, tutelou, pelo terror, muitos emires, até ser exterminada de vez pelos mongóis e sultões mamelucos.

De vez? Bem, o método deles ressurgiu em 1983, no Líbano, e agora, ironia da história, seus adeptos vivem o seu ápice com a Al-Qaeda, de Osama bin Laden, e seus congêneres do grupo Hamas e do Jihad Islâmico, todos ultra-ortodoxos sunitas, os inimigos contra os quais se batia a seita de Hasan e-Sabbah.

Estudos da Organização Mundial da Saúde sobre suicídio mostram que, considerando-se os países segundo as religiões neles majoritárias, as menores taxas se encontram em nações de maioria muçulmana. É um dado eloqüente. No

Alcorão, como em outras religiões, a condenação ao suicídio é de fato explícita:

> *Ó fiéis, não cometais suicídio, porque Deus é Misericordioso para convosco. Aquele que tal fizer, perversamente e de forma iníqua, introduzi-lo-emos no fogo infernal, porque isso é fácil a Deus. (Sura 4, 29-30)*

Contraditoriamente, porém, de 1983 a 2001, foram trezentos atentados suicidas, cometidos por 17 organizações islâmicas em 14 países (são estas as estatísticas mais recentes de que disponho). Os alvos eram americanos, europeus e, principalmente, israelenses. Como isso pode acontecer? É uma questão de semântica. Como em todas as religiões, também no Islamismo aquele que morre em defesa de sua fé é considerado um santo, tem lugar na eternidade, como os primeiros mártires cristãos, por exemplo.

É a isso que o Alcorão se refere:

> *E não creiais que aqueles que sucumbiram pela causa de Deus estejam mortos; ao contrário, vivem, agraciados, ao lado do seu Senhor. Estão jubilosos por tudo quanto Deus lhes concedeu da Sua graça. (Sura 3, 169-170)*

O que os terroristas fazem é isso: em vez de chamar o suicida pelo que é, chamam-no de mártir e dizem que ele morreu em defesa da religião, o que não é fato. Pronto, o Paraíso está garantido, a face de Deus será vista e haverá 72 virgens a servir o mártir.

Foram os xiitas que reintroduziram a prática do ataque suicida, adormecida desde o século XIII, com o fim da seita dos *hashshashin* (no século XVIII, houve surtos em Sumatra e nas Filipinas). O primeiro ataque contemporâneo aconteceu em 1983, no Líbano, quando o xiita Hezbollah atacou a embaixada dos Estados Unidos. Na época, o líder xiita do

Líbano, xeque Muhammad Hussein Fadlallah, manifestou reservas contra essa prática, o que levou o grupo a tentar, com êxito, respaldo no Irã. Após Israel ter saído da maior parte do Líbano (limitando-se a uma pequena faixa de fronteira), o Hezbollah diminuiu o número de atentados, mas, em 1993, os sunitas ultra-radicais do Hamas e do Jihad Islâmico começaram os ataques a Israel. A Al-Qaeda foi o último grupo a entrar na arena, em 1998, contra os Estados Unidos. A legitimá-los, os sauditas. Em 1989, o xeque Abd al-Aziz bin Baz, já falecido, mas então a mais alta autoridade islâmica da Arábia Saudita, classificou como uma guerra santa a luta dos palestinos contra Israel, o que abria caminho para que os suicidas fossem considerados mártires combatentes. E, em meados dos anos 1990, o xeque Muhamad bin 'Uthaimin, outra alta autoridade islâmica saudita, abençoou os ataques suicidas do Hamas. A comunhão de idéias entre esses grupos, xiitas e sunitas, mostra como os interesses políticos tornam os homens mais pragmáticos: Bin Laden é um ultra-ortodoxo sunita, desses que, se apertam a mão de um xiita antes das orações, sentem-se obrigados a fazer as abluções rituais novamente. Se o assunto é homem-bomba, porém, eles se entendem.

O perfil dos homens-bomba, pelo menos em Israel, joga luz sobre as causas do fenômeno: são jovens, têm entre 18 e 27 anos, solteiros, desempregados, de famílias pobres, com o secundário completo e freqüentam escolas religiosas financiadas pelo Hamas, que tem uma rede de centros educacionais e de caridade. Tornar-se um homem-bomba dá prestígio e dinheiro à família do morto (Saddam costumava anunciar prêmios de US$25 mil dólares).

Bin Laden e o futuro

BIN LADEN TEM SE MOSTRADO capaz de tudo. Aqui no Brasil, quando queremos dizer que alguém não é de fato maluco, afirmamos: "Ele é louco, mas não rasga dinheiro." Bin Laden rasga: sua fortuna, difícil de ser estimada (há divergências entre diversos autores quanto ao montante), foi sendo dilapidada desde que se lançou em seu *jihad* contra o Ocidente. Hoje, a Al-Qaeda conta com uma rede de centenas de grupos terroristas, espalhados no Oriente Médio, na Ásia, na Europa. Em novembro de 2001, um repórter paquistanês disse que Bin Laden lhe havia garantido que a Al-Qaeda possuía "capacidade nuclear". Esse mesmo repórter, em 2004, aproveitando-se da amnésia coletiva, repetiu a mesma história com grande sucesso (o repórter concedeu uma entrevista a uma TV australiana e a notícia voltou a varrer o mundo). Poucos lhe dão crédito.

Mas leiam isto. Existe um instituto em Israel dedicado a pensar o terrorismo. Chama-se The International Policy Institute for Counter-Terrorism (ICT), criado em 1996, em Herzliya. Um dos seus pesquisadores mais conceituados chama-se Yoram Schweitzer. Durante a Conferência Internacional sobre Terrorismo Suicida, realizada na sede do ICT em 21 de abril de 2000, Schweitzer dissertou sobre o tema "Terrorismo suicida, desenvolvimento e características". Depois de todos os dados históricos, do relato das ações mais recentes contra Israel, ele disse que o número médio de vítimas era de 9 a 13 por atentado. E, bem ao final, declarou:

> *O terrorismo suicida pode representar no futuro um grande potencial de risco se os terroristas fizerem operações combinadas com ações espetaculares, tais como explodir aviões ou usar armas de destruição em massa. Esta combinação vai aumentar imensamente o número de mortos de um simples ataque terrorista e vai ter um efeito psicológico terrível sobre o moral do público. Nesse nível, o terrorismo suicida se constituirá numa genuína e estratégica ameaça e será, provavelmente, enfrentado como tal.*

Schweitzer disse isso um ano e cinco meses antes do 11 de Setembro, quando, vale lembrar, 19 suicidas usaram quatro aviões para matar cerca de três mil pessoas. Como ele previu, a reação, à altura, desencadeou uma guerra, que estamos vivendo até hoje.

O mesmo pesquisador, quando confrontado em 2001 com a afirmação de Bin Laden de que já possuía capacidade nuclear, escreveu um artigo para desmenti-lo ("Osama e a bomba"). Schweitzer, entre outras coisas, disse que muitos ditadores investiram anos e milhões de dólares tentando, sem sucesso, desenvolver ou comprar armamentos nucleares. Não seria, portanto, assim tão fácil para Bin Laden, isolado nas montanhas afegãs, conseguir realizar seus desejos nucleares. Mas, também ao final do artigo, como fez em 2000, Schweitzer advertiu:

No entanto, é preciso ter uma atenção meticulosa para a habilidade criativa de Bin Laden. Ele não investiu seu dinheiro em aviões, equipamentos ofensivos ou explosivos para realizar o 11 de Setembro. Em vez disso, ele simplesmente usou as ferramentas de seus oponentes contra eles próprios. Tomando o controle de quatro aviões, usando recursos mínimos, ele teve sucesso, sendo o autor do pior ataque terrorista da história da humanidade. A lição deve ser clara para os encarregados da segurança mundo afora. Rigorosas medidas devem ser tomadas para inspecionar instalações e materiais não-convencionais. Nós não devemos ser pegos de surpresa novamente, se Osama bin Laden tentar tirar vantagens de nossa complacência ou negligência para virar nossas próprias armas contra nós.

Ou seja, o pesquisador esclarece que Bin Laden já tem capacidade nuclear: as nossas.

Estes são os totalitários do Islã, a face apodrecida de uma religião praticada por 1,1 bilhão de pessoas, que pregam a paz e a não-violência. Não importa o grau de conservadorismo das bases dessa religião, porque, por definição, também são conservadoras as bases de toda religião. O papa Bento XVI, pouco antes de sua histórica visita ao Brasil, classificou de chaga o segundo casamento de divorciados, para dizer o mínimo. E os católicos não deixam de ser católicos ou de se proclamarem como tal porque discordam de seu líder: sabem que ele é um homem como outro qualquer e que as opiniões dele podem estar erradas (a infalibilidade do papa é apenas um dos dogmas da Igreja Católica que, fora da hierarquia da Igreja, bem poucos católicos aceitam).

Quem quer que viaje pelo Oriente Médio pode sentir como as famílias muçulmanas vivem como qualquer outra família: há aquelas mais conservadoras, aquelas mais liberais, aquelas mais estreitas, as mais seculares. Há adolescentes que brigam com os pais, há os problemas domésticos cotidianos, há sonhos, vontade de aprender, de viver, de crescer. Já disse aqui e repito: é verdade que os muçulmanos são mais conservadores que os ocidentais em muitos aspectos. É verdade também que há mais machismo, misoginia, costumes mais rígidos. Mas como até muito pouco tempo atrás havia também, em grandes proporções, entre judeus e cristãos mundo afora. O movimento feminista foi fundamental para a consolidação dos avanços, ninguém pode negar (o voto feminino, algo que, hoje, parece ter sido sempre uma realidade, é uma conquista relativamente recente na história).

Por que, então, em tempos globalizados, o Islã ficaria imune a essas tendências? Não ficaria e, em alguma medida, não ficou, e a prova mais eloqüente disso é exatamente o totalitarismo islâmico, que não existiria se não fosse para tentar impedir, insanamente, mudanças. É engraçado ver muçulmanas francesas fazendo beicinho e querendo usar o véu em protesto contra a lei que proibiu símbolos religiosos em escolas públicas e, ao mesmo tempo, ter notícia do ódio que as meninas iranianas têm por serem obrigadas a usá-lo. É curioso também ver pela televisão muçulmanas inglesas em manifestações de protesto contra os Estados Unidos, sacudindo, com orgulho, o manto que lhes cobre o corpo inteiro e, ao mesmo tempo, saber que, na Arábia Saudita, as jovens saem às ruas, compulsoriamente, com os mesmos mantos, mas levemente mais curtos, para que todos possam ver a pontinha do jeans da moda que elas estão usando por baixo (e que foram comprados nos muitos shoppings do país, que só vendem roupas de grife). A diferença entre as muçulmanas que vivem na Europa e as que vivem no Irã e na Arábia Saudita é que as primeiras só vestem os véus e os mantos porque poderiam não vesti-los, enquanto as outras só o fazem porque são obrigadas.

O Islã se encontra travado por duas realidades nefastas: de um lado, as ditaduras seculares, que oprimem o povo, sufocam qualquer movimento reformista, laico ou não, censuram textos, proíbem a livre circulação de idéias. Como modernizar uma sociedade sem liberdade? Como fazer avançar os costumes sem debate? De outro lado, a própria reação dos totalitários do Islã é um empecilho à modernização, também em dois sentidos. Temendo fazê-los crescer, as ditaduras acabam por fazer concessões a eles inibindo ainda mais qualquer vento liberalizante. E onde eles não são poder, mas dominam áreas territoriais, impõem a sua ideologia pela força. Como resistir ao poder de pressão deles? Uma amiga recém-chegada do Líbano me contou que a situação, nas áreas dominadas pelo Hezbollah, é mais ou menos como nas favelas dominadas pelo tráfico, em que o morador não concorda com os traficantes, odeia o que eles fazem, mas se submete, com medo de ser morto. É uma tragédia que o mundo muçulmano viva entre esses dois extremos que se igualam: as ditaduras laicas e os totalitários do Islã.

O perigo é que, aqui e ali, as ditaduras são tão opressoras, e a oposição política laica está tão sufocada, que alguns jovens acabam vendo nos totalitários do Islã uma forma de combate, uma forma de protesto, uma forma de derrotar os opressores. Naquele caldo de ignorância em que vivem, muitos acabam seduzidos pela mensagem de um mundo de glórias futuras, de prosperidade, que nunca chegará. Não percebem ou não querem perceber que trocarão um opressor por outro.

O que fazer? Não existe uma resposta. Ou talvez só exista uma única: é acreditar que a liberdade, por definição fundamental aos seres humanos, acabe por se impor. O Ocidente pode ajudar de muitas maneiras, e a principal delas é se opor frontalmente e com todas as forças aos totalitários do Islã. Mas caberá sempre aos muçulmanos pacíficos do mundo inteiro, em cada país, encontrar uma forma de superar as dificuldades e encontrar o caminho da liberdade. Ao encontrá-lo, as mudanças virão, inevitavelmente.

Parte V

Algumas perguntas sobre a Guerra do Iraque

Toda guerra é má e toda paz é boa?

Diante do caos em que o Iraque está é quase um imperativo concordar com aqueles que eram contrários a que os Estados Unidos invadissem o país. Na época, eu estava entre aqueles que apoiavam a invasão. Hoje, já não tenho tantas certezas, mas não posso dizer que mudei de opinião. Não tenho dúvidas de que o caos no Iraque é resultado de uma sucessão de equívocos, mas, entre eles, não está a decisão de invadir o país. Contra minha posição, existem não somente os atentados diários mas, principalmente, a impossibilidade de se visualizar a alternativa: e se a invasão não tivesse acontecido, como o mundo estaria hoje, como os totalitários do Islã estariam organizados? A história não tem "se", sabemos todos, mas, para explicar o meu ponto de vista, é preciso antes fazer uma retrospectiva dos acontecimentos, para desmontar um raciocínio que se estabeleceu hoje como verdade: a invasão do Iraque foi um capricho unilateral dos Estados Unidos que, para tanto, mentiram ao mundo sobre a existência de armas de destruição em massa naquele país e voltaram as costas para a ONU.

Um bom caminho talvez seja o de fazer perguntas e tentar respondê-las. Assim, creio, o leitor terá mais facilidade de me entender e eu terei mais chances de poder me explicar.

A primeira pergunta é esta e, sei, para muitos vai parecer "batida" (mas diante do que ouço e leio acho importante insistir no ponto): toda guerra é má e traz péssimos resultados, enquanto toda paz é boa e só traz benefícios à humanidade?

Há vezes em que a paz só faz deixar crescer o inimigo, que se tornará uma ameaça cada vez maior. O grande exemplo histórico é o tal "espírito de Munique" a que Bush muitas vezes se referiu para defender a sua decisão de ir à guerra. Os anos 1930, verdadeiramente, têm muito a nos ensinar. Hitler assumiu o poder em 1933 e, desde o início, denunciou o Tratado de Versalhes pelas punições que impôs ao povo alemão: pesadas reparações de guerra aos vencedores, redução do território alemão em 10%, proibição de fabricar tanques, submarinos e armamento pesado, o estabelecimento do limite máximo de cem mil homens para as Forças Armadas e a decretação da Renânia como zona desmilitarizada.

E o que fez o mundo diante do repúdio de Hitler ao Tratado de Versalhes? Nada, acreditou nas palavras de paz do ditador alemão, que, a cada medida contra as limitações impostas à Alemanha, acenava com a oferta de novos tratados. Foi uma escalada em poucos anos. Em 1935, Hitler instituiu novamente o recrutamento de homens para o serviço militar. Não somente não foi contido como, no mesmo ano, conseguiu assinar com a Grã-Bretanha um tratado naval que reconhecia o direito da Alemanha de ter uma Marinha de Guerra. Em 1936, ordenou que o Exército marchasse sobre a zona desmilitarizada da Renânia. O próprio Hitler esperava uma reação firme da França e dera ordens a seus generais para que recuassem se houvesse resistência. Não houve, o que fez com que a ousadia de Hitler fosse cada vez maior. Em 1938, anexou a Áustria, e o mundo, com medo de uma guerra, ficou calado. No mesmo ano, reivindicou para a Alemanha os territórios de língua alemã da então Tchecoslováquia, os chamados Sudetos. O mundo ficou à beira de um conflito, mas França e Grã-Bretanha adotaram a política do apaziguamento.

Neville Chamberlain, primeiro-ministro britânico, esforçou-se pela paz. Em 1938, depois de intensas negociações, aceitou participar de uma conferência em Munique, convocada por Hitler e da qual participaram também o primeiro-ministro da França, Edouard Daladier, e o ditador italiano Benito Mussolini. O que fez Chamberlain? Cedeu os Sudetos a Hitler, sem consultar a Tchecoslováquia, e o fez assinar um papel dizendo que aquela era a sua última reivindicação territorial.

Quando Chamberlain desembarcou em Londres, uma multidão o aguardava em delírio no aeroporto de Heston. O primeiro-ministro leu um curto pronunciamento, dizendo que o acordo representava o desejo das duas nações de nunca ir à guerra novamente. E, sacudindo o acordo com as mãos, disse para a multidão: "Meus bons amigos, pela segunda vez em nossa história, um primeiro-ministro britânico retorna da Alemanha trazendo a paz com honra. Eu creio que é a paz para o nosso tempo. Vão para casa e tenham um sono tranqüilo."

As multidões também erram. Seis meses depois, Hitler tomou o que faltava da Tchecoslováquia e em setembro de 1939 invadiu a Polônia, dando início à Segunda Guerra Mundial. O movimento pacifista de então, portanto, acabou deixando que Hitler se fortalecesse. E foi a guerra que livrou o mundo do totalitarismo de Hitler.

Evidentemente, Saddam não era Hitler, nem o Iraque tinha o poderio militar da Alemanha nazista. Mas o que tenho tentado mostrar neste livro, e em artigos que publico desde 2001, é que, para o mundo, o novo totalitarismo é o terrorismo dos fanáticos do Islã. Como Hitler, eles se acham uma raça superior, querem impor a sua vontade ao mundo livre e, para isso, pretendem exterminar aqueles que consideram impuros. E, quando têm um Estado atrás de si, provocam um grande estrago. Osama bin Laden não faria o World Trade Center sem o Afeganistão, e o Iraque poderia vir a ser o seu substituto. É no que diziam acreditar os americanos. Essa visão vem sendo criticada mais recentemente por muitos analistas, entre eles Zbigniew Brzezinski, ex-conselheiro de Segurança Nacional do governo de Jimmy Carter. Em artigo publicado em março de 2007 no *The Washington Post*, ele diz:

> *Para justificar a "Guerra ao Terror" o governo criou uma falsa narrativa histórica que pode se transformar em profecia. Ao dizer que sua guerra é similar à luta dos Estados Unidos contra o nazismo ou o stalinismo (ignorando o fato de que a Alemanha nazista e a Rússia soviética eram potências militares, status que a Al-Qaeda não tem), o governo poderia estar preparando a argumentação para a guerra ao Irã.*

Trata-se de um exemplo claro de miopia ou falta de entendimento da argumentação alheia. Para não cair no mesmo erro dos adeptos da política do apaziguamento na década de 1930, que, com sua omissão, permitiram que a Alemanha se tornasse uma potência militar, os Estados Unidos decidiram invadir o Iraque: com o propósito de evitar que, uma vez rearmado, Saddam pudesse ser o patrocinador da Al-Qaeda no futuro. Nunca é demais repetir que Bin Laden só fez o que fez porque tinha a estrutura de um Estado por trás, o Afeganistão, por mais deficiente que ela fosse.

A segunda pergunta: é verdade que a Guerra do Iraque foi uma decisão unilateral dos Estados Unidos, que virou as costas para a ONU?

A guerra foi uma decisão unilateral dos Estados Unidos?

A RESPOSTA É SIM e não. A guerra acabou sendo uma decisão unilateral dos Estados Unidos, mas antes, e pela primeira vez na história americana, o presidente daquele país tentou quanto pôde obter a solidariedade internacional. E fracassou. Os Estados Unidos, no século XX, entraram em três conflitos mundiais para salvar a Europa de totalitarismos: nas Primeira e Segunda Guerras Mundiais e na Guerra Fria. Atacado em seu território, com as Torres Gêmeas no chão e o Pentágono, centro de seu poderio militar, em ruínas, os Estados Unidos pediram apoio da Europa para derrotar um inimigo que certamente é comum, mas a Europa disse não.

Hoje, a história está tão embaralhada, que é preciso desfazer alguns equívocos. A maior parte dos analistas critica os Estados Unidos por terem ido à guerra apesar do "veto" da ONU. Mas não houve veto algum. O que deixou de haver foi uma autorização, o que é coisa diferente: os Estados Unidos decidiram ir à guerra sem esperar mais por uma resolução dando o aval da ONU para a iniciativa.

Nada muito diferente do que ocorreu em todos os conflitos armados que os Estados Unidos patrocinaram durante o século XX, depois da criação da ONU. Uma das duas únicas exceções foi a Guerra da Coréia, que a ONU autorizou, graças a um cochilo de Stalin. A URSS estava em greve para forçar a substituição da China Nacionalista pela China Popular no Conselho de Segurança, quando Harry Truman, então presidente dos Estados Unidos, decidiu defender a Coréia do Sul contra o ataque da Coréia do Norte: mandou bombardeiros primeiro e só à tarde do mesmo dia fez passar uma resolução aprovando a guerra, aproveitando-se da ausência do representante soviético. Depois disso e por muito tempo, o sistema de veto e a Guerra Fria impediram qualquer tentativa de aprovar na ONU guerras daquele tipo (a outra exceção foi a Primeira Guerra do Golfo, em 1991, já após o colapso da URSS).

Os Estados Unidos sempre agiram à revelia da ONU, assim como os soviéticos. Um retrospecto, apenas da década de 1980 para cá, mostra que eles sempre agiram por conta própria, sem jamais pedir aprovação para seus atos. Em 1983, depois que um golpe da extrema-esquerda derrubou o primeiro-ministro de Granada, Maurice Bishop, ele também um esquerdista, Ronald Reagan invadiu a ilha e pôs no poder seus aliados. Seu objetivo era impedir que Granada se tornasse um satélite soviético. Em 1986, após muitas escaramuças, quando um atentado à bomba numa discoteca de Berlim matou duas pessoas, incluindo um americano, os Estados Unidos culparam a Líbia e lançaram um pesado ataque a Trípoli. Em 1989, depois de meses de provocações, o ditador panamenho Manuel Noriega sofreu a ira de George Bush, o pai: o Panamá foi invadido por 27 mil soldados, e Noriega, preso, foi levado para os Estados Unidos, onde cumpre pena de prisão perpétua por tráfico de drogas. Em 1994, o democrata Bill Clinton invadiu o Haiti para devolver o poder ao presidente deposto Jean-Bertrand Aristide. Em 1998, em resposta aos atentados à bomba às embaixadas americanas no Quênia e na Tanzânia, o mesmo Clinton desfechou um ataque aéreo ao Sudão, acusado de abrigar terroristas (acertou apenas numa fábrica de remédios, fato que os democratas de hoje fingem esquecer) e a campos de treinamento no Afeganistão, onde morreram seis terroristas, ninguém da liderança. E, em 1999, diante do veto russo na ONU à intervenção armada no conflito da Bósnia, Clinton conseguiu que a Otan entrasse no conflito para evitar o massacre dos muçulmanos de Kosovo.

Bush, ao contrário do que se diz, foi uma exceção. Ele se caracterizou sempre por tentar, até o último minuto, conseguir o aval da comunidade internacional para os seus atos. Tão logo os Estados Unidos sofreram os atentados de 11 de setembro de 2001, analistas do mundo inteiro imaginaram que Bush, seguindo a tradição de seus antecessores, daria uma resposta violenta e imediata, bombardeando, como de hábito, simultaneamente, e sem esperar por autorização de ninguém, o Sudão, o Afeganistão, o Iraque, a Líbia etc. Mas o que aconteceu foi muito diferente. Bush passou 26 dias, na ONU, tentando provar que Bin Laden era o autor dos ataques. Cobravam dele, diariamente, a "prova cabal". Naqueles dias, e por diversas vezes, Bin Laden declarara que não era o autor dos atentados. Já no dia 12 de setembro, Jamal Ismail, chefe do escritório da TV de Abu Dhabi em Islamabad, e que já entrevistara Bin Laden por diversas vezes, anunciou que tinha recebido uma ligação de um ajudante próximo do terrorista, por meio de um telefone via satélite, dizendo que ele dava os parabéns às pessoas que tinham conduzido o atentado, mas negava qualquer envolvimento. No domingo, dia 16 de setembro, a rede de televisão Al Jazeera, do Qatar, divulgou um vídeo em que Bin Laden, pessoalmente, lia um comunicado:

Eu quero enfatizar que eu não pratiquei tais atos, que, ao que parece, foram levados a efeito por indivíduos com suas próprias motivações. Eu tenho vivido no Emirado Islâmico do Afeganistão e tenho seguido as regras de seus governantes. O líder atual [do Afeganistão] não me autoriza a pôr em prática tais operações.

No dia 10 de outubro, o jornal paquistanês *Ummat*, sem revelar o nome do repórter ou o lugar em que ele fez o seu trabalho, divulgou uma extensa entrevista em que Bin Laden, novamente, negava todas as acusações. Essa reportagem, mesmo sendo de baixa credibilidade, foi reproduzida por todos os jornais ocidentais:

Eu já disse que eu não estou envolvido nos ataques do 11 de Setembro nos Estados Unidos. Como um muçulmano, eu dou o melhor de mim para evitar contar uma mentira. Eu não tinha nenhum conhecimento desses ataques nem eu considero um ato aceitável matar mulheres inocentes, crianças e outros seres humanos. O Islã proíbe formalmente tais práticas, mesmo no curso de uma guerra.

Com base nessas declarações (principalmente no vídeo da Al Jazeera), o governo do Afeganistão recusou-se a extraditar Bin Laden. E a ONU passou os dias cobrando as tais "provas cabais" que os Estados Unidos não conseguiram apresentar.

Ao contrário do que muitos pensam hoje, a ONU não concedeu aval para a invasão do Afeganistão. Os americanos foram à guerra com base em uma resolução anterior, que dizia que o terrorismo deveria ser combatido "por todos os meios".

Mesmo com a guerra já em curso, o lingüista Noam Chomsky, do MIT (Massachusetts Institute of Technology), apenas para citar um exemplo, ainda escrevia artigos e dava entrevistas dizendo que atacar o Afeganistão, sem provas, era um ato contrário à lei internacional:

Não há nenhuma justificativa para a guerra dos Estados Unidos contra o Afeganistão, porque ela está sen-

> *do levada a efeito para satisfazer interesses americanos. Os Estados Unidos não se importaram de mostrar ao mundo nenhuma evidência consistente para provar que uma pessoa determinada ou um país estejam por trás dos ataques de 11 de setembro.*

O apoio do mundo à invasão do Afeganistão veio *a posteriori*, apenas quando a autoria de Bin Laden ficou bem provada, com fitas de vídeo achadas em Cabul em novembro de 2001 (e que transcrevi no início deste livro). Em outubro de 2004, numa tentativa de se intrometer nas eleições americanas, Bin Laden divulgou uma nova fita, na qual confessava, sem nenhum constrangimento, a autoria dos atentados:

> *Nós atacamos vocês porque somos livres e queremos retomar a liberdade de nossa nação. Assim como vocês minam a nossa segurança, nós minamos a de vocês. (...) Deus sabe que não nos tinha ainda ocorrido às nossas mentes o ataque às Torres, mas depois que nossa paciência chegou ao limite e nós vimos a injustiça e a inflexibilidade da aliança israelo-americana contra o nosso povo na Palestina e no Líbano, a idéia veio à minha cabeça.*

Hoje, ninguém se lembra disso. Nem mesmo Noam Chomsky.

No caso iraquiano, a mesma coisa. Foi a insistência de Bush em conseguir o aval da ONU, e não o contrário, que pôs o mundo contra ele. Foram meses tentando convencer o Conselho de Segurança a autorizar a invasão do Iraque, caso ele não se desarmasse. Mas, como acontecera antes em relação ao Afeganistão, a ONU não concedeu seu aval. E Bush, depois de meses de tentativas frustradas, decidiu ir à guerra. Da mesma forma como fez com o Afeganistão, também com base numa resolução anterior da ONU, que dizia que o Iraque "sofreria conseqüências graves" se não se desarmasse.

Bush invadiu o Afeganistão sem autorização da ONU e não é mais criticado por isso, porque se provou depois que, de fato, Bin Laden era a mente por trás dos atentados. Com o Iraque, tivessem os Estados Unidos achado toneladas de armas químicas e biológicas, e o silêncio hoje seria também total.

Isso me leva à terceira pergunta: Bush e Tony Blair mentiram sobre a existência de armas de destruição em massa no Iraque como desculpa para invadir o país?

Bush e Blair mentiram sobre armas de destruição em massa?

Minha resposta é um sonoro não. É certo hoje que não foram encontradas armas de destruição em massa no Iraque, mas é ainda mais certo que a crença de que elas existiam fazia todo sentido à época. Não passa pela minha cabeça que chefes de nações democráticas como os Estados Unidos e o Reino Unido mentissem sobre a existência de armas de destruição em massa. Não se trata de ingenuidade minha (ou cinismo, se alguns preferirem). Creio que ingênuos são aqueles que acham que dois chefes de governos democráticos pudessem se arriscar a mentir sabendo que a mentira tinha data certa para ser descoberta: um dia depois da tomada de Bagdá. Com imprensa livre e atuante, tanto Bush quanto Blair sabiam que, quando nada encontrassem, seriam cobrados, como foram, de maneira contundente. Eles invadiram o Iraque porque acreditaram, com base em informes de seus serviços secretos, que as tais armas existiam ou que tinham grande chance de existir. Que os serviços secretos tenham errado é motivo de muito debate nos dois países (e de reformas futuras no modo de coletar e analisar informações tão importantes). Não faz sentido também dizer que a mentira seria logo esquecida, e perdoada, se o Iraque tivesse se estabilizado rapidamente: até que os atentados ganhassem a dimensão que têm hoje, passaram-se seis meses ou mais, durante os quais a imprensa não parou de bater um minuto sequer em Bush e em Blair porque nenhuma arma tinha sido encontrada. Foram chamados de mentirosos, acusados de enganar o mundo e sofreram enorme desgaste. Mas é importante também frisar que eles não estavam sozinhos nessa crença: era algo compartilhado pelo próprio Partido Democrata americano, por exemplo.

Na campanha presidencial de 2004, John Kerry, adversário de Bush, diversas vezes teve de explicar por que votara a favor do uso da força contra o Iraque, como fizeram também muitos democratas, a senadora Hillary Clinton inclusive. Nos vários encontros com a imprensa antes das primárias, pressionado, Kerry dizia coisas assim: "Foi o voto mais difícil da minha vida. Votei, para que os inspetores fossem aceitos pelo Iraque."

Kerry explicava que por sete anos e meio, desde o fim da primeira Guerra do Golfo, em 1991, os inspetores da ONU estiveram dentro do Iraque. E acrescentava: "E, de fato, nós encontramos mais coisas do que supúnhamos."

Depois disso, explicava, os inspetores foram expulsos do Iraque em 1998 e, por quatro anos, o mundo ficara sem informação sobre o que o Iraque estava produzindo. Se, nos sete anos e meio anteriores, a quantidade de armas encontradas foi muito além do que o próprio governo americano supunha, e se o trabalho de acabar com todo o estoque fora deixado incompleto, era legítimo supor que em quatro anos, sem a inspeção da ONU, o Iraque tivesse conseguido recompor o seu arsenal. Kerry declarava: "E eu acreditava que a única forma de os inspetores voltarem era dar a Bush a possibilidade de ameaçar, legitimamente, com o uso da força."

Para se defender dos ataques dos adversários democratas que tentavam assegurar nas primárias a condição de candidato do partido, Kerry fazia discursos e mais discursos. Vale a pena visitar ao menos um, feito no dia em que Saddam Hussein foi preso:

> *Ninguém pode duvidar que estamos mais seguros — e que o Iraque está melhor — porque Saddam está atrás das grades. (...) Sua captura nos mostra por que jamais devemos desistir de ter a mais poderosa força militar do mundo. (...) Hoje, enfrentamos um duplo perigo. De um lado, nós temos o presidente Bush, que jogou a América no rumo do unilateralismo. De outro, estão aqueles do meu próprio partido, que ameaçam nos levar para o rumo da confusão e da retirada militar. (...) O governador Dean [Howard Dean, oponente democrata de Kerry nas primárias] disse que só deveríamos ir à guerra contra o Iraque com autorização do Conselho de Segurança da ONU. Isso é um mal-entendido fundamental sobre como um presidente protege os Estados Unidos. Eu sempre disse que a América devia ter trabalhado para ter suporte internacional para a guerra. (...) Mas Howard Dean permitir um veto sobre quando a América pode ou não pode agir é mais do que um pretexto para nada fazer: é ceder para outros o dever presidencial de defender a América, um perigo profundo para a nossa segurança nacional e a estabilidade do mundo. (...) E eu acredito que aqueles que têm dúvidas sobre se o Iraque ou o mundo estão melhores sem Saddam e aqueles que pensam que não estamos mais seguros com a sua captura não têm o discernimento necessário para ser presidente ou a credibilidade para ser eleito presidente. (...) É falsa a escolha entre força sem diplomacia e diplomacia sem força. Precisamos de um corajoso e progressivo internacionalismo apoiado num indubitável poderio militar.*

Apesar dos ataques a Bush, o raciocínio de Kerry era o mesmo que moveu o presidente. O ponto a destacar, no entanto, é que não importa que as informações sobre armas de destruição em massa estivessem erradas, fato que só poderia ser descoberto *a posteriori*. Importa que, à época da invasão, democratas e republicanos tinham muitas razões para acreditar que o Iraque possuía as armas. E desarmá-lo era um imperativo a que nenhum presidente americano poderia voltar as costas, como admitiu Kerry. Saddam brincou de esconde-esconde quanto pôde. Acabou aceitando os inspetores de volta em 2002, mas não dava acesso irrestrito a todos os lugares. Ao fim do último prazo dado pelos Estados Unidos, o chefe dos inspetores da ONU, Hans Blix, não disse taxativamente que não havia armas. Ao contrário, ele alegou que não as tinha encontrado ainda, e pediu mais tempo. Os Estados Unidos não deram, e o resto é história.

Mas imaginemos que Bush tivesse concordado em dar mais tempo. Imaginemos que a ONU decretasse que o Iraque não tinha mais uma arma de destruição em massa sequer. Qual teria sido a conseqüência lógica? Saddam, prontamente, pediria o levantamento do embargo a que o Iraque era submetido havia 12 anos, e a ONU não teria outra opção senão concordar. Ele ficaria livre para vender petróleo à vontade e, com os cofres cheios de dinheiro, estaria livre para recompor seus arsenais em muito pouco tempo. E, com eles, poderia vir a ser o Estado-substituto do Afeganistão no acolhimento dos terroristas da Al-Qaeda. Este é o ponto fundamental, inescapável. Este era o risco que os Estados Unidos não estavam dispostos a correr.

E isso me leva à quarta pergunta: havia mesmo algum laço entre a Al-Qaeda e o Iraque de Saddam ou os dois lados, desde a invasão do Kuwait, eram inimigos mortais, sem possibilidade de aproximação?

Havia algum laço entre o Iraque e a Al-Qaeda?

TAL COMO ESTÁ COLOCADA, essa é uma questão difícil. Porque muitos documentos ainda estão por aflorar, e, sem eles, é complicado provar ou rechaçar alguma tese. A dificuldade é imensa: o governo americano conseguiu pôr as mãos em 134 milhões de páginas de documentos iraquianos. Até janeiro de 2006, 34 milhões dessas páginas tinham sido traduzidas e resumidas, encontrando-se à disposição dos investigadores (a maior parte ainda está sob sigilo, mas todos os relatórios produzidos até abril de 2007 tinham por base documentos dessa coleção já liberados). Esse número pode parecer superlativo, mas, como é comum acontecer em países que estão prestes a ser invadidos, os documentos mais sensíveis podem ter sido destruídos antes da invasão, o que sempre deixará uma margem grande de dúvida sobre a questão (aqui mesmo no Brasil, no dia da queda de Bagdá, a embaixada iraquiana em Brasília foi filmada queimando pilhas de papel). Outra fonte de informação do pós-guerra são os depoimentos dos prisioneiros, entre eles Saddam Hussein e membros de sua equipe de governo. Mas também os depoimentos não são fontes seguras de informação: não é razoável acreditar que Saddam tenha querido ajudar o governo americano a esclarecer as questões mais difíceis. A verdade virá à tona aos poucos, e talvez ela nunca chegue a merecer o adjetivo "completa". Eu construí a pergunta dessa forma porque é assim que ela vem sendo formulada pelos políticos americanos, o que se reflete na mídia. A pergunta certa, porém, seria: à época da invasão, havia justificativa para que os Estados Unidos temessem que o Iraque, na ausência do Afeganistão, passasse a abrigar os terroristas da Al-Qaeda? Feita assim, a leitura dos documentos secretos que hoje estão abertos à análise do público me leva mais a acreditar que sim. A leitura desses mesmos documentos, porém, tem levado outros a acreditar que não. Para que o leitor entenda por que as coisas se dão dessa maneira, teremos de percorrer um caminho longo.

Primeiro é preciso que analisemos os sinais que Bin Laden deu ao mundo. Não há dúvida de que quando Saddam Hussein invadiu o Kuwait, em 1990, Bin Laden se enfureceu, como todos os sauditas, mas ele esteve sempre entre aqueles que se opuseram ao pedido de ajuda aos Estados Unidos, considerando que se os muçulmanos foram capazes de expulsar os soviéticos do Afeganistão, por que não seriam capazes de livrar o Kuwait dos iraquianos? Com a expulsão de Saddam do Kuwait, a permanência de tropas americanas em terras sauditas, consideradas sagradas, foi quanto bastou para que Bin Laden passasse a se solidarizar com o Iraque. Em agosto de 1996, muito antes dos ataques do 11 de Setembro, Bin Laden emitiu uma *fatwa* (um decreto religioso), declarando guerra contra a "ocupação" americana das terras consideradas sagradas da Península Arábica (na verdade, contra a presença americana). Naquele decreto religioso, ele dedicou quase todo o espaço a condenar o regime saudita por cumplicidade com os americanos, mas em três momentos se solidarizou totalmente com o Iraque. Já na abertura, ele diz: "O sangue dos muçulmanos foi derramado no Iraque e na Palestina."

Adiante, ele acrescenta:

O Iraque foi selvagemente destruído, mostrando o alcance do ódio dos sionistas e cruzados contra os muçulmanos e suas crianças e a rejeição da idéia de substituir as forças dos cruzados por uma força islâmica composta pelos filhos daquele país e de outros povos muçulmanos.

O Iraque é ainda citado mais uma vez:

Mais de seiscentas mil crianças iraquianas foram mortas em função da falta de comida e remédios e também como resultado da agressão injustificada (as sanções) imposta ao Iraque e a seu povo. As crianças do Iraque são nossas crianças.

Em 1998, na famosa *fatwa* em que Bin Laden diz que é dever de todo muçulmano matar americanos e aliados, o Iraque ganhou lugar de destaque. Um dos trechos acusa os americanos de usar as bases em territórios sauditas para atacar os países muçulmanos vizinhos e diz:

A melhor prova disto é a contínua agressão dos americanos contra a população iraquiana utilizando a península como base de operações, embora todos os seus governantes sejam contra o fato de seus territórios estarem sendo usados com essa finalidade, mas estão impotentes diante disso.

E continua:

Apesar da grande devastação infligida sobre o povo iraquiano pela aliança cruzado-sionista, e apesar do enorme número de mortos, que supera a casa de um milhão... apesar de tudo isso, os americanos estão novamente tentando repetir os terríveis massacres, como se não estivessem contentes com o longo bloqueio imposto após a guerra feroz, ou com a fragmentação e a devastação causadas. Então, chegam buscando aniquilar o que ainda resta desse povo e humilhar seus vizinhos muçulmanos.

E no reconhecimento de que o Iraque era um país forte e poderoso, Bin Laden diz:

A melhor prova disto é sua ânsia de destruir o Iraque, o mais forte Estado árabe vizinho, e sua tentativa de fragmentar todos os Estados da região, tais como o Iraque, a Arábia Saudita, o Egito e o Sudão, e torná-los Estados de papel, por meio de sua desunião e enfraquecimento, garantindo a sobrevivência de Israel e a permanência da brutal cruzada de ocupação da península.

É uma prova eloqüente de que a Al-Qaeda procurava demonstrar apreço ao Iraque de Saddam Hussein. Bin Laden, no seu decreto religioso, reconhece com todas as letras que o Iraque é o Estado mais forte da região, o que fazia dele um porto estratégico potencial para que pudesse alcançar os seus objetivos de longo prazo. Tendo visto o que a Al-Qaeda conseguiu com o apoio de um fraco Afeganistão, o governo americano se convenceu de que não poderia permitir que, na ausência dele, o Iraque se tornasse uma base segura dos terroristas: Saddam, um inimigo declarado de longa data, não poderia mais ficar como uma ameaça disponível. O governo americano passou a considerar que era uma questão de importância estratégica exponencial eliminar essa ameaça potencial. Para este desafio, os Estados Unidos tentaram, pela primeira vez, obter a ajuda da Europa, ajuda que lhes foi negada.

A Europa defendia a tese de que meios pacíficos dariam conta de neutralizar o risco representado por Saddam, mas o governo americano não concordou: 12 anos de sanções severas contra o Iraque não tinham sido suficientes para mantê-lo quieto, bastando lembrar que, em 1998, ele expulsou de seus territórios os inspetores da ONU, ficando sem nenhuma supervisão internacional direta. A quase unanimidade da mídia internacional deu apoio à posição européia e não à americana. Com o atoleiro em que o Iraque se transformou, a própria mídia americana passou a ser uma crítica feroz da invasão. Como os Estados Unidos são uma democracia pujante, comissões bipartidárias foram montadas para rever a estratégia americana, e seus resultados são divulgados com grande repercussão. Pela natureza mesma do trabalho jornalístico, a divulgação dos relatórios tenta resumi-los a suas conclusões mais importantes e, nesse processo, nem sempre consegue um resultado que fuja às simplificações de um mundo todo preto ou todo branco. É assim que uma comissão chega à conclusão de que o Iraque não cooperou com a Al-Qaeda no 11 de Setembro ou em outros atentados, e a mensagem que a imprensa passa é que não havia laço algum entre as duas partes. Ou, pior, a imprensa passa a idéia de que, antes da invasão, não havia informações que embasassem a tese de que a Al-Qaeda e o Iraque pudessem vir a se tornar aliados.

Isso aconteceu quando da divulgação do relatório da comissão encarregada de entender o que falhou na tentativa de se evitar o 11 de Setembro (o nome oficial do grupo é Comissão Nacional sobre os Ataques Terroristas contra os Estados Unidos, cujo relatório final ficou conhecido como *9/11 Commission Report*). No dia 17 de junho de 2004, um dia após a divulgação do relatório, uma reportagem de Walter Pincus e Dana Milbank, do *The Washington Post*, por exemplo, levou o seguinte título: "Descartada ligação Al-Qaeda—Hussein". No corpo da matéria, os repórteres disseram: "A Comissão do 11 de Setembro relatou ontem que não encontrou nenhuma relação de colaboração entre o Iraque e a Al-Qaeda, pondo em questão uma das principais justificativas do Governo Bush para a guerra com o Iraque." A seguir, no meio do texto, os repórteres fizeram essa ressalva: "Os autores do relatório, com base em todas as informações secretas relevantes a que tiveram acesso, disseram que houve contatos entre o Iraque e a Al-Qaeda, mas não cooperação."

A reportagem, rapidamente, mencionou um ou outro encontro entre o Iraque e a Al-Qaeda, mas sempre para sublinhar que eles nunca foram adiante. E citou um pequeno trecho do relatório:

> *A comissão cita relatos de contatos entre o Iraque e a Al-Qaeda depois que Bin Laden foi para o Afeganistão em 1996, acrescentando: "Mas eles não resultaram numa relação de cooperação. Dois graduados companheiros de Bin Laden negaram de maneira inflexível que qualquer laço tenha existido entre a Al-Qaeda e o Iraque. Nós não temos nenhuma prova aceitável de que o Iraque e a Al-Qaeda cooperaram em ataques contra os Estados Unidos."*

Pronto, isso foi o que bastou. O que a comissão concluiu, com todas as letras, é que o Iraque não cooperou com os ataques de 11 de setembro (ou com ataques anteriores), mas a comissão, em nenhum momento, desmentiu que os serviços de inteligência tivessem informado ao governo americano que a Al-Qaeda tinha mantido contato com o Iraque de Saddam. Ao contrário. Vale a pena visitar o texto do relatório. O leitor terá a certeza de que, sim, as informações disponíveis à época davam suporte à tese de que, sem o Afeganistão, o Iraque de Saddam Hussein poderia vir a ser o seu novo Estado-protetor, mais robusto e mais rico, a partir do qual ataques contra os Estados Unidos poderiam ser lançados com força ainda maior.

No capítulo 2 do relatório, intitulado "A fundação do novo terrorismo", a comissão, sempre com base em informes secretos a que teve acesso, descreve movimentos de Bin Laden em 1994 em direção ao Iraque, buscando apoio e assessoria. O relatório primeiro aponta para as dificuldades da empreitada:

> *Bin Laden mostrou-se também disposto a explorar a possibilidade de cooperação com o Iraque, embora o ditador iraquiano, Saddam Hussein, nunca tivesse declarado qualquer programa em defesa do Islã — a não ser por sua postura oportunista de defensor dos fiéis contra os "cruzados" durante a Guerra do Golfo de 1991. Além do mais, Bin Laden já vinha patrocinando muçulmanos contrários a Saddam no Curdistão iraquiano, procurando atraí-los para seu exército muçulmano. (*9/11 Commission Report, *capítulo 2, página 61)*

Em seguida, o relatório explica que Hasan al-Turabi, o ideólogo do regime fundamentalista do Sudão por muito tempo e presidente da Assembléia Nacional daquele país nos anos 1990, conseguiu um compromisso entre Bin Laden e Saddam, principalmente para pôr fim ao apoio que o primeiro dava a movimentos separatistas curdos:

> *A fim de preservar suas próprias relações com o Iraque, Turabi aparentemente patrocinou um acordo no qual Bin Laden se comprometeria a parar de apoiar atividades contra Saddam. Bin Laden aparentemente honrou o compromisso, pelo menos durante certo tempo, embora tenha continuado a ajudar um grupo de extremistas islâmicos que operavam em determinada região do Iraque (o Curdistão), fora do controle de Bagdá. No final da década de 1990, esses grupos extremistas sofreram fragorosas derrotas por parte de forças curdas.*

> *Em 2001, com a ajuda de Bin Laden, reagruparam-se em uma organização chamada Ansar al Islam. Há indícios de que, a essa altura, o regime iraquiano tolerava e talvez tenha inclusive ajudado a Ansar al Islam na luta contra o inimigo comum curdo. (*9/11 Commission Report, *capítulo 2, página 61)*

No fim de 1994, segundo a Comissão do 11 de Setembro, Bin Laden e o Iraque já se entendiam, em encontros com enviados de Saddam:

> *Com o regime sudanês servindo de intermediário, o próprio Bin Laden se encontrou com o oficial sênior do serviço de inteligência iraquiano em Cartum, no final de 1994 ou início de 1995. Corre que Bin Laden teria solicitado algum espaço para montar campos de treinamento, além de auxílio para a compra de armas, mas não ficou comprovado que o Iraque tenha atendido seu pedido. Conforme descrito adiante, houve novas tentativas de estabelecer relações nos anos seguintes. (*9/11 Commission Report, *capítulo 2, página 61)*

Quando Bin Laden foi expulso do Sudão e já se encontrava no Afeganistão, ele prometeu ao líder dos talibãs, o mulá Omar, que não daria entrevistas ou declarações, principalmente contra a Arábia Saudita, um dos dois únicos países do mundo que, àquela altura, tinham reconhecido o novo governo afegão (o outro era o Paquistão). Bin Laden quebrou a promessa de todas as formas: soltou a *fatwa* de 1996, condenando o regime saudita, e deu logo que chegou ao país uma estrondosa entrevista para a CNN. Irritado, o mulá Omar levou Bin Laden para mais próximo de si, em Kandahar. Informes secretos daquela época dão conta de que Bin Laden, para precaver-se, teria enviado mensagens a Saddam. Isso está dito assim no relatório da Comissão do 11 de Setembro:

*Há indícios também de que, por essa época, Bin Laden enviou várias mensagens ao regime iraquiano, oferecendo cooperação. Não há relato de que alguma dessas mensagens tenha recebido qualquer resposta mais concreta. De acordo com um relatório, na ocasião, os esforços de Saddam Hussein no sentido de reconstruir as relações com os sauditas e outros governos do Oriente Médio o levaram a manter distância de Bin Laden. (*9/11 Commission Report, *capítulo 2, página 66)*

Em 1998, dois anos depois, teria sido o Iraque que procurou Bin Laden, sempre segundo informes secretos feitos à época e divulgados pela comissão:

Em meados de 1998, a situação se inverteu; foi o Iraque que aparentemente tomou a iniciativa. Em março de 1998, após a fatwa *anunciada por Bin Laden contra os Estados Unidos, dois membros da Al-Qaeda teriam ido ao Iraque para se reunir com a inteligência iraquiana. Em julho, uma delegação iraquiana viajou ao Afeganistão para se encontrar, primeiro com os talibãs e, a seguir, com Bin Laden. Segundo algumas fontes, uma ou talvez ambas as reuniões foram organizadas por meio do vice egípcio de Bin Laden, Al-Zawahiri, que teria relações pessoais com os iraquianos. Em 1998, o Iraque encontrava-se sob crescente pressão americana, a qual culminou com uma série de fortes ataques aéreos em dezembro. (*9/11 Commission Report, *capítulo 2, página 66)*

O relatório da comissão dá conta de outros possíveis encontros:

Pode ter havido outras reuniões semelhantes entre autoridades iraquianas e Bin Laden ou seus assessores em

*1999, quando ocorreram algumas dificuldades com os talibãs. Segundo relatos, autoridades iraquianas teriam oferecido a Bin Laden asilo seguro no Iraque. Bin Laden declinou, aparentemente achando que sua situação no Afeganistão ainda lhe era mais favorável do que seria a alternativa iraquiana. Os relatos descrevem contatos amistosos e indicam alguns pontos em comum no ódio votado por ambas as partes contra os Estados Unidos. (*9/11 Commission Report, *capítulo 2, página 66)*

E, então, o relatório chega à conclusão que ganhou mais destaque na mídia:

*Até agora, porém, não encontramos qualquer prova de que esses e outros contatos anteriores tenham realmente evoluído para um relacionamento operacional de colaboração. Não há também qualquer prova de que o Iraque teria cooperado com a Al-Qaeda para montar ou realizar qualquer ataque contra os Estados Unidos. (*9/11 Commission Report, *capítulo 2, página 66)*

Ocorre que a falta de colaboração concreta não inviabilizava a tese de que pudesse haver uma colaboração futura, especialmente num período em que o Afeganistão tivesse deixado de ser um abrigo. Ao contrário, todos os informes secretos que o relatório divulga mostram que essa possibilidade, à época, era algo bem concreto. No capítulo quarto do relatório ("Reação aos primeiros ataques da Al-Qaeda") fica claro que, já em 1999, quatro anos antes da guerra, o Governo Clinton temia que um ataque ao Afeganistão, então em gestação, pudesse fazer Bin Laden se esconder no Iraque:

Clarke [Richard Clarke, chefe dos serviços de combate ao terrorismo] ficou nervoso com essa possibilidade, pois ainda receava que Bin Laden fugisse para ou-

tro local menos acessível. Escreveu para o vice-assessor de segurança nacional, Donald Kerrick, relatando que fonte confiável havia dito que Bin Laden se reunira com autoridades iraquianas, que "talvez tenham lhe oferecido asilo". Outras fontes de inteligência indicavam que alguns líderes talibãs, mas não o mulá Omar, haveriam insistido com Bin Laden para que fosse para o Iraque. Se Bin Laden realmente passasse para o Iraque, escreve Clarke, sua rede ficaria a serviço de Saddam Hussein, e seria "virtualmente impossível" encontrá-lo. Seria melhor pegar Bin Laden no Afeganistão, Clarke declara. Berger [Sammuel Berger, conselheiro de Segurança Nacional de Clinton] sugeriu enviar um sobrevôo de U-2, mas Clarke se opôs até a isso. Seria preciso aprovação do Paquistão, escreveu; e "o serviço de inteligência paquistanês está na cama com Bin Laden" e o avisaria que os Estados Unidos se preparavam para uma campanha aérea de bombardeio: "Armado com essa informação, a velha raposa Osama provavelmente vai se mandar para Bagdá." (9/11 Commission Report, *capítulo 4, página 134)*

Este mesmo Clarke, mantido no cargo até 2003, tornou-se depois um crítico ácido de Bush, acusando-o de não ter tomado todas as medidas possíveis para combater o terrorismo antes dos ataques de 11 de setembro. Criticou também duramente a decisão de invadir o Iraque, talvez se esquecendo de seus próprios temores anos antes. Publicou um livro, *Contra todos os inimigos*, em que narra como Bush, desde o primeiro momento após o 11 de Setembro, teria querido culpar o Iraque pelos ataques. Clarke virou celebridade: deu muitas entrevistas na televisão, sempre com os mesmos ataques a Bush. Mas o que ficou mesmo para a história foi o seu depoimento à Comissão do 11 de Setembro. Nele, Clarke pediu desculpas às famílias dos mortos no atentado. Desculpas devidas, já que de 1992 até 2003, ocupando diversos cargos no combate ao terror, ele foi sempre o chefe do grupo de combate ao terrorismo. Na comissão, ele disse:

> *Vejo também com bons olhos essas audiências, porque finalmente teremos um fórum no qual poderei pedir perdão aos entes queridos das vítimas do 11 de Setembro. Aos presentes aqui nesta sala, aos que nos vêem pela televisão, seu governo os decepcionou, aqueles que receberam a missão de protegê-los falharam, e eu os decepcionei. Fizemos o possível, mas não importa, porque fracassamos. E pelo fracasso, eu pediria — agora que os fatos estão expostos — a sua compreensão e o seu perdão.*

De tudo o que expus aqui, pode-se dizer que a Comissão do 11 de Setembro não invalidou a tese do governo americano de que, sem o Afeganistão, o Iraque poderia vir a ser o novo Estado-protetor da Al-Qaeda: os informes dos serviços secretos davam sustentação a essa tese. Isso não ficou claro nas reportagens sobre o relatório, quando ele foi divulgado.

A tal ponto, que, hoje, a tese que vem se impondo é que o governo americano, mesmo sabendo que não havia ligações entre Bin Laden e o Iraque, forjou essa ligação, para ir à guerra de qualquer modo. Não é isso que a leitura dos documentos mostra, mas, mesmo que essa tese seja verdadeira, o que os seus defensores deixam então de explicar é por que, se Saddam não era sabidamente uma ameaça, Bush levaria o país à guerra de qualquer modo? Loucura, burrice, maldade, caprichos pessoais (já li até que foi para completar um trabalho deixado por fazer por seu pai, em 1991)? Procuro ver sempre o lado racional das coisas, e, diante da complexidade do quadro existente à época, essas explicações não me parecem convincentes. São do agrado das multidões, são atraentes, mas têm uma base pouco sólida. Os presidentes americanos têm, de fato, um enorme poder, mas quem conhece a democracia americana sabe que aquele país não é levado à guerra nem por loucura nem por caprichos pessoais: há o Congresso, a Justiça, o sistema militar e os serviços de informação, cuja lealdade é ao país, não ao presidente.

A cada novo relatório, no entanto, a idéia de que foram inventados os laços entre Saddam e a Al-Qaeda se fortalece. Isso é fomentado também, em grande medida, pela luta política interna entre democratas e republicanos.

No dia 8 de setembro de 2006, a Comissão de Inteligência do Senado divulgou o relatório intitulado "Descobertas do pós-guerra sobre os programas iraquianos de armas de destruição em massa e ligações do Iraque com o terrorismo e como essas descobertas se relacionam com as informações do pré-guerra." O título é bem explícito sobre as intenções da comissão: e, de fato, o relatório mostra incongruências entre os achados do pós-guerra e as informações disponíveis antes da guerra. Não se trata de um julgamento sobre se Bush mentiu ou não. Mas, no dia da divulgação do relatório, o senador democrata Carl Levin, presidente da Comissão das Forças Armadas e membro da Comissão Especial de Inteligência, fez um discurso no qual acusou Bush e seus aliados de mentirem ao mundo deliberadamente. Ele citou declarações de Bush, de Donald Rumsfeld, ex-secretário de Defesa, e de Dick Cheney, vice-presidente da República, e de Paul Wolfowitz, ex-subsecretário de Defesa. Fiquemos com as afirmações de Bush, Rumsfeld e Wolfowitz.

Bush, em 25 de setembro de 2002:

> *A Al-Qaeda se esconde. Saddam, não. Mas o perigo é que eles trabalhem em sintonia. O perigo é que a Al-Qaeda se torne uma extensão da loucura de Saddam e seu ódio e sua capacidade de espalhar armas de destruição em massa pelo mundo. Não se pode fazer uma distinção entre a Al-Qaeda e Saddam quando se fala em guerra contra o terror.*

Rumsfeld, em 26 de setembro de 2002:

Temos o que julgamos serem provas confiáveis de que os líderes da Al-Qaeda buscaram contatos no Iraque que os ajudassem a conseguir armas de destruição em massa.

Bush, em 14 de outubro de 2002:

Este é um homem [Saddam] que nós sabemos que teve conexão com a Al-Qaeda. Este é um homem que, em meu julgamento, gostaria de usar a Al-Qaeda como um exército avançado.

Wolfowitz, em 6 de fevereiro de 2003:

E, o pior de tudo, suas [de Saddam] conexões com terroristas, que vêm de décadas, e que começaram há cerca de dez anos com a Al-Qaeda, estão crescendo a cada dia.

Diante dessas declarações, o senador Levin escreveu que o relatório da Comissão de Inteligência do Senado era "uma denúncia devastadora das tentativas implacáveis, enganosas e ilusórias do Governo Bush-Cheney de convencer o povo americano de que Saddam Hussein era ligado à Al-Qaeda". Com esse propósito, disse o senador em seu texto, Bush ignorou sistematicamente as informações dos serviços secretos existentes à época:

Em junho de 2002, a CIA declarou que "nossa avaliação das ligações entre a Al-Qaeda e o Iraque se baseia em um conjunto de relatos fragmentados e conflitantes originários de fontes com diversos graus de confiabilidade". Esse mesmo relatório diz que "as ligações entre

Saddam e Bin Laden são muito parecidas com as que existem entre serviços de inteligência rivais". A Agência de Inteligência do Ministério da Defesa declara, em avaliação realizada em julho de 2002, que "não foi possível estabelecer provas contundentes que demonstrem a colaboração direta entre o governo do Iraque e a Al-Qaeda".

No mesmo texto, o senador continuou afirmando que Bush mentira sobre o Iraque, mesmo tendo as informações corretas à mão:

A CIA avaliou, em janeiro de 2003, que "Saddam Hussein e Osama bin Laden estão longe de serem parceiros naturais", e que Saddam "encara os extremistas muçulmanos que operam no território do Iraque como uma ameaça". A CIA, ainda em janeiro de 2003, avaliou que Saddam via a Al-Qaeda com "profunda suspeita", acrescentando que "as relações entre Saddam e Bin Laden mais se parecem aquelas entre dois atores independentes tentando explorar-se mutuamente".

O leitor há de ter notado que Levin "editou" trechos dos relatórios dos serviços secretos. Para julgar, então, o comportamento do governo americano, o melhor que se tem a fazer é conhecer as citações com uma "edição" mais ampla, que dê todo o retrato do que estava sendo dito. Temos aí uma dificuldade. O corpo do relatório não divulga a íntegra dos trabalhos dos serviços secretos mencionados. Não divulga nem mesmo trechos mais longos de todas as citações, mas apenas de algumas. Mesmo assim, dá para notar que o sentido dos informes da CIA era diverso daquele que o senador pretendeu lhes emprestar.

Em primeiro lugar, não há em si mal algum em que a CIA diga que "nossa avaliação das ligações entre a Al-Qaeda e o

Iraque se baseia em um conjunto de relatos fragmentados e conflitantes originários de fontes com diversos graus de confiabilidade". Essa é a natureza mesma de um trabalho de inteligência. A própria Comissão de Inteligência do Senado reconhece isso, na introdução do seu relatório:

> *Espionagem não é uma ciência perfeita e nós não devemos esperar perfeição de analistas da Comunidade de Espionagem. É perfeitamente possível a um analista fazer uma análise meticulosa e habilidosa e estar completamente errado. Da mesma forma, é também possível que uma análise descuidada resulte num acerto, por pura sorte.*

Portanto, o importante não é registrar que a CIA dispunha de análises contraditórias de fontes de diversos níveis de confiabilidade. O importante é saber qual a conclusão a que a CIA chegou, após a análise de todas as informações e da avaliação sobre a idoneidade de todas as fontes. Este é o "x" da questão. Há muitos documentos ainda sob sigilo e, quando forem liberados, é possível que o quadro mude de figura. Mas, hoje, pelo que demonstram os documentos já liberados, nos momentos que precederam a guerra, a CIA acreditou que era grande a possibilidade de haver laços entre Saddam e a Al-Qaeda. E essa conclusão foi de fundamental importância na tomada de posição do governo à época.

A análise mais ampla do outro trecho citado por Levin é reveladora. Refiro-me à frase "as ligações entre Saddam e Bin Laden são muito parecidas com as que existem entre serviços de inteligência rivais". Ao citá-la, o senador quis dar a entender que os dois mais se vigiavam do que qualquer outra coisa. Mas a omissão da parte final da frase fez toda a diferença:

> *Em contraste com a tradicional relação patrão–empregado que o Iraque costuma manter com os grupos*

palestinos seculares, as ligações entre Saddam e Bin Laden são muito parecidas com as que existem entre serviços de inteligência rivais, com cada uma das partes tentando explorar a outra em seu benefício próprio.

Ou seja, ao contrário do que a citação de Levin insinuava, a CIA não estava dizendo que a Al-Qaeda e o Iraque eram inimigos, ao se comportarem como serviços secretos rivais, mas, sim, que tentavam estabelecer relações que pudessem trazer benefícios a cada um dos lados, algo bem diverso. Isso fica ainda mais evidente em outro trecho. No texto de Levin, ele diz apenas que a CIA atestava que "Saddam e Bin Laden não são parceiros naturais". O trecho completo é bem mais esclarecedor:

Saddam e Bin Laden não são parceiros naturais, mas vêm mantendo cautelosos contatos e algum treinamento conjunto. Os dois grupos, porém, continuam a desconfiar dos motivos um do outro e, até o momento, não pudemos documentar nenhuma atividade operacional em conjunto.

É ou não desonesto dizer que, para a CIA, Saddam e Bin Laden não são parceiros naturais, omitindo que, àquela altura, o serviço secreto acreditava que as duas partes tinham mantido contatos e feito treinamentos em comum?

A desonestidade fica mais evidenciada quando se lêem outras partes do relatório da Comissão de Inteligência do Senado. Como esta citação de um relatório da CIA intitulado "Apoio iraquiano para o terrorismo", de agosto de 2002:

A interação entre o Iraque e a Al-Qaeda é movida por uma antipatia mútua contra os Estados Unidos e a família real saudita, bem como pelo interesse de Bin Laden em armas não-convencionais e locais para reposicionamento (novos deslocamentos). Contrastando com o relacionamento entre patrão e empregado existente entre o Iraque e seus prepostos palestinos, a relação entre Saddam e Bin Laden parece-se mais com a de serviços de inteligência rivais, onde cada um tenta explorar o outro em seu próprio benefício — ficando essa atitude de desconfiança mútua subordinada ao interesse da Al-Qaeda na ajuda iraquiana e ao interesse de Bagdá pelos ataques da Al-Qaeda contra os Estados Unidos.

O que a CIA quis dizer no relatório citado por Levin era que, apesar de independentes, Al-Qaeda e Iraque tinham interesses comuns que, de algum modo, eram maiores do que as suspeitas que cada um dos lados alimentava contra o outro. Foram essas informações que subsidiaram o governo na tomada de decisão (e que só alimentavam o temor de que, no futuro, os dois atores pudessem vir a estreitar relações). O relatório da Comissão do Senado acrescenta mais esta informação:

Durante seu depoimento à Comissão de Inteligência do Senado em setembro de 2002, o diretor da CIA, George Tenet, disse que "as informações secretas indicam que os dois lados, em vários momentos, discutiram asilo, treinamento e não-agressão. Há vários relatos de que a Al-Qaeda sugeriu ao Iraque iniciativas terroristas conjuntas, mas, em nenhum caso, nós podemos dizer que o Iraque aceitou ou deu seqüência a essas sugestões".

Na análise das informações obtidas no pós-guerra, o relatório da Comissão do Senado traz o seguinte dado:

O FBI apresentou dois resumos de declarações emitidas por Saddam Hussein a respeito da ligação entre seu regime e a Al-Qaeda. O resumo declara que, quando informado de que haveria provas contundentes de encontros anteriores entre o governo iraquiano e Bin Laden,

Saddam teria respondido "sim". Diante da sugestão de que ele deve ter colaborado com a Al-Qaeda, porque "o inimigo de meu inimigo meu amigo é", Saddam respondeu que os Estados Unidos não eram inimigos do Iraque. Declarou que o Iraque só se opunha às políticas americanas. Especificou que, se quisesse colaborar com inimigos dos Estados Unidos, teria se aliado à Coréia do Norte ou à China.

É um pequeno, mas eloqüente "sim" de Saddam, que corrobora as informações que a CIA repassou ao governo americano sobre os contatos entre Bin Laden e o Iraque. O senador Levin e o relatório da Comissão de Inteligência decidiram pôr ênfase na ausência de cooperação entre as duas partes. É risível a declaração de Saddam segundo a qual o Iraque não era inimigo dos Estados Unidos, mas, mesmo admitindo que Saddam tenha falado a verdade sobre a ausência de cooperação, o simples fato de que houve contatos bastaria para legitimar o temor de uma cooperação futura.

Na seqüência, o relatório admite que, entre os milhões de documentos iraquianos apreendidos pelos americanos, um dava conta de uma ligação de mais de dez anos entre a Al-Qaeda e o Iraque:

Em 2004, o ISG[1] obteve, das mãos de uma autoridade do Congresso Nacional Iraquiano, uma cópia de documento do IIS[2], que resumia e ressaltava as atividades de uma equipe do IIS em 1992. Em 1992, o IIS desejava restabelecer contato com antigas fontes e recrutar novas, após o fechamento das embaixadas durante a pri-

1 Iraq Survey Group, uma missão, criada em junho de 2003, com representantes de todas as nações que participaram da invasão do Iraque, composta por 1.440 membros, comandada pela CIA e pelo Pentágono, com o objetivo de investigar a produção de armas de destruição em massa naquele país.

2 "IIS", sigla para Iraqi Intelligence Services, serviços secretos iraquianos.

meira Guerra do Golfo. O documento de vinte páginas contém uma única menção, no contexto de uma lista de antigas e novas fontes, a respeito de Bin Laden, onde se lê: "O saudita Osama bin Laden, conhecido comerciante saudita, oposicionista saudita no Afeganistão. A seção da Síria tem relacionamento com ele."

Notem que essa é apenas uma confirmação, obtida depois da guerra, de informações que por muitos anos a CIA fez circular: que os primeiros contatos de Bin Laden com o Iraque remontavam ao início dos anos 1990. Diante desse documento, não entendo bem por que o senador Levin considerou mentirosas as afirmações de Wolfowitz, feitas em 2003, segundo as quais a ligação do Iraque "começou há cerca de dez anos com a Al-Qaeda". Era essa a informação que se tinha na época. E ela foi confirmada por pelo menos um documento oficial iraquiano.

Se o leitor curioso prosseguir na leitura do relatório do Senado, verá que há mais surpresas, como esta:

> *Em janeiro de 2003, a CIA resumiu o relatório da inteligência sobre os contatos diretos entre o Iraque e a Al-Qaeda: "Possuímos relatos de fontes confiáveis na imprensa e na clandestinidade que afirmam ter havido pelo menos oito reuniões diretas entre representantes do alto escalão iraquiano e dirigentes de alto nível da Al-Qaeda entre o início dos anos 1990 e agora. Há relatos de dezenas de outros encontros diretos ou indiretos no mesmo período, mas vindos de fontes clandestinas e da imprensa menos confiáveis."*

Oito encontros relatados por fontes confiáveis? Antes da guerra? Mas não foi isso exatamente o que o governo americano disse? Onde está a mentira? Tem mais. Leiam esta outra informação preciosa, também do relatório da Comissão do Senado:

O documento "Apoio iraquiano ao terrorismo" ressalta que "o Sudão — onde o líder da Frente Nacional Islâmica, Hasan al-Turabi, ajudou Bin Laden a estabelecer contatos com o Iraque e possivelmente o Irã — era uma importante sede dos primeiros encontros". Além disso, a análise destaca possíveis contatos entre Bin Laden e o oficial graduado do IIS, Faruq Hijazi, que coordenava operações militares e de inteligência delicadas sob orientação direta de Saddam Hussein. A CIA observa que relatos de serviços de inteligência de governos estrangeiros indicam que Bin Laden teve um encontro com Hijazi em Cartum, em janeiro de 1996. A CIA assinala que não possui informações sobre o teor da conversa. Relatos de outros possíveis encontros entre Hijazi e Bin Laden basearam-se em evidências menos fortes do que as informações sobre a visita de 1996.

E isso não é tudo. O relatório da Comissão do Senado conta a história de Ibn al-Shaykh al-Libi, tido como um integrante do alto escalão da Al-Qaeda. No início de 2002, a CIA, admite o relatório, em diversas ocasiões atestou que Al-Libi teria confessado que dois membros da Al-Qaeda teriam ido ao Iraque para receber treinamentos em armas biológicas e químicas, temor que Rumsfeld expôs na declaração dada como mentirosa por Levin.

A versão de setembro de 2002 do documento da CIA "Apoio iraquiano ao terrorismo" atestou que Al-Libi disse que o Iraque "dera" treinamento inespecífico sobre armas químicas e biológicas a dois membros da Al-Qaeda em 2000, mas também atestou que Al-Libi "não sabia dizer sobre os resultados do treinamento".

O relatório do Senado reproduz também documentos da Agência de Inteligência do Departamento de Defesa, relativizando as informações de Al-Libi, mas sem descartá-las:

> *É plausível a tentativa da Al-Qaeda de obter assistência no campo de armas químicas e biológicas do Iraque, e Al-Libi é suficiente sênior para ter acesso a informações tão sensíveis como essa. No entanto, falta à informação de Al-Libi detalhes sobre os iraquianos envolvidos, o material químico e biológico relacionado à assistência e o local onde o alegado treinamento ocorreu. A informação é de segunda mão, não derivando da experiência pessoal de Al-Libi.*

No dia 7 de novembro de 2002, o diretor da CIA, George Tenet, em carta à Comissão de Inteligência do Senado, resume o que o órgão que dirigia sabia sobre as ligações da Al-Qaeda com o Iraque (estranhamente, esta carta não consta do relatório da Comissão de Inteligência do Senado). Os principais pontos eram os seguintes:

- *Temos relatos de contatos de alto escalão entre o Iraque e a Al-Qaeda que já ocorrem há uma década.*
- *Informações confiáveis indicam que o Iraque e a Al-Qaeda já discutiram as questões de asilo e não-agressão mútua.*
- *Desde a operação "Liberdade Duradoura", temos provas concretas da presença de membros da Al-Qaeda no Iraque, inclusive soubemos que alguns estiveram em Bagdá.*
- *Temos relatos confiáveis de que líderes da Al-Qaeda procuraram contatos no Iraque que os ajudassem a adquirir armas de destruição em massa. Esses relatos acrescentam que o Iraque forneceu treinamento para membros da Al-Qaeda nas áreas de venenos e gases e na construção de bombas convencionais.*

- *O crescente apoio do Iraque a grupos palestinos extremistas, juntamente com os crescentes indícios de ligações com a Al-Qaeda, sugere que o relacionamento de Bagdá com o terrorismo deverá aumentar, mesmo na ausência de qualquer ação militar por parte dos Estados Unidos.*

Diante de todas essas informações, vale a pena repetir as frases de Bush, Rumsfeld e Wolfowitz, proferidas antes da guerra (2002 a 2003) e classificadas pelo senador Carl Levin como uma prova "das tentativas implacáveis, enganosas e ilusórias do Governo Bush-Cheney de convencer o povo americano de que Saddam Hussein era ligado à Al-Qaeda".

Bush, em 25 de setembro de 2002:

A Al-Qaeda se esconde. Saddam, não. Mas o perigo é que eles trabalhem em sintonia. O perigo é que a Al-Qaeda se torne uma extensão da loucura de Saddam e seu ódio e sua capacidade de espalhar armas de destruição em massa pelo mundo. Não se pode fazer uma distinção entre a Al-Qaeda e Saddam quando se fala em guerra contra o terror.

Rumsfeld, em 26 de setembro de 2002:

Temos o que julgamos serem provas confiáveis de que os líderes da Al-Qaeda buscaram contatos no Iraque que os ajudassem a conseguir armas de destruição em massa.

Bush, em 14 de outubro de 2002:

Este é um homem [Saddam] que nós sabemos que teve conexão com a Al-Qaeda. Este é um homem que, em meu julgamento, gostaria de usar a Al-Qaeda como um exército avançado.

Wolfowitz, em 6 de fevereiro de 2003:

> *E, o pior de tudo, suas [de Saddam] conexões com terroristas, que vêm de décadas, e que começaram há cerca de dez anos com a Al-Qaeda, estão crescendo a cada dia.*

Fica ao julgamento do leitor: as informações dos serviços secretos disponíveis em 2002 permitiam ou não permitiam que tais declarações fossem feitas?

Muitos acreditam que não. E, para isso, baseiam-se em alguns achados do pós-guerra. Por exemplo, Al-Libi. Ele contou depois da invasão aos americanos que só falou sobre o treinamento dado por iraquianos à Al-Qaeda para se livrar de ameaças de tortura de interrogadores americanos e de tortura propriamente dita que sofreu nas mãos de um serviço secreto estrangeiro. A história era falsa. Da mesma forma, dos oito encontros que a CIA dava como certos entre membros da Al-Qaeda e o Iraque, apenas um pôde ser confirmado documentalmente. Outros dois, não mencionados pelos serviços secretos, foram descobertos. Ao todo, teriam sido, então, três encontros. Isso não quer dizer que os sete outros não tenham ocorrido. Quer dizer apenas isso: não puderam ser comprovados documentalmente. O fato é que, à época da invasão, as informações que havia eram aquelas e foram elas que subsidiaram a tomada de decisão do governo (é preciso levar em conta a própria definição da Comissão do Senado de que espionagem não é uma ciência exata). Apesar de não terem sido todas confirmadas, é inegável que os dois grupos mantinham contatos (inclusive segundo o próprio Saddam).

O ciclo, ao que parece, é sem fim, porém. Quando eu estava terminando a redação deste livro, em abril de 2007, o corregedor-geral do Departamento de Defesa dos Estados Unidos divulgou novo relatório, que *O Globo* noticiou assim: "Pentágono: Saddam não apoiava Al-Qaeda". No corpo da matéria, a mesma coisa de sempre: um relatório dava conta de que "ao contrário do que alegara Bush" documentos secretos liberados mostravam que não havia laços entre Bin Laden e Saddam. Lá fui eu novamente ler as 120 páginas do relatório, para, ao final, descobrir que os documentos secretos ali revelados já o tinham sido em 2006, no relatório da Comissão de Inteligência do Senado. E, como antes, também não queriam negar os laços entre a Al-Qaeda e o Iraque, mas atestar que era exagerado um documento que Douglas Feith, um funcionário graduado do Departamento de Defesa, mandara em 2002 para o gabinete da Vice-Presidência da República, atestando que eram "maduras e simbióticas" as relações entre a Al-Qaeda e o Iraque, em dez áreas, entre elas "financiamento, treinamento e logística". Exagerado na visão que hoje o corregedor pode ter do documento, mas, à época, uma interpretação baseada nas informações que expus extensivamente nesta seção.

Volto então à pergunta que fiz: à época da invasão, havia justificativa para que os Estados Unidos temessem que o Iraque, na ausência do Afeganistão, passasse a abrigar os terroristas da Al-Qaeda? Penso que a análise de todos os documentos até aqui liberados permite responder que sim. Talvez, no futuro, novos documentos me façam mudar de idéia, porque, como disse, a maior parte dos documentos ainda se encontra sob sigilo. Sei que pareço antipático ao nadar contra a maré, num momento em que a opinião pública já julgou e condenou o Governo Bush, taxando-o de mentiroso e desonesto. Não quero brigar contra a opinião pública nem contra os julgamentos alheios, mas, por hábito, não me deixo contaminar por eles. Ao ler certas sentenças — "não havia laços entre a Al-Qaeda e o Iraque", "Bush e seu governo mentiram" — gosto de ler a íntegra dos documentos em que supostamente elas estão baseadas. E essa leitura me fez chegar às conclusões que expus aqui, e somente aqui.

Faço essa ressalva para que ninguém ache que as minhas opiniões pessoais contaminam o meu trabalho em televisão, necessariamente coletivo e dependente do que é divulgado no calor dos acontecimentos pelas principais fontes de notícia. Quem se dispuser ao trabalho de comparar o que escrevi aqui e o que foi divulgado nos noticiários que supervisiono terá a certeza disso. Não vejo nenhuma incoerência nesse modo de agir. O trabalho jornalístico diário registra o que está acontecendo naquele instante, o que está sendo dito e as conclusões a que chegaram os principais relatórios. Não me cabe impor o meu ponto de vista, a minha opinião ou a minha visão sobre os fatos, mas sim divulgar o ponto de vista, a opinião e a visão sobre os fatos dos principais atores globais. É apenas ao fazer um livro como este que eu tenho a oportunidade de voltar ao tema, analisar a fundo os relatórios e chegar a conclusões que são minhas. São dois processos em tempos distintos, com metodologias distintas.

Não tenho nenhuma simpatia especial pelo Governo Bush, e embora não o classifique como mentiroso e desonesto, por falta de provas, não me furto a dizer que ele foi incompetente, talvez um dos mais incompetentes no manejo da guerra, como vou mostrar adiante. Mas, para ser simpático à opinião pública, não posso simplesmente fechar os olhos para o que os depoimentos dizem. Acho ingênua a postura de criticar Bush, acreditando que os democratas fariam diferente. A análise dos discursos de John Kerry (e de Hillary Clinton e de tantos outros políticos democratas) mostra que, democrata ou republicano, um presidente americano naquele período histórico muito dificilmente agiria de outra maneira. Talvez pudesse ter havido mais competência. Isso fez falta.

A quinta pergunta que faço aqui, então, é a seguinte: está certo, a guerra pode não ter sido fruto da maldade, da loucura ou de caprichos pessoais de Bush, mas não terá sido apenas uma desculpa dos Estados Unidos para se apoderar do petróleo iraquiano (o que justificaria, por sua vez, a reação contrária da Europa, interessada ela própria nos milionários contratos que um Iraque livre de sanções poderia lhe render)?

O petróleo foi a causa verdadeira?

MINHA RESPOSTA É NEGATIVA para as duas hipóteses. Se o leitor fizer uma pesquisa em jornais do mundo todo vai encontrar informações sobre petróleo que impressionam. Com base em informações verdadeiras, mas sem a explicação completa, os leitores podem ter chegado a conclusões que chocam e apavoram. Em 2003, ano da invasão do Iraque, os Estados Unidos dispunham de reservas de petróleo avaliadas em 22 bilhões de barris e tinham uma produção média diária de 7,4 milhões de barris. A esse ritmo, concluíam, as reservas estariam extintas em oito anos, um ano depois de encerrado o mandato de George W. Bush considerando a reeleição. Estamos a três anos desse prazo, e a previsão, obviamente, está muito longe de se concretizar. Também em 2003, outros jornais descobriram que a Lukoil russa, a CNPC chinesa e a TotalFinaElf francesa assinaram contratos bilionários (falaram em US$41 bilhões) e já estariam explorando petróleo no Iraque, que tem reservas de 112 bilhões de barris, suficientes para durar 130 anos.

Pronto, estava tudo explicado. Prestes a ficar sem petróleo, aos Estados Unidos não restaria alternativa senão invadir o Iraque e se apropriar do petróleo alheio. E Rússia, China e França, que já teriam assegurado o seu quinhão sem a necessidade de guerra, não poderiam fazer outra coisa senão vetar qualquer tentativa de neutralizar o Iraque usando a força. Tudo muito simples se o mundo fosse simples. Mas ele não é.

Vamos primeiro analisar a questão usando informações da Energy Information Administration e do Royal Institute of International Affairs, de Londres. Primeiro as reservas: como, de 2003 até 2006, os Estados Unidos produziram 8,2 bilhões de barris, as reservas teriam de ter caído para 13,8 bilhões, mas elas permanecem em 21,4 bilhões, pouco abaixo da marca de 2003 (22 bilhões). A produção diária está em 6,9 milhões barris/dia, também pouco abaixo da marca de 2003 (7,4 milhões). Como isso se explica? Porque só quem é do ramo sabe que, ao longo dos anos, fatores como novas descobertas, novas tecnologias, aumento de produtividade, restauração de poços antigos, surgimento de fontes alternativas de energia e mudança no perfil de consumo podem levar — e historicamente têm levado — ao aumento ou à manutenção das reservas ou à diminuição no seu ritmo de queda. Outro fator que ajuda é o preço do petróleo: quanto mais elevado for, mais atrativos serão campos que, ao preço de hoje, revelam-se antieconômicos. O Alasca e o Golfo do México são duas áreas ainda a serem mais bem exploradas. A situação americana só não é melhor hoje porque a produção no Golfo do México foi seriamente atingida pela temporada severa de furacões em 2005, ou seja: se não fossem os furacões, a produção seria ainda maior.

Vejam o que dizia em relação ao gás natural este relatório da EIA (Energy Information Administration) americana (o exemplo seria válido para o petróleo também):

As reservas provadas de gás natural úmido em 1977 eram de 209.490 bilhões de pés cúbicos, mas produziu-se mais de duas vezes esse volume de gás entre 1977 e 2001, havendo ainda 191.743 bilhões de pés cúbicos de reservas provadas de gás natural úmido em 2001. Somente 12% das reservas provadas adicionais de gás natural foram registradas como descobertas de novos campos entre 1976 e 2001.

Nem de longe isso quer dizer que a situação americana em relação ao petróleo é tranqüila: hoje, o país importa 58% do que é consumido e, segundo a projeção oficial, em 2025, passará a importar 68% (isso será decorrência do aumento do consumo e da diminuição da produção, que cairá a patamares próximos a 5,3 milhões de barris/dia, em 2025, segundo as mesmas previsões). O que se quer dizer é que é falsa a idéia de que os Estados Unidos estavam prestes a viver uma catástrofe energética. Na década de 1970, o Clube de Roma dizia que os Estados Unidos já tinham consumido metade de suas reservas e, por isso, previa que no ano 2000 o abastecimento de petróleo no mundo estaria em crise. Pelos motivos já expostos, as previsões não se confirmaram. Fora isso, os americanos contam com o petróleo que suas empresas extraem no exterior, em Angola, Nigéria, Mar do Norte, Indonésia e Venezuela (até aqui, Hugo Chávez fala, fala, fala, mas não mexeu uma vírgula no assunto).

Da mesma forma, eram inexatas as informações publicadas em toda a parte do mundo de que Rússia, China e França já estariam explorando petróleo em terras iraquianas. Estudos do Royal Institute of International Affairs mostram que, antes da guerra, só a empresa turca TPAO estava produzindo petróleo em poços antigos de Kirkuk, além da russa Zarubezhneft — ambas obtiveram licença da ONU para ali operar. E só. Os novos e gigantescos poços não estavam sendo explorados por nenhum estrangeiro. Simplesmente porque as sanções da

ONU proibiam expressamente novos investimentos no setor de petróleo no Iraque. A CNPC chinesa assinou em 1997 um acordo de co-produção, mas os trabalhos nunca começaram por causa das sanções. No mesmo ano, as empresas russas Lukoil, Zarubezhneft e Mashinoimport assinaram também contratos que, no entanto, foram cancelados no ano 2000 porque as empresas não iniciaram os trabalhos dentro do prazo acordado (sempre em função das sanções). E, por fim, a TotalFinaElf, também em 1997, chegou a negociar memorandos de entendimento, mas nada assinou, porque teria de garantir, como os russos fizeram, que iniciariam os trabalhos numa data específica. E isso seria impossível, pois não havia horizonte para o fim das sanções. Fora estas, a Petrovietnan e a Syrian Petroleum Company assinaram contratos para compra futura de petróleo, e a indiana Pertamina assinou acordos de risco para exploração na parte ocidental do Iraque, sem nunca ter iniciado os trabalhos. Portanto, o que existia, pouco antes da guerra, eram promessas feitas pelo ditador Saddam Hussein, em cuja permanência no poder, com ou sem guerra, nem mesmo os franceses acreditavam. Enfim, muito pouco para explicar um veto.

Por outro lado, não é racional a crença de que os Estados Unidos invadiram o Iraque apenas por petróleo, mentindo sobre os perigos que Saddam representava. Se os americanos estivessem mesmo sufocados atrás de petróleo e se soubessem que Saddam era inofensivo, mais lógico seria trabalhar para o fim das sanções. Comprar petróleo sempre foi mais barato do que tomá-lo. E os Estados Unidos podem ser acusados de tudo, menos de falta de racionalidade econômica. Além de tudo, o estudo do Royal Institute mostra que a contribuição do Iraque para a manutenção do fornecimento de petróleo ao mundo não seria imediata. Antes da guerra, com as sanções, o Iraque respondia por 2% do abastecimento mundial, com uma produção de 2,3 milhões de barris/dia. Sem as sanções e com a infra-estrutura de transporte restaurada, o país poderia passar a ser responsável por 4% do fornecimento mundial em três anos. Se houvesse investimento maciço e estabilidade na área, a participação poderia chegar a 6% em mais dez anos. Sem considerar os estragos da guerra atual, o Iraque precisaria de investimentos imediatos de US$5,5 bilhões para voltar a ser o que era antes de 1991. Para aumentar a produção para 6 milhões de barris/dia, seriam necessários US$21 bilhões. Compare-se com a situação da Arábia Saudita. Hoje, ela já responde por 10% do abastecimento, mas tem os recursos (duas vezes as reservas iraquianas), a capacidade técnica e o acesso a financiamento barato que permitiriam um aumento para até 15% do fornecimento total de petróleo em dez anos.

A primeira Guerra do Golfo custou US$80 bilhões (em moeda de hoje), uma quantia que foi rateada por todos que participaram da coalizão de trinta países. O conflito atual, apenas para sua primeiríssima fase, custou US$74 bilhões. Hoje, o custo total superou em muito essa quantia. Se somarmos a isso os investimentos para recuperação do Iraque e mais as quantias necessárias para botar a pleno vapor a indústria petrolífera iraquiana, a obtenção do petróleo do Iraque por meio de uma guerra seria a aventura mais antieconômica jamais levada a cabo na história da humanidade, mesmo que tudo tivesse dado certo e que o Iraque hoje fosse uma ilha de paz. No passado, os marxistas mais esclarecidos diriam aos menos esclarecidos que explicar a guerra apenas pelo lado do petróleo era ser economicista. Agora, creio, ou não há mais marxistas esclarecidos ou os dois lados tiveram uma recaída no mecanicismo econômico.

Isso nos leva a uma sexta pergunta: tudo bem que a guerra tenha tido um motivo estratégico defensável, mas é igualmente defensável que, para levá-la a efeito, seja também necessário macular as liberdades civis nos Estados Unidos, a maior democracia do mundo?

As liberdades civis nos Estados Unidos foram feridas?

QUEM ACUSA BUSH de restringir liberdades de maneira desnecessária não conhece história. No início de 1939, já era evidente que o Reino Unido entraria em guerra contra a Alemanha nazista. O governo britânico começou então a estudar medidas que dotassem o país dos meios necessários para o combate. Em agosto daquele ano, o Parlamento aprovou a Lei de Poderes Emergenciais para a Defesa — Emergency Powers (Defense) Act — e, a partir dela, o governo decretou os "regulamentos de defesa", cada qual recebendo uma numeração. O "Defense Regulation" 18b dava ao governo o poder de prender, sem aviso prévio ou autorização judicial, cidadãos britânicos de "origem hostil" (alemães naturalizados britânicos e descendentes de alemães) ou com notórias relações com estrangeiros hostis. Também autorizava a prisão de suspeitos de praticar ou de vir a praticar atos prejudiciais à segurança pública. Um outro regulamento de defesa permitia ao governo britânico prender todo estrangeiro de origem hostil, mesmo aqueles que supostamente tinham saído da Alemanha fugidos da perseguição nazista.

O prisioneiro podia recorrer a um conselho consultivo, que, analisando o caso, recomendava a manutenção da prisão, o relaxamento dela sob condições ou a imediata liberdade. O serviço secreto era obrigado a dar ao conselho informações sobre o motivo da prisão, mas o prisioneiro não podia ter acesso às explicações. De todo modo, a decisão do conselho era apenas uma recomendação: o Ministério do Interior não era obrigado a segui-la, e, de fato, invariavelmente, mantinha a prisão quando a recomendação era pela liberdade do preso. Cerca de mil britânicos e oito mil estrangeiros foram mantidos presos, primeiramente em penitenciárias e, logo depois, em campos de detenção.

Havia muitos de esquerda também, mas a maior parte dos presos era composta por simpatizantes dos nazifascistas. Eram chamados de a Quinta Coluna, súditos que ajudariam os nazistas numa possível invasão. Em 1940, quando a situação era francamente favorável aos nazistas, Churchill declarou:

> *O Parlamento nos deu poderes para reprimir com mão forte as atividades da Quinta Coluna, e faremos uso desses poderes, sujeitos à supervisão e a emendas da Câmara, sem a mais ligeira hesitação, até que estejamos convencidos de que essa malignidade em nosso meio foi extinta de modo eficaz.*

O serviço secreto manteve em Ham Common, Richmond, entre 1940 e 1941, uma base clandestina, Latchemere House, em que suspeitos de espionagem eram interrogados mediante métodos expressamente proibidos pela Convenção de Genebra (pouco se sabe sobre o assunto, porque os arquivos ainda estão sob sigilo). Podia-se ir preso por se reclamar do preço do pão ou por se dizer num *pub* algo como "não vejo como ganharemos essa guerra". O escritor Cyril Connolly foi preso num hotel em Oxford porque parecia prestar muita atenção à conversa de dois oficiais.

Nos Estados Unidos, numa reação ao bombardeio de Pearl Harbor pelos japoneses em 1941, o presidente Franklin Roosevelt baixou o decreto 9.066 em fevereiro de 1942, autorizando os comandantes militares a designar áreas do território nacional de onde qualquer pessoa poderia ser banida. Com base no decreto, todos os japoneses ou nipo-americanos foram removidos da costa oeste americana e levados para campos de detenção em Oregon, Washington e Arizona. Alemães e italianos (mas não descendentes) da costa leste também foram levados para campos. Ao todo, 120 mil indivíduos de origem japonesa (62% desse total eram cidadãos americanos) foram confinados. O mesmo aconteceu no Canadá, onde 75% dos detidos nos campos eram cidadãos canadenses.

Isso é o horror da guerra. Aconteceu há apenas sessenta anos. Nações democráticas tomando medidas de exceção para fazer vencer a democracia.

Hoje, quem estranha o *Patriot Act* americano ou as medidas antiterrorismo britânicas não conhece a história. A aparente restrição às liberdades individuais nos Estados Unidos e a política britânica de atirar para matar são atos de defesa de nações em guerra. A lição que a comunidade muçulmana radicada em países do Ocidente tem a tirar é uma só. Ela deve se alinhar com os países que as acolheram, colaborando de maneira explícita e engajada na caça aos terroristas. Seus líderes religiosos devem condenar da maneira mais veemente e sincera os radicais que aderem às idéias de Bin Laden, classificando-as como antiislâmicas. Do contrário, se o terrorismo ganhar ainda mais fôlego, cidadãos inocentes com origem em países islâmicos pagarão o pato, não importa quantos sejam. A sociedade britânica já mostrou o que pensa: lamentou a morte do brasileiro inocente Jean Charles de Menezes, em 2005, mas 87% apoiaram integralmente a polícia nos primeiros dias. Mesmo depois, diante do que revelaram as investigações, o que lá se condenou foram os erros grosseiros que levaram à morte de Jean Charles, mas não a política do atirar para matar. Pode ser algo chocante, mas mostra que a sociedade britânica parece ter acordado para a realidade: deixou os protestos antiguerra do Iraque para trás e se preparou para se defender. De novo, é o horror da guerra, uma espécie de "antes eles do que eu".

Espero que a comunidade islâmica nos países ocidentais entenda isso. Do contrário, o pesadelo vai ser grande.

E, agora, resta-nos a sétima e inevitável pergunta: se não era o petróleo, se a guerra era um passo estratégico indispensável, se o *Patriot Act* é uma medida acertada, por que o Iraque está como está?

Por que o Iraque está como está?

ISOLADO, SEM PODER CONTAR com a Europa, o Governo Bush foi, sobretudo, de uma inépcia no pós-invasão poucas vezes vista na história americana. Por trás de tudo, uma idéia que se mostrou equivocada: o papel de ganhar a guerra e derrubar Saddam caberia aos americanos, mas o controle interno e a futura pacificação teriam de ser encargos dos iraquianos. Mas é aí que a inépcia começa: que iraquianos? As primeiras medidas que os americanos tomaram foi dar um fim ao Exército, pondo na rua do soldado raso ao general graduado, e afastar do que restara da administração todos os membros do partido de Saddam, o Baath. Como, a rigor, numa ditadura como a iraquiana, todos aqueles com ambição de ascender na carreira pública tinham de ser filiados ao partido do governo, não restou ninguém. Assim, de um lado, militares ressentidos ficaram à toa, sem salário, e à disposição de quem quisesse usar sua *expertise* para um contra-ataque; e, de outro, não sobrou mão-de-obra especializada que pudesse ser usada na administração pública, porque todos eram ex-baathistas. Para piorar, prevaleceu no governo americano a tese do então secretário de Defesa, Donald Rumsfeld, de que, se a guerra foi vencida com o menor contingente de soldados possível, a ocupação teria também de ser supervisionada com contingente parecido.

O caos começou a se esboçar logo de saída: sem soldados suficientes e com a força policial iraquiana desfeita, os saques a prédios públicos e museus foram o primeiro sinal de que a desordem era uma ameaça concreta. O primeiro americano a ser designado para cuidar da recondução do país à normalidade foi um general aposentado chamado Jay Garner. A primeira coisa que fez, segundo relato recente da revista *The Economist*, foi chamar trezentos líderes tribais do país e dizer a eles: "Vocês estão no comando!" Mas no comando de quê, com que recursos, a partir de que legitimidade? Constatado o equívoco, Garner foi chamado de volta e Paul Bremer foi nomeado para levar adiante a tarefa, mas nada mudou de fato na filosofia do governo americano: prevaleceu o ponto de vista de que os soldados americanos não deveriam se transformar em polícia e que a sua tarefa era treinar os iraquianos para assumir essa função.

Para os terroristas, a constatação de que o governo americano não sabia o que fazer com o que fora conquistado soou como música. Poucos meses depois, eles já eram capazes de dois fatos horrendos, cuja mensagem era clara e óbvia: "Nosso inimigo é o mundo, não se meta conosco." Em 19 de agosto de 2003, um caminhão-bomba matou 22 pessoas na sede da missão da ONU no país (entre os mortos estava o chefe da missão, o brasileiro Sérgio Vieira de Mello). Em 27 de outubro do mesmo ano, um atentado à sede do Comitê Internacional da Cruz Vermelha matou outras 11 pessoas. A ONU, já mostrei aqui, recusou-se, até o fim, a dar o seu aval para a guerra. Levando em consideração esse dado, um atentado contra a ONU não faria sentido se não fosse entendido como um recado do terror para o mundo. O recado dado pelo ataque à Cruz Vermelha foi ainda mais explícito, porque a entidade estava no Iraque desde 1983, ajudando o país a superar todas as mazelas provocadas pelo regime de Saddam (a guerra de oito anos com o Irã, a primeira Guerra do Golfo, o embargo da ONU, sempre com uma postura de absoluta neutralidade). Como explicar esses dois primeiros grandes atentados senão como uma declaração de guerra ao Ocidente?

As duas entidades, diante do horror, saíram do país, deixando os Estados Unidos sozinhos para administrar aquele início de caos. Em vez de o governo americano reconhecer que a estratégia de poucos homens era errada, insistiu no erro, dando com isso mais tempo para que os terroristas se organizassem. No melhor momento do pós-invasão, havia no Iraque apenas 150 mil soldados, um número para lá de insuficiente para impedir a contra-ofensiva que estava por vir. Para se ter uma idéia, o estado de São Paulo conta com 140 mil policiais, e, claro, tem muita dificuldade de controlar o PCC (Primeiro Comando da Capital) quando eles resolvem dar trabalho. A conseqüência foi esta a que estamos assistindo: os ataques foram ganhando cada vez mais força e se tornaram diários, sem que o Governo Bush se dignasse a reconhecer o seu erro. Insistiu na tese de que o que devia ser feito quanto antes era a passagem de poder aos iraquianos para que eles cuidassem de si. De fato, nessa área, muito foi feito. Em 2005, os iraquianos foram em massa às urnas para eleger uma Assembléia Constituinte, depois votaram novamente para referendá-la e, ainda no mesmo ano, votaram mais uma vez para eleger um novo parlamento. A idéia era ir treinando os iraquianos recrutados tanto para a polícia quanto para o novo Exército. Não deu tempo: os terroristas já estavam fortes o suficiente para dirigir atentados contra iraquianos que permaneciam por horas em fila para se alistar na polícia e nas Forças Armadas. Com centenas de mortos numa escala de tempo quase diária, poucos hoje se arriscam a se alistar e perder a vida. Para piorar tudo, o escândalo de tortura da prisão de Abu Ghraib horrorizou o mundo, mas principalmente os iraquianos, que passaram a ver os americanos como torturadores cruéis, de quem era melhor manter distância.

Só com a derrota nas eleições parlamentares de 2006 é que Bush resolveu agir: demitiu Rumsfeld e anunciou um plano de aumentar o contingente de soldados no Iraque. A idéia era elevar o número em vinte mil e mudar a estratégia: pôr a mão na massa e tentar estabilizar a região de Bagdá, a mais atingida pela insegurança, já que o norte curdo e o sul xiita estão relativamente mais calmos. Tarde demais, no entanto. Com maioria no Congresso, os democratas resolveram jogar o pior jogo: dar o dinheiro necessário para que a ocupação permaneça mas forçar um cronograma de retirada que sabem que é impossível cumprir, com o único objetivo de humilhar ainda mais Bush, pavimentando, assim, uma vitória democrata em 2008.

Diante desse quadro, resta-nos a nossa última pergunta: o que vai ser do futuro?

O que será do futuro?

Essa é a pior parte, porque o futuro não pode ser previsto. Não importa quem ganhe as eleições de 2008, se democratas ou republicanos, creio que os Estados Unidos tudo farão para tentar organizar a bagunça que está no Iraque. Eles sabem que uma derrota total naquele conflito dará uma confiança extremada aos totalitários do Islã, com conseqüências funestas. Toda a estratégia de evitar que os terroristas tenham um Estado por trás de si, uma base de poder, terá ido por água abaixo: democratas e republicanos sabem disso. Para quem conhece bem o que se passa na cabeça deles, é certo que atribuam o êxito a forças divinas e se sintam estimulados a ir adiante. E ir adiante, nesse caso, é provocar perdas gigantescas, seja por que meio for. As analogias com o Vietnã são muitas e muito do agrado dos que buscam explicações fáceis. Mas as diferenças são as que importam: o inimigo ali era ateu, racional e sabedor das próprias limitações. O inimigo hoje acredita que fala com Deus, e que, por isso, os limites são apenas decorrentes de fé insuficiente. Para eles, o apocalipse não é o fim do mundo, mas apenas uma verdade revelada, inescapável, anunciadora do início do Reino dos Céus na Terra. O mundo não se dá conta de que, para o suicida em busca do Paraíso, não há diferença entre morrer para matar dezenas ou morrer para matar milhares. A diferença está apenas no poder da bomba com que se explode.

Por essa razão, não creio em sucesso contra esse tipo de gente se a luta continuar sendo entre os Estados Unidos e eles. É preciso que haja um consenso internacional em torno do perigo que eles representam. É preciso que uma força maciça de homens e recursos seja usada no Iraque, para infligir aos terroristas uma derrota definitiva. É tola a suposição de que uma resposta policial, com os serviços de inteligência de todos os países trabalhando em conjunto, possa dar conta do recado, evitando um mal maior. Se eles vencerem no Iraque, a lição será dada: não invadam um país muçulmano que o inferno irá até vocês. E, então, países que até aqui evitaram dar acolhida completa aos terroristas, em termos de armas, dinheiro e bases territoriais, temendo uma invasão americana, vão se sentir mais livres para fazê-lo. E com a estrutura de um país a lhes dar suporte, os terroristas serão capazes de atos ainda mais ousados e funestos.

Os Estados Unidos acudiram a Europa três vezes no século passado, repito, a um enorme custo de vidas e dinheiro, sempre a defendendo de ameaças à liberdade. Na primeira vez em que, atacado, precisou da Europa, ouviu um "não". Reino Unido e outros poucos países mandaram, no máximo, vinte mil soldados. Houvesse de fato uma solidariedade intensa com os Estados Unidos, o número de homens teria sido imensamente maior, e a situação hoje, provavelmente, estaria sob controle. A Europa evita tomar essa atitude temendo se tornar um alvo.

É um engano, porque ela já é um alvo.

Tempos difíceis os nossos. Se o outro lado conhece bem os seus objetivos, e é capaz de morrer por eles, nós, a parte aparentemente racional do mundo, não percebemos sequer de que lado estamos.

Bibliografia

AL-BANNA, Hasan. *Al-'Aqq'id*. Título em inglês: Islamic Creed. Disponível em www.youngmuslims.ca/online_library/books/the_creed/index.htm. Acesso em maio de 2007.

________. *Between Yesterday and Today*. Disponível em www.youngmuslims.ca/online_library/books/byat/index.htm. Acesso em maio de 2007.

________. *Jihad*. Disponível em www.youngmuslims.ca/online_library/books/jihad/index.htm. Acesso em maio de 2007.

________. *Letter to a Muslim Student*. Jannah.Org Islam Peace. Disponível em www.jannah.org/articles/letter.html. Acesso em maio de 2007.

________. *Our Message*. Disponível em www.youngmuslims.ca/online_library/books/our_message/index.htm. Acesso em maio de 2007.

________. *Peace in Islam*. Disponível em www.youngmuslims.ca/online_library/books/peace_in_islam/index.htm. Acesso em maio de 2007.

_______. *The Message of the Teachings*. Disponível em www.youngmuslims.ca/online_library/books/tmott/index.htm. Acesso em maio de 2007.

_______. *Towards the Light*. Disponível em www.youngmuslims.ca/online_library/books/towards_the_light/index.htm. Acesso em maio de 2007.

Alcorão. Tradução: José Pedro Machado. Lisboa: Junta de Investigações Científicas do Ultramar, 1979.

Alcorão sagrado. Tradução: Samir El Hayek. São Paulo: Tangará, 1975.

Alcorão, O. Tradução: Mansour Challita. Rio de Janeiro: Record, s.d.

Al-corão, O sagrado. Surrey: Islam International Publications, 1988.

ALCORÃO. Inglês. *The Koran Interpreted*. Tradução: Arthur J. Arberry. Nova York: Macmillan, 1955. Reimpressão.

ALCORÃO. Inglês. *The Meaning of the Glorious Qur'ãn*. Tradução: Abdullah Yusuf Ali. Cairo: Dar Al-Kitab Al-Masri; Beirute: Dar Al-Kitab Allubnani, [1938].

AL-JAZA'IRI, Abu Bakr Jaber Ben. *Minhaj Ul-Muslim*. Tradução: *The Methodology of the Muslim*. F. Amira Zrein Matraji. Beirute: Dar El Fikr, 2003.

ALLEN, Mark. *Arabs*. Londres, Nova York: Continuum, 2006.

AYALON, David. *Gunpowder and Firearms in the Mamluk Kingdom: A Challenge to a Medieval Society*. Oxon, Nova York: Frank Cass, 2006.

BEY, Essad. *Mohammed*. Tradução: Helmut L. Ripperger. Londres: Cobden-Sanderson, 1938.

Bíblia de Jerusalém, A. São Paulo: Edições Paulinas, 1989.

BIN LADEN Claims Responsibility for 9/11. Fox News, Washington D.C., 30 out. 2004. Disponível em www.foxnews.com/story/0,2933,137095,00.html. Acesso em maio de 2007.

BIN LADEN says he wasn't behind attacks. CNN, Qatar, 17 set. 2001. Disponível em edition.cnn.com/2001/US/09/16/inv.binladen.denial/index.html. Acesso em maio de 2007.

BOWEN, Donna Lee; EARLY, Evelyn A. (eds.) *Everyday Life in the Muslim Middle East*. Bloomington, Indianapolis: Indiana University Press, 1993.

BRIDGER, David (ed.). *The New Jewish Encyclopedia*. New Jersey: Behrman House, 1976.

CALVERT, John. *'The World is an Undutiful Boy!': Sayyid Qutb's American Experience*. Islam and Christian-Muslim Relations, vol.11, n.1, p. 87-103, Routlegde, 2000.

CATECISMO da Igreja Católica. Edição revisada com o texto oficial em latim. São Paulo: Edições Loyola, 1999. Reimpressão: dezembro de 2004.

CHURCHILL, Winston S. *Memórias da Segunda Guerra Mundial*. Tradução: Vera Ribeiro. Rio de Janeiro: Nova Fronteira, 1995.

CLARKE, Richard A. *Contra todos os inimigos: por dentro da guerra dos EUA contra o terror*. São Paulo: Francis, 2004.

COURBAGE, Youssef; FARGUES, Philippe. *Christians and Jews under Islam*. Tradução: Judy Mabro. Londres, Nova York: L.B. Tauris, 1997.

DERMANT, Peter. *O mundo muçulmano*. São Paulo: Contexto, 2004.

FEILER, Bruce. *Abraão: uma jornada ao coração de três religiões*. Tradução: Maria Luiza Newlands Silveira. Rio de Janeiro: Sextante, 2003.

FEST, Joachim. *Hitler*. Tradução: Analúcia Teixeira Ribeiro e outros. Rio de Janeiro: Nova Fronteira, 1991.

FULLER, Graham E.; FRANCKE, Rend Rahim. *The ArabShi'a: The Forgotten Muslims*. Nova York: St. Martin's Press, 1999.

GIBB, H.A.R.; KRAMERS, J.H. (eds.) *Shorter Encyclopaedia of Islam*. Leiden, Nova York, Köln: E.J. Brill, 1995.

GLASSÉ, Cyril. *The Concise Encyclopaedia of Islam*. Londres: Stacy International, 1989. 11 v.

HAERI, Shaykh Fadhlalla. *Keys to the Qur'an*. Reading: Garnet Publishing, 1993.

HALM, Heinz. *Shiism*. Tradução: Janet Watson. Edimburgo: Edinburgh University Press, 1991.

HALPERIN-KADDARI, Ruth. *Women in Israel: a State of Their Own*. Filadélfia: University of Pennsylvania Press, 2004.

HITTI, Philip K. *History of the Arabs*. Londres: Macmillan and Co., 1943.

HUGHES, Thomas Patrick. *A Dictionary of Islam*. Chicago: KASI Publications, 1994.

IRAQ Survey Group Final Report. Global Security.org, 2004. Disponível em www.globalsecurity.org/wmd/library/report/2004/isg-final-report/. Acesso em maio de 2007.

JENKINS, Roy. *Churchill*. Tradução: Heitor Aquino Ferreira. Rio de Janeiro: Nova Fronteira, 2002.

KAMEL, Ali. "A capacidade nuclear de Bin Laden". Rio de Janeiro, *O Globo*, 6 abr. 2004. O Mundo, p. 29.

_______. "A guerra de três mundos". Rio de Janeiro, *O Globo*, 4 abr. 2004. O Mundo, p. 47.

_______. "A mulher seminua e o ódio ao Ocidente". Rio de Janeiro, *O Globo*, 5 abr. 2004. O Mundo, p. 21.

KELLY-PIEMME, John N.D. *Dizionario Illustrato dei Papi*. Nova York: Oxford University Press, 1989.

KHALIDI, Tarif (org.). *O Jesus muçulmano: provérbios e histórias na literatura islâmica*. Tradução: Marcos Santarrita. Rio de Janeiro: Imago, 2001.

KHATAB, Sayed. *The Political Thought of Sayyid Qutb: The Theory of Jahiliyyah*. Londres: Routledge, 2006.

________. *The Power of Sovereignty: The Political and Ideological Philosophy of Sayyid Qutb*. Londres: Routledge, 2006.

KHOURY, Philip S. *Syria and the French Mandate: the Politics of Arab Nationalism, 1920-1945*. Princeton: Princeton University Press, 1987.

LEVIN, Carl. *Senate Floor Statement on the Senate Intelligence Committee's — Phase II Report*. Washington D.C., 8 set. 2006. Disponível em www.senate.gov/~levin/newsroom/release.cfm?id=262690. Acesso em maio de 2007.

LEWIS, Bernard. *Cultures in Conflict: Christians, Muslims, and Jews, in the Age of Discovery*. Nova York: Oxford University Press, 1995.

MERNISSI, Fatima. *Women and Islam: An Historical and Theological Enquiry*. Tradução: Mary Jo Lakeland. Oxford: Blackwell Publishers, 1995. Reimpressão.

MERRICK, James L. (trad.) *The Life and Religion of Mohammed, as Contained in the Sheeah Traditions of the Hyat Ul Kuloob*. Boston: Phillips, Sampson and Company, 1850. Fac-simile.

MILBANK, Dana; PINCUS, Walter. "Al Qaeda-Hussein Link is Dimissed". *The Washington Post*, Washington D.C., 17 jun. 2004.

MITCHELL, Richard P. *The Society of the Muslim Brothers*. Tradução: John O. Voll. Nova York, Oxford: Oxford University Press, 1993.

MOMEN, Moojan. *An Introduction to Shi'I Islam: The History and Doctrines of Twelver Shi'ism*. Londres: Yale University Press, 1985.

MONGE, Roberto. *Duemila anni di papi*. [S.I]: Gribaudo, 2004.

MOOSA, Matti. *Extremist Shiites: The Ghulat Sects*. Nova York: Syracuse University Press, 1988.

MOUSSALLI, Ahmad S. *Historical Dictionary of Islamic Fundamentalist Movements in the Arab World, Iran, and Turkey*. Londres: Scarecrow Press, 1999.

MUIR, William. *Life of Mahomet*. Londres: Smith, Elder & Co., 1878. Fac-simile.

MUSALLAM, Adnan. *From Secularism to Jihad: Sayyid Qutb and the Foundations of Radical Islamism*. Londres: PRAEGER, 2005.

NASR, Vali. *The Shia Revival: How Conflicts within Islam Will Shape the Future*. Nova York: W.W. Norton & Company, 2006.

O ISLÃ na mira. Entrevista com Paul Johnson. São Paulo, revista *Veja*, 26 set. 2001.

OZ, Amós. *Contra o fanatismo*. Tradução: Denise Cabral de Oliveira. Rio de Janeiro: Ediouro, 2004.

PENRICE, John. *A Dictionary and Glossary of the Koran*. Delhi: Low Price Publications, 1873. Reimpressão: 1994.

PHIPPS, William E. *Muhammad and Jesus: A Comparison of the Prophets and Their Teachings*. Nova York: Continuum, 1999.

QUTB, Sayyid. *A Child from the Village*. Tradução, edição e introdução: John Calvet e William Shepard. Nova York: Syracuse University Press, 2004.

________. *Basic Principles of the Islamic Worldview*. Tradução: Rami David. New Jersey: Islamic Publications International, 2006.

________. *Milestones*. Cedar Rapids, Iowa: The Mother Mosque Foundation, [s.d].

________. *Social Justice in Islam*. Tradução: John B. Hardie. Nova York: Islamic Publications International, 2000.

RASHID, Ahmed. *Taliban: Militant Islam, Oil and Fundamentalism in Central Asia*. Londres: Yale University Press, 2000.

REPORT of the Select Committee on Intelligence on Postwar Findings about Iraq's WMD Programs and Links to Terrorism and How They Compare with Prewar Assessments together with Additional Views. United States Senate — Select Committee on Intelligence, Washington D.C., 8 set. 2006. Disponível em hosted.ap.org/specials/interactives/wdc/documents/iraq_intel060908.pdf. Acesso em maio de 2007.

ROBERTS, Andrew. *Hitler & Churchill: segredos da liderança*. Tradução: Maria Luiza X. de A. Borges. Rio de Janeiro: Jorge Zahar, 2004.

SALAHI, M.A. *Muhammad: Man and Prophet*. Massachusetts/Queensland: Dorset Element, 1995.

SANTINI, Alceste. *Dizionario dei papi e del papato*. [S.I]: Elle U Multimedia, 2000.

SCHUON, Frithjof. *Para compreender o Islã: originalidade e universalidade da religião*. Tradução: Mateus Soares de Azevedo. Rio de Janeiro: Nova Era, 2006.

SCHWEITZER, Yoram. *Osama and the Bomb*. International Institute for Counter-Terrorism, 11 nov. 2001. Disponível em 212.150.54.123/articles/articledet.cfm?articleid=416. Acesso em maio de 2007.

________. *Suicide Terrorism: Development and Characteristics*. International Institute for Counter-Terrorism, Herzliya, 21 abr. 2000. Disponível em www.ict.org.il/index.php?sid=119&lang=en&act=page&id=10729&str=Yoram%20Schweitzer. Acesso em maio 2007.

SHIRER, William L. *Ascensão e queda do III Reich*. Rio de Janeiro: Civilização Brasileira, v.1, 1967.

SIDAHMED, Abdel Salam; ANOUSHIRAVAN, Ehteshami (eds.). *Islamic Fundamentalism*. Colorado e Oxford: Westview Press, 1996.

SINGER, Isidore (ed.). *The Jewish Encyclopedia*. Nova York, Londres: Funk and Wagnalls Company, [1916]. 12 v.

SPENCER, William. *Islamic: Fundamentalism in the Modern World*. Brookfield: The Millbrook Press, 1995.

STEWART, Devin J.; JOHANSEN, Baber; SINGER, Amy. *Law and Society in Islam*. Princeton: Markus Wiener Publishers, 1996.

THE 9/11 Commission Report: Final Report of the National Commission on Terrorist Attacks Upon the United States. Official Government Edition. Washington D.C.: U.S. Government Printing Office, 2004. Disponível em www.gpoaccess.gov/911/pdf/fullreport.pdf. Acesso em maio de 2007.

THE REDDIF Interview — Professor Noam Chomsky. Entrevista com Noam Chomsky. Reddif.com, 24 nov. 2001. Disponível em www.rediff.com/news/2001/nov/24inter.htm. Acesso em maio 2007.

Tradução do sentido do nobre Alcorão para a língua portuguesa. Tradução: Helmi Nasr. [S.I.] [s.n.] [s.d.]

UMMAT Interviews Usamah Bin-Ladin: Bin-Ladin Denies Involvement in the 9/11 Attacks. 911Review.com, 28 set. 2001. Disponível em www.911review.com/articles/usamah/khilafah.html. Acesso em maio de 2007.

WARRAQ, Ibn (ed. e trad.). *The Quest for the Historical Muhammad*. Nova York: Prometheus Books, 2000.

WOODWARD, Bob. *Plano de ataque*. São Paulo: Globo, 2004.

________. *State of Denial*. Nova York: Simon & Schuster, 2006.

WRIGHT, Lawrence. *O vulto das torres: a Al-Qaeda e o caminho até o 11/9*. São Paulo: Companhia das Letras, 2007.

Índice remissivo

G

H

L

M

N

Q

R

S

EDITOR RESPONSÁVEL
Luciano Trigo

PRODUÇÃO EDITORIAL
Daniele Cajueiro
Ana Julia Cury

REVISÃO
Eduardo Carneiro
Maria Angélica Vieira
Shahira Mahmud

INDEXAÇÃO
Isabel Grau

DIAGRAMAÇÃO
Selênia Serviços

MAPA
Lian Wu

Este livro foi impresso em São Paulo, em janeiro de 2008,
pela Lis Gráfica e Editora, para a Editora Nova Fronteira.
A fonte usada no miolo é Sabon, corpo 11/14.
O papel do miolo é offset 75g/m², e o da capa é cartão 250g/m².

Visite nosso site: www.novafronteira.com.br